Paul Klaus-Dieter Bär
Architekturpsychologie

Architekturpsychologie

Paul Klaus-Dieter Bär

Psychosoziale Aspekte des Wohnens

Psychosozial-Verlag

Bibliografische Information der Deutschen Nationalbibliothek
Die Deutsche Nationalbibliothek verzeichnet diese Publikation in der Deutschen
Nationalbibliografie; detaillierte bibliografische Daten sind im Internet über
<http://dnb.d-nb.de> abrufbar.

Originalausgabe
© 2008 Psychosozial-Verlag
E-Mail: info@psychosozial-verlag.de
www.psychosozial-verlag.de

Umschlagabbildung: Giorgio de Chirico: »Die Rückkehr des Hebdomeros«, 1969,
© VG Bild-Kunst 2007
Umschlaggestaltung: Psychosozial-Verlag
Satz & Gestaltung: Hanspeter Ludwig, Gießen
Printed in Germany
ISBN 978-3-89806-756-0

Inhalt

Teil I: Konzepte der psychologischen Wohnberatung

1.   Einführung

»Das Wohnen ist die Weise, wie die Sterblichen auf der Erde sind«
(Martin Heidegger zit. nach Wielens 1994, S. 21).

Spätestens René Magritte stellte in seinem veristischen Surrealismus die Architektur des 20. Jahrhunderts in Frage, indem er malend nach verschütteten Archetypen des gebauten Raumes sucht. Die moderne Gesellschaft wird sich heute wieder bewusst werden müssen, dass Wohnen eine grundlegende Bedingung des Menschen ist. Es bietet viel mehr als die bloße Existenz. Diese Argumentation steht dem Existentialismus kritisch gegenüber, der den Menschen als ewigen Fremden darstellt. Nach Bollnow bedeutet Wohnen zu Hause sein, das heißt sich an einem besonderen Ort mit besonderen Bedingungen zu befinden (vgl. Bollnow 2000). Viele aufs Haus bezogene Begriffe drücken ein Gefühl der Sicherheit und des Schutzes aus.

Der Mensch braucht, um überleben zu können, einen Bereich der Geborgenheit. Dieser Bereich soll eine Art »dritte Haut« sein, die ihn vor den widrigen äußeren Einflüssen schützt (vgl. Funke 2006).

»Damit der Mensch auf der Erde an einem festen Ort wohnen kann, genügt es nicht, sich flüchtig nur irgendwo niederzulassen, sondern es bedarf erst einer besonderen Anstrengung. Der Mensch muss sich an diesem Punkt im Boden gründen, er muss sich hier gewissermaßen festkrallen, um sich gegen den Ansturm der Welt, die ihn dort wieder verdrängen will, behaupten zu können. Der Ort des Wohnens darf nicht als bloßer Punkt aufgefasst werden. Vielmehr bedarf diese Stelle der Geborgenheit einer gewissen Ausdehnung. Der Mensch muss sich bewegen können. Das Wohnen erfordert also Wohnraum. Hier kann der Mensch sich frei und unbefangen bewegen, hier kann er in Frieden zu sich selber finden. Es ist sein Platz in der räumlichen Ordnung der Natur« (Bollnow 2000, S. 14).

Worin besteht das Wesen des Wohnens? Heidegger beantwortet diese Frage etymologisch. Das altsächsische »woun« bedeutet soviel wie Bleiben oder Sich-Aufhalten und das gotische »wunian« bedeutet Zufriedensein. Der Grundzug des Wohnens ist das Schonen.

Jean-Paul Sartre definiert diesen Platz folgendermaßen: Es ist der Ort, wo ich wohne – mein Land mit dem Boden, seinem Klima, seinen Reichtümern, seiner hydrografischen und orografischen Beschaffenheit (Sartre 2000, S. 846).

Bollnow verfolgt mit seiner Raumanthropologie eine tief verwurzelte Wahrheit unserer räumlichen Existenz. Ein Gefühl von Sicherheit sei grundlegend für die Selbstidentifikation des Menschen. Nur als Wohnender kann er sein eigenes Wesen finden und im vollen Sinne Mensch sein. »Der Mensch braucht, um überhaupt leben zu können, einen solchen Bereich der Geborgenheit. Nimmt man ihm sein Haus – oder vorsichtiger: den Frieden seiner Wohnung –, so ist auch die innere Zersetzung des Menschen unausbleiblich« (Bollnow 2000, S. 136).

Die Weise, in der der Mensch in seinem Haus lebt, bezeichnen wir als wohnen. Das Wohnen ist eine Grundverfassung des menschlichen Lebens, die erst langsam in ihrer vollen Bedeutung erkannt wird. Der Mensch wohnt in seinem Haus. Dabei geht es nicht um den äußeren Besitz des Hauses. Es kommt vielmehr auf das Verhältnis zwischen Mensch und Haus an (vgl. Bollnow 2000).

Heidegger brachte es auf den Punkt, indem er sagte, dass der Mensch das Wohnen erst lernen muss.

Wenn im Folgenden im Text vom Haus die Sprache ist, so braucht dies kein eigenes Haus im Sinne eines Einfamilienhauses zu sein. Es kann unter modernen urbanen Verhältnissen ebenso gut eine Etagenwohnung in einem größeren Mietshaus sein. Wie ist die Definition einer Wohnung? Eine Wohnung ist eine Kombination von miteinander verbundenen Räumen, die gemäß den in unserer Gesellschaft anerkannten Vorstellungen die ungestörte geordnete Führung eines Haushalts, einer Gruppe oder einer Einzelperson gestattet (vgl. Bahrdt 1977).

Die Bearbeitung der Thematik Wohnbedürfnis birgt in sich ein Problem; nämlich die typische Bedürfnistheorie des Wohnens, die sich in einigen Punkten kontraproduktiv gestaltet, weil sie neben der Bedürfnisstillung eine positive Rückkopplung enthält, die zum Aufschaukeln zu immer größerem Komfort führt.

Wohnbedürfnisse sind keine Primärbedürfnisse, wie beispielsweise Hunger, Durst, Atmung etc. Es sind maximal abgeleitete Sekundärbedürfnisse, z.B. Sicherheitsbedürfnisse.

Demnach ergibt sich das Problem der Beliebigkeit. Das heißt, je nach Entwicklungs- und Lerngeschichte determinieren sich die Wohnbedürfnisse. Erworbene oder sekundäre Wohnbedürfnisse unterliegen somit der kulturellen Entwicklung einer Gesellschaft. Werden Haus oder Wohnung zum Prestigeobjekt, abgelöst von den tatsächlichen Wohnbedürfnissen – erfolgt ein »Hochschaukeln« von Wohnbedürfnissen, und das widerspricht den Primärbedürfnissen des Menschen.

Ernstzunehmende psychologische oder soziologische Betrachtungen des Wohnens existieren vielleicht seit zwei Jahrzehnten. Vorher wurde das Wohnen allenfalls in der Architektur- und Stilgeschichte abgehandelt. Dabei dominierten die Perspektive der Architektur- und Kunsthistoriker. Fragestellungen, was in den Wohnhäusern geschieht, wer die Bewohner sind, was sie tun, wenn sie wohnen oder wie sie es tun, was sie wahrnehmen und empfinden, wurden kaum aufgeworfen.

Die Wohnung ist das Zentrum des privaten Lebens. Eine eigene Wohnung zu beziehen, ist ein entscheidender Schritt in die persönliche Selbständigkeit. Allerdings werden auf die eigene Wohnung vielfältige Bedürfnisse und Wünsche projiziert, deren Realisierung sich erst an harte Grenzen von Geld und Raum anpassen muss.

Das Wohnen als Ausdruck individueller Besonderheit zu gestalten, ist ein sehr modernes Bedürfnis. Aber auch distinguiertes Verhalten oder das sogenannte standesgemäße Wohnen ist in unserer Gesellschaft sehr verbreitet. Unbedachte Wohnwünsche und tatsächliche Wohnbedürfnisse klaffen hier oft weit auseinander. Es ist deshalb sinnvoll, solche Phänomene zu beschreiben und zu analysieren. Dabei ist aber nicht zu vergessen, dass der Mensch das Maß aller Dinge ist und eine humanistische Betrachtungsweise stets im Vordergrund stehen sollte.

1.1 Theoretische Zugänge

Entwicklung der Architekturpsychologie

Die Weltbeziehungen des Menschen sind räumlich und raumerschließend, sagt Martin Heidegger (vgl. Wielens 1994). Der Mensch erlebt Räume wesenhaft, indem er die transrationale Wirklichkeit mit der materiellen verbindet. An der Herstellung dieser Wirklichkeit sind die Stadt und ihre Architektur beteiligt. Die Architekturpsychologie ist somit als Teilgebiet der Umwelt- bzw. (der) ökologischen Psychologie zu verstehen. Abgesehen von einigen Wurzeln, die gut 100 Jahre zurückreichen, handelt es sich dabei um eine sehr junge Wissenschaft, die erst seit zwei bis drei Jahrzehnten in dieser zeitgenössischen Form existiert. Wesentliche Impulse zur Entwicklung einer ökologischen Psychologie kamen von K. Lewin (1982).

In seiner Feldtheorie, die historisch auf die Gestaltpsychologie zurückgeht, vertritt er die Auffassung, dass das Verhalten eines Lebewesens durch die Bedingung des Feldes oder Lebensraums, in dem es sich aufhält, bestimmt wird. Der amerikanische Schüler Lewins, Roger Barker, entwickelte diese Theorie weiter und stellte dabei die Analyse von sogenannten Behavior Settings in den Vordergrund, wie Läden, Kneipen, Klassenzimmer und die daraus resultierenden Verhaltensmuster (vgl. Kruse 1996, S. 5).

Ein konkreter Anlass für die Entstehung der ökologischen Psychologie waren Probleme, die sich Ärzten, besonders Psychiatern, Psychologen, Architekten bei der Gestaltung von Krankenhäusern und Heilanstalten stellten. Diese frühen Formen der Zusammenarbeit von Medizinern, Psychologen, Architekten und Planern führten in Amerika und Europa zur Konzeption einer »Architekturpsychologie«.

Nun existieren auf dem Gebiet der Architekturpsychologie weit mehr theoretische Ansätze als die der bereits genannten Behavior-Setting-Analyse. Vieles deutet auf eine besondere Affinität zwischen der phänomenologischen Betrachtungsweise und der Handlungstheorie hin.

Handeln als Regulation und als Coping. Wenn objektive Umgebungsbedingungen auf die Verwirklichung von Zielen und Plänen störend Einfluss nehmen, bedarf es einer kontinuierlichen (regulativen) Anpassung des Handelns an die wechselnden Umstände (Kaminski 1983). Wenn man nur gelegentliche oder wiederholte einzelne (emotional mehr oder weniger belastende) Herausforderungen und die dadurch ausgelösten Transaktionen im Blick hat, spricht man von »Coping« (Lazarus/Cohen 1977).

In der neueren Literatur wird betont, dass der Mensch beim Wohnen in eine besonders innige Beziehung zur Umwelt tritt, die sich in physischen, sozialen und psychologischen Prozessen niederschlägt (vgl. Kruse 1996).

Je nach dem »Körperschema«, das eine Person entwickelt, je nach der körperlichen Verfassung, in der sie sich befindet, wird sie ihre Umwelt anders erleben, sich anders zu ihr einstellen und verhalten. Die in diesem Feld operierenden Handlungstheorien betonen den engen Zusammenhang zwischen Handeln und kognitiven und emotionalen Prozessen (vgl. Lantermann 1983). Sie haben einen engen Bezug zu dem Konzept »Kontrolle« (Dörner 1983).

Es stellen sich beispielsweise Fragen wie: Steht der durch die Umwelt erzeugte Stressor unter meiner Kontrolle oder nicht? Kann ich ihn aktiv beeinflussen? Nehme ich ihn überhaupt wahr oder passe ich mich resignativ an?

E. Husserl begründete die philosophische Lehre der »Phänomenologie« – eine Wissenschaft, die sich mit der Entstehung und Form der Erscheinungen befasst. Er bezeichnete mit diesem Begriff eine Theorie der Erkenntnis, welche die Art und Weise beschreibt, in der Dinge im Bewusstsein erfasst und angeeignet werden.

Mitte des 20. Jahrhunderts entwickelte Maurice Merleau-Ponty (ausgehend von der Lehre Husserls) eine umfassende »Phänomenologie der Wahrnehmung«. Die phänomenologische Betrachtung der Wahrnehmung basiert auf den Erkenntnissen der Gestaltpsychologie. Beispielsweise das Gesetz von Figur und Grund findet im Bereich von Architektur und Städtebau Anwendung, ebenso die Beschreibung des Verhältnisses zwischen städtischem Außenraum und der Struktur der Bebauung.

Das Figur-Grund-Prinzip gilt auch im Bereich der Architektur, nämlich bei der Analyse und Gestaltung von Fassaden.

Die Gestaltung eines Bauwerks »lesen« oder herausfinden, wie Bauwerke auf den Menschen wirken. Mit dieser Frage sind sowohl Allgemeinwissen in der architektonischen Formensprache als auch ein Grundwissen über regionale Eigenständigkeit gemeint. Ein Gebäude weckt in dem Maße unser Interesse, wie wir darin ein »Zusammenwirken« von Raum und Form, von Rhythmus und Farbe erkennen. In manchen Fällen – bei städtischen Wohnhäusern oder ländlicher Architektur z.B. – beruht diese Wirkung oft ganz einfach auf der Harmonie zwischen dem Bauwerk und seiner Umgebung. In anderen – den interessantesten – Fällen ist dieses Zusammenwirken äußerst komplex und der kunstvollen Planung eines oder mehrerer kreativer Köpfe zu verdanken.

Die Bedeutung eines Bauwerkes drückt sich nicht auf dieselbe Art und Weise wie bei einem Bild oder einer Skulptur aus, denn es ist von seinem Wesen her viel komplexer. Es erfordert eine vorangehende analytische Anstrengung. Zunächst einmal sehen wir ein Gebäude nie in seiner Totalität. Wir haben sowohl innen als auch außen immer nur Teilansichten, sodass wir stets gezwungen sind, das, was wir sehen, in Beziehung zu setzen, um uns ein klares Bild vom Ganzen zu machen. Es ist unmöglich, sich nur dem optischen Genuss hinzugeben: das Denken ist ebenso wichtig wie das Schauen.

In der folgenden Tabelle werden die verschiedenen Betrachtungsweisen der Person-Umwelt-Interaktion dargestellt.

Tab. 1: Betrachtungsweisen der Person-Umwelt-Interaktion

Person-Umwelt-Interaktion	
<u>Menschliches Bewusstsein</u>	<u>Menschliches Handeln</u>
Phänomologischer Ansatz (Erscheinung)	Handlungstheorie
Wie erlebt der Mensch seine gebaute Umwelt?	Wie verhält sich der Mensch in seiner gebauten Umwelt?
Wie nimmt der Mensch seine Umwelt wahr, und welche Gefühle hat er?	Wie verändert sich der Mensch durch seine Umwelt?
	Aktions- bzw. Handlungsforschung

Was ist unter Architekturpsychologie zu verstehen?

Es ist nicht möglich, sich der Architektur und ihrer Wirkung zu entziehen. Das klingt nach P. Watzlawick, soll es auch, denn er formulierte Sätze, wie: »Man kann nicht nicht kommunizieren« (Watzlawick 1969, S. 53), oder: »Man kann sich nicht nicht verhalten« (ebd., S. 51). Was bedeuten diese Axiome für unsere gebaute Wohnumwelt?

Uns allen ist längst bekannt, dass wir heutzutage die meiste Zeit unseres Lebens in einem künstlichen Umfeld verbringen. Dieses Umfeld haben andere Menschen nach irgendwelchen Regeln entworfen. Selten wurde es speziell auf unsere Bedürfnisse zugeschnitten. Das führt dazu, dass wir uns in unserer Behausung nicht immer wohl und geborgen fühlen.

Bei der Betrachtung von Familienwohnungen stellen wir immer noch fest, dass Kinderzimmer eine untergeordnete Rolle einnehmen. Die Räume sind zu klein, zu weit weg vom eigentlichen Zentrum der Wohnung, degradiert als Schlaf- oder Verwahrraum. Kinder fühlen sich in ihren Zimmern oftmals beengt, isoliert und abgeschoben. Sie suchen dann nach »Ausweichspielplätzen« in der Nähe der Mutter. Küche und Korridor sind da gerade recht. Aber wie lange geht das gut? Die erkämpfte Geborgenheit des Kindes schwindet meist dann, wenn die nächste Mahlzeit ansteht. Dann heißt es, aufhören mit Spielen und die Spielsachen ins Kinderzimmer räumen.

Das Kind ist wesentlich bedürftiger als der Erwachsene. Nichterfüllung von Bedürfnissen kann bei Kindern zu Konflikten führen, die sich in Verhaltensstörungen, Lernproblemen oder Entwicklungsverzögerungen manifestieren. Bereits geringfügige Änderungen am architektonischen Entwurf können recht bedeutungsvolle Änderungen in den sozialen Beziehungen der Bewohner zur Folge haben. In unserem Beispiel wäre eine Wohnküche, zu der das Kind freien Zutritt hat, eine effiziente Lösung. Bedürfnisse nach Zusammensein, Anerkennung und Geborgenheit wären somit befriedigt.

Die psychologische Betrachtungsweise der Architektur hat an Bedeutung gewonnen. Es gilt, die Lücke zwischen Theorie und Praxis kreativ zu schließen.

Meistens stimmen die Bedürfnisse derjenigen, die in einem Gebäude leben oder arbeiten müssen, mit den Planungen des Architekten einigermaßen überein, weil der Architekt sich gut in das Verhalten und Empfinden der Nutzer hineindenken konnte. Es gibt jedoch auch genügend Fälle, in denen die Planung des Architekten die Bedürfnisse der Nutzer krass verfehlt.

Zwei besonders häufig genannte Beispiele, in denen Gebäude anders bei ihren Adressaten »ankamen«, als dies von ihren Planern ursprünglich gedacht war, sollen hier erwähnt werden. Beim ersten, relativ bekannten, handelt es sich um das so genannte »Hundertwasser-Haus«, von Friedensreich Hundertwasser, das 1985 in

Wien errichtet und besonders organisch und menschengerecht konzipiert wurde. Schon bald nach dem Einzug der ersten Bewohner stellte sich jedoch heraus, dass das Gebäude anders auf seine Bewohner wirkte, als es vorgesehen war. Die hochindividuell und sehr künstlerisch ausgestalteten Räume boten den Mietern nur wenige Möglichkeiten, ihrem Wohnraum eine eigene Note zu verleihen, ihn sich anzueignen, wie Architekturpsychologen es nennen. Viele Bewohner waren deutlich unzufrieden, weil sie sich den sehr speziellen Gegebenheiten des Hauses unterordnen mussten (vgl. Leising 2002).

Ein zweites, weniger bekanntes, dafür umso drastischeres Beispiel ist das des Wohnkomplexes »Pruitt Igoe«, der 1954 in St. Louis (USA) errichtet wurde, um Wohnraum für sozial schwächere Familien zu schaffen. Die in bester Absicht geplante Anlage verwandelte sich innerhalb weniger Jahre in ein Ghetto, in dem nur noch wenige Menschen zu wohnen bereit waren. Die architektonischen Merkmale der Siedlung – enge Gänge, abwaschbare Wände, kaum Orte für soziale Begegnungen zwischen den Bewohnern – provozierten offenbar genau das Verhalten, das sie eigentlich verhindern sollten: Vandalismus und Kriminalität waren an der Tagesordnung, Müll stapelte sich in und vor den Gebäuden. Niemand konnte sich so recht mit den sterilen Bauten identifizieren, immer mehr Mieter zogen aus. Schon 1972 wurde der gesamte Komplex wieder gesprengt. Das Projekt war gescheitert, weil die Planer an den Bedürfnissen der Bewohner vorbeigeplant hatten (vgl. Leising 2002).

Der deutsche Psychoanalytiker Alexander Mitscherlich formulierte als einer der Ersten, im Jahr 1965 seine Kritik an der »Unwirtlichkeit unserer Städte« (Mitscherlich 1965, S. 9ff.). Er zielte damit vor allem auf die nach dem Krieg in großer Zahl entstandenen Wohnsiedlungen, die von ihren Erbauern als Inbegriff von Modernität gepriesen, von ihm jedoch als kalt, abweisend und unmenschlich kritisiert wurden. Unter den Themen, die er neben anderen auf die architekturpsychologische Tagesordnung setzte, nahm das der Machtausübung durch architektonische Planung einen zentralen Stellenwert ein:

Gebäude sollten in erster Linie ihren Nutzern dienen, sie vor Hitze, Kälte, Regen, Lärm schützen, neugierige Blicke von Fremden abwehren, aber auch eine Heimat, einen Bezugspunkt, letztlich Identität bieten. Allzu oft aber wirkt die bauliche Umgebung eher einschränkend, ja bedrückend – wenn Kinder in Betonwüsten spielen müssen, wenn Arbeitsräume schlecht klimatisiert, eng und dunkel sind, wenn sozialer Austausch zwischen Arbeitskollegen in Ermangelung eines Aufenthaltsraumes nur auf dem Flur möglich ist. Architekturpsychologen fordern daher eine stärker an den Bedürfnissen der Nutzer orientierte Architektur, die die Handlungsmöglichkeiten der Menschen fördert, anstatt sie zu begrenzen.

Wie bereits erwähnt, entstand das Fach Architekturpsychologie zunächst als Teilgebiet der Umweltpsychologie. Der Erfolg erster gemeinsamer Projekte von psychologischen Forschern und praktisch tätigen Architekten führte jedoch dazu, dass das Fach sich in den USA zunehmend als kommerzielle Dienstleistung außerhalb der Universitäten etablierte.

Große Architekturbüros begannen, eigens für die Nutzerbeteiligung und die Beurteilung ihrer Planungen, Sozialwissenschaftler zu beschäftigen. Diese »Programmentwickler« managen dabei den gesamten Prozess der Ermittlung von Nutzerbedürfnissen und Nutzerverhalten: Sie sammeln anfallende Informationen, moderieren die Kommunikation der beteiligten Akteure (Auftraggeber, Architekt und Nutzer), versuchen einvernehmliche Entscheidungen herbeizuführen und unterbreiten bei Bedarf auch eigene Lösungsvorschläge.

Während es in den USA nichts Ungewöhnliches mehr ist, beim Wohnungsbau einen Architekturpsychologen hinzuzuziehen, stellen Angehörige dieses Berufsstandes in Deutschland nach wie vor eine exotische Minderheit dar.

Was sollte die Architekturpsychologie leisten?

Betrachten wir den Raum, der uns umgibt. Ist er eng oder weit, wirkt er intro- oder extravertiert? Haben wir ausreichend Gelegenheit, dem Wohnraum »unseren Stempel« aufzudrücken? Wie ist der Raum gestaltet? Welche Farben, Formen und Symbole umgeben uns, und wie wirken diese auf uns? Farbe beispielsweise ist eine sichtbare Energie, deren Bestandteile (Photonen) mit Lichtgeschwindigkeit auf das Biosystem des Menschen einwirken. Der Mensch befindet sich also in einem ständigen, unbewussten Dialog mit dieser Strahlungsenergie.

Da der Wohnwert einer Wohnung stark mit subjektiven Bedürfnisprofilen und wechselnden Nutzungsansprüchen der Bewohner zusammenhängt, hat es wenig Sinn, einen detaillierten Merkmalskatalog aufzustellen. Vielmehr sind hier plausible und fundierte Fragebögen geeignet, in denen keine Bewertungskriterien fehlen.

Jede Planung eines Gebäudes stützt sich zwangsläufig auf Erfahrungen, die mit ähnlichen oder gleichartigen Gebäudeplanungen gesammelt wurden. Während sich der eine Architekt eher auf seine Intuition verlässt, stützt sich der andere auf die mehr oder weniger systematische Auswertung von Planungsergebnissen.

Seiner Aufgabe gemäß konzentriert sich der Architekt in beiden Fällen von vornherein auf bauliche Merkmale bzw. Eigenschaften des Gebäudes. So wird er beispielsweise an die Erweiterbarkeit des Gebäudes, an die Verwendung vorgefertigter Bauelemente, an den technischen Ausbau oder vielleicht mögliche Bauschäden denken. Eng verbunden sind auch Überlegungen bezüglich der Planungs-, Herstellungs- und Betriebskosten des zukünftigen Gebäudes. Die Planungsgröße »Nutzer« geht hingegen meist nur indirekt in die Überlegungen ein. Da existiert zum einen das Raumprogramm, welches meist vom Bauträger vorgegeben ist. Zum anderen macht sich der Architekt Gedanken über die Gestaltung des Gebäudes, die ästhetische Qualität betreffend.

Raumprogramm und Gestaltung sind jedoch aus psychologischer Sicht bereits Übersetzungen von Nutzeranforderungen in bauliche Ziele. Nach den Gründen, aus denen ein bestimmtes Raumprogramm oder eine bestimmte Gestaltung zustande kommt, sollte lange vorher geforscht werden, um die gedankenlose Fortschreibung unüberprüfter Gewohnheiten zu stoppen. Psychologen schlagen vor, zunächst einmal zu begutachten oder zu fragen, was denn die Nutzer in einem bestimmten Gebäude überhaupt tun bzw. tun wollen. Erst wenn man dies in möglichst vielen Einzelheiten weiß, kann man zum Beispiel ein Raumprogramm aufstellen oder einen bestimmten Weg der Gestaltung einschlagen.

Es geht letztlich darum, nutzungsspezifische Handlungen zu erfassen. Der Psychologe müsste beispielsweise den Architekten fragen, welche baulichen Merkmale beim Entwurf eines Gebäudes eine Rolle spielen und wie hoch der Grad der Irreversibilität nach Baufertigstellung ist. Der Psychologe muss den Architekten nach Alternativen fragen, die ihm für die Auswahl der einzelnen Baumerkmale im Entwurf offen stehen. Diese können in einem Fall aus verschiedenen rasterbedingten Grundrissformen oder in einem anderen Fall aus bestimmten Farbabstufungen oder Baumaterialien bestehen.

Natürlich müssen auch die Grenzen der Planungsbeteiligung aufgezeigt werden. Zwei Beispiele sollen dies verdeutlichen: Erstens: Die Zusammenarbeit zeigt immer wieder, wie sehr der mitunter große Zeitbedarf psychologischer Vorarbeit den oft knapp kalkulierten Planungsschritten der Architekten entgegensteht. Vor allem wenn Psychologen erst (dann) hinzugezogen werden, wenn die Planungen (bereits) laufen, ist ein unbefriedigendes Ergebnis der Zusammenarbeit abzusehen.

Zweitens: Ein erhebliches Hindernis in der Zusammenarbeit können schließlich die unterschiedlichen Sprach- und Denkstrukturen der beteiligten Disziplinen werden. Beispielweise können psychologische Hinweise für die Gestaltung auf manche Architekten intuitionshemmend wirken. Die Praxis zeigt, dass es hier oft besser ist, wenn man abgeschlossene Vorentwürfe alternativ einer ökopsychologischen Bewertung unterzieht, anstatt dem Architekten von vorneherein eine Vielzahl von Entwurfskriterien vorzugeben (Kruse 1996, S. 599).

1.2 Geschichte des Wohnens

Wohnen im Mittelalter

Es ist äußerst schwer, sich in heutiger Zeit vorzustellen, unter welchen widrigen Umständen selbst die reichsten Menschen im Mittelalter ihr Leben fristeten. Sie mussten abgehärtet sein. Bäder, Toiletten oder sonstige sanitäre Einrichtungen gab es nicht. Ein Abort war selten. Die Notdurft wurde meistens bei Wind und Wetter im Freien verrichtet.

Einschlafen bei Kerzenschein ist ein weitverbreitetes Klischee unserer Zeit. In den Genuss dieses Privilegs kamen wohl nur die Reichen, da Wachskerzen teure Luxusgüter waren. Öllampen mit schwimmenden Dochten, Kienspan und Fackeln – eine rußige, qualmige und feuergefährliche Angelegenheit – das waren die traurigen Alternativen, um ein wenig Licht in die dunklen Nächte des Mittelalters zu bringen. Brände gehörten zum Alltagsleben wie Hunger und Krankheit.

Besonders spartanisch sah es mit der Möblierung aus. Es gab keine »vergoldeten« Schlafzimmer mit Elfenbein. Sein Hab und Gut verwahrte man, stets zum schnellen Aufbruch bereit, in Kisten, die gleichzeitig als Sitzgelegenheit dienten. Ein Brett über zwei Böcken diente als Tisch und selbst die Betten waren keine festen Inventarstücke, sondern wurden bei Bedarf zurechtgemacht. Kein warmer, plüschiger Teppich schmückte den Fußboden, sondern Stroh im Winter und frisches Grün im Sommer. Teppiche dienten in erster Linie als Wandschmuck und zum Belegen der Möbel.

Die bäuerliche Familie hauste mit dem Vieh auf engstem Raum in Häusern, die noch nicht einmal Fenster hatten. Vereinzelt drangen Lichtstrahlen durch kleine Öffnungen, die mit Holzgittern gesichert waren und die man winters mit Stroh gegen die Kälte abdichtete. Die Häuser waren entweder aus Holz gebaut oder aus Fachwerk mit Lehmfüllung. Die Fußböden bestanden aus gestampftem Lehm, die Wände aus rohen Holzbalken oder Fachwerk. Die Brettertüren hingen an Lederriemen oder Weidenruten.

Die Feuerstelle war offen, nur in wenigen Häusern gab es den Luxus eines Lehmofens. Der Rauch zog durch die Wandlöcher oder Türen ab. Die Betten bestanden aus einem Strohlager auf dem Fußboden, und gegessen wurde gemeinsam aus einer Holzschüssel. Man versuche sich vorzustellen, wie es wohl gerochen haben muss in einer solchen Behausung: verbrannter Talg, Viehgeruch, Körperausdünstungen, Essensgeruch, der Rauch vom Feuer (vgl. Follet 1990 und WDR 5, 2001).

Ebenso wie Wertvorstellungen und Normen, unterliegen auch Wohnbedürfnisse dem sozialen Wandel. In der fast ausschließlich auf landwirtschaftliche Produktion ausgerichteten Ständegesellschaft West- und Mitteleuropas waren Wohnen und Arbeiten als Lebensbereiche kaum voneinander zu trennen. Es dominierten die sogenannten Einraumformen. Das gesamte Haus war vorwiegend als Wohn- und Arbeitseinheit zu sehen. Eine räumliche Separierung von Herrschaft und Gesinde fand nicht statt. Ein charakteristisches Merkmal der Wohnsituation im Mittelalter war das Fehlen von Privatheit.

Im Wohnhausbau des mitteleuropäischen Mittelalters wiederholte sich unter Veränderung der Einzelformen der bereits in den frühen Kulturen mehrfach abgelaufene Prozess der Umwandlung ursprünglich dörflicher, für landwirtschaftliche Nutzung vorgesehener Häuser zum städtischen Wohnhaus, wobei häufig die Grundkonzeption und oft sogar Details des jeweiligen regionalen Bauernhauses bewahrt wurden.

Die Grundrisse früh- und hochmittelalterlicher Wohnhäuser sind infolge häufiger Stadtbrände und späterer Um- und Einbauten kaum bekannt. Eine Ausnahme bilden die Einraumformen steinerner Wohntürme. Das regelmäßige Konstruktionssystem der üblichen Gerüste aus Fachwerk erlaubte bei wechselnden Wohnbedürfnissen eine variable Innenteilung der Bauten. In der Regel lagen in dem meist höheren, oft 1 1/2-geschossigen Erdgeschoss mit der Diele, die vielfach zugleich als Werkstatt, Küche und Wohnraum diente, häufig auch in »eingehängten« Zwischengeschossen kleinere Werkstatträume oder Kontore. In den Obergeschossen sowie in den meist ausgebauten Dachgeschossen folgten Schlafzimmer und Kammern. Die Menschen wohnten auf engstem Raum mit hoher Dichte und in großer Enge zusammen. Die verschiedensten Lebensformen hatten unter einem Dach Platz.

In Südeuropa, besonders in Italien, wurde der dort traditionelle Steinbau für städtische Wohnhäuser nicht aufgegeben. Neben einfachen Bürgerhäusern haben der schon im Frühmittelalter einsetzende Umzug adliger Familien in die Städte und das rasche Aufblühen eines reichen Kaufmannsstandes in den oberitalienischen Städten bald den Bau größerer Wohnhäuser bewirkt, mehrgeschossige Wohnbauten mit Läden oder Wirtschaftsräumen im Erdgeschoss sowie schlanke, hohe Wohntürme u. a. die Geschlechtertürme, z. B. in Bologna und San Gimignano aber auch in Regensburg.

Wohnen im Klassizismus (Neuzeit)

»Kehre dich um, von diesen Höhen
Nach der Stadt zurückzusehen.
Aus dem hohlen finstern Tor
Dringt ein buntes Gewimmel hervor.
Jeder sonnt sich heute so gern.
Sie feiern die Auferstehung des Herrn,
Denn sie sind selber auferstanden,
Aus niedriger Häuser dumpfen Gemächern,
Aus Handwerks- und Gewerbesbanden,
Aus dem Druck von Giebeln und Dächern,
Aus der Straßen quetschender Enge,

> Aus der Kirchen ehrwürdiger Nacht
> Sind sie alle ans Licht gebracht«
> (Goethe 1999, Vers 916ff.).

Trefflicher als Goethe kann niemand die damalige Situation beschreiben. In seinem »Osterspaziergang« spiegeln sich die Lebensverhältnisse der Zeit des Doktor Faustus wider.

Fürstlicher Machtwille führte Ende des 17. Jahrhunderts zur Gründung urbaner Zentren, die durch Vergünstigungen zahlreiche Neubürger herbeizogen. Himmel und Erde, Diesseitsfreudigkeit und Jenseitsangst bildeten nach Jahren der Entbehrung ein barockes Ensemble. Im Gefolge der Anpassung an das höfische Vorbild änderten sich auch die Grundrisse der Bürgerhäuser (vgl. Benker 1984, S. 31).

Nach Möglichkeit wurde die Grundstücksfläche verbreitert und der Dachfirst in traufseitige Stellung gebracht. Durch Ausbau der Mansarden und den Aufbau von Hofgebäuden konnte zusätzlicher Raum geschaffen werden. Mehr Licht, bessere Durchlüftung, höhere Zimmer und mehr Komfort wurden zum Wunschtraum für modernes Wohnen.

Die repräsentativen Zimmer der Einfamilienhäuser und Etagenwohnungen liegen an der Straßenseite, während die kleineren Privatstuben getrennt von den Gesellschaftsräumen nach hinten gruppiert sind. Ein langer Korridor schafft Zutritt zu einer Vielzahl nach Funktionen differenzierter Räume. Diese Differenzierung führt eine ganz neue Phase der Wohnkultur herbei. Es gibt kaum mehr Allzweck- und Durchgangsräume – den Individualbedürfnissen entsprechen Einzelzimmer. In großen Häusern befindet sich neben Salon-, Speise- und Musikzimmer eine ganze Flucht mit Damenzimmern. Herrenzimmer mit Rauchsalon, Studien- und Arbeitszimmer, Bibliothek etc. waren obligatorisch. Auch das sogenannte Physikalienkabinett mit seiner Münz-, Silber- und Antikensammlung, entsprechend mit Stellagen, Schautischen und Vitrinen ausgestattet, gehört zu dieser Wohnkultur. Die Grenzen zwischen großbürgerlicher Stadtwohnung und städtischem Adelspalais sind fließend, Wohn- und Verhaltensformen passen sich an.

Mietwohnungen wurden immer häufiger. Auch die »Herrschaften« bezogen zunehmend solche Wohnungen. Es galt keineswegs als diffamierend, nicht im eigenen Haus zu wohnen. Auf der untersten Stufe der Zinshäuser rangierten die außerhalb des Stadtkerns neu errichteten Proletarierhäuser. Sie zeigten sich in völlig schmuckloser Zweckgebundenheit. Der Zweck war allein die möglichst billige Unterbringung möglichst vieler Menschen.

Die Entwicklung von der Agrargesellschaft zur Industriegesellschaft zog einen Wandel der Wohnform nach sich. Die bedeutsamste Auswirkung der Industrialisierung im 18. Jahrhundert war die Trennung von Wohn- und Arbeitsbereich und damit die Auflösung der Einheit von Produktion und Reproduktion. Das ganze Haus in Form der Arbeits- und Wohneinheit blieb lediglich im bäuerlichen Haushalt und auf den adligen Gutshöfen längere Zeit erhalten.

Für das Bürgertum war mit der Trennung von Wohnbereich und Arbeitsbereich infolge der Auflösung der häuslichen Produktionsgemeinschaften die Entstehung von Privatheit verbunden. Es wurde üblich, den familiären, privaten Bereich von der Öffentlichkeit abzugrenzen. Damit ist festzuhalten, dass die uns heute vertraute, nach außen abgeschlossene Wohnung nicht älter als 200 Jahre ist.

Schauen wir ins 19. Jahrhundert. Die geschlossene Welt der Aufklärung und des Idealismus war zusammengebrochen. Die Vielfalt subjektiven Gefühlslebens und das Schicksalsbewusstsein waren für den Menschen eine Belastung geworden.

Ideal und Wirklichkeit klafften weiter auseinander denn je. Man wollte leben, also musste man sich fassen und zur Tagesordnung übergehen. Man musste leben mit der Bedrohung durch das Schicksal und der Fragwürdigkeit des Glücks. Im Ausbau überpersönlicher Ordnung bzw. durch das Sich- Einfügen in diese Ordnung gewinnt der Mensch Haltung. Das Biedermeierliche kann so als eine Abwehrstellung gegen das Dämonische betrachtet werden.

Treten wir in eine normale biedermeierliche Wohnstube; da ist unser erster Eindruck: Hier wird wirklich gewohnt, und zwar von mehreren Generationen. Eine große Familie versammelt sich um den Teetisch oder zur Musikstunde um das Klavier. Alles ist sauber und ordentlich aufgeräumt. Zwischen den Möbeln bleibt Platz – wiederum aber nicht so viel Platz, dass die Familie auseinandergerissen wäre (vgl. Benker 1984, S. 52f.).

Bei den unteren sozialen Schichten waren dagegen die Lebens- und Wohnbedingungen so ungünstig, dass sich ein selbständiges Familienleben im bürgerlichen Sinne lange Zeit nicht entwickeln konnte. Sie besaßen meist nur einen Raum, in dem gekocht, gewohnt, geschlafen und Heimarbeit verrichtet wurde. Aus wirtschaftlicher Not und infolge des Mietwuchers mussten oft mehrere Familien in einer Mietwohnung zusammenleben.

In den bürgerlichen Haushalten begann man erstmals im 19. Jahrhundert Kinderzimmer einzurichten. Die neue Häuslichkeit und die veränderte Familienstruktur ermöglichten »die Entdeckung der Kindheit« (Flade 1987, S. 82).

Bereits in den 1830er Jahren kündigte sich ein Niedergang der behaglichen, bescheidenen bürgerlichen Lebensführung an, der in den folgenden Jahrzehnten schnell fortschritt. Die Widersprüchlichkeit dieser Epoche wird in der Bezeichnung »Vormärz« deutlich.

Der wirtschaftliche, soziale und politische Umbruch in der zweiten Hälfte des 19. Jahrhunderts stand und steht im Mittelpunkt zahlreicher Untersuchungen. Als zentrale Problemkomplexe wurden erkannt: die Abwanderung der Landbevölkerung in die Städte als Folge der Bevölkerungszunahme und Industrialisierung, ihre Verproletarisierung; das explosionsartige Anwachsen der Bevölkerung in den großen Städten und parallel dazu ein Überangebot an Arbeitskräften, teilweise Arbeitslosigkeit oder das Akzeptieren-Müssen schlechter Arbeitsplätze und unzureichender Entlohnung; Wohnraummangel und Wohnungselend (vgl. Benker 1985).

Im Jahre 1885 war ein Drittel aller Berliner Wohnungen nicht länger als ein Jahr bewohnt. Bei über der Hälfte aller Wohnungen wechselten die Bewohner innerhalb von zwei Jahren. Die häufigen Umzüge – die manchmal über Nacht bewerkstelligt werden mussten, weil man die Mietzahlung umgehen wollte – konnten die Arbeiter auch deshalb durchführen, weil sich ihre Habe auf das beschränkte, was auf einem Handkarren zu transportieren war. Die extreme Unsicherheit der Arbeiterexistenz, die materielle Not der Armen, die alles dominierenden Anforderungen der Arbeit im Haushalt von Bauern, Handwerkern und Händlern, die bei der Aristokratie die nicht minder unabweisbaren Regeln der Konvention, ließen früher wenig Raum für die Wohnung »als reinen Spiegel der Seele« (Häußermann/Siebel 2000, S. 46).

Die unterbäuerlichen und kleinbäuerlichen Schichten konnten sich ab der Mitte des 19. Jahrhunderts aus extremer Armut und Enge erheben. Durch ihre allmähliche Integration in die industrielle Lohnarbeit verfügten sie über Geld, und die zum Nebenerwerb schrumpfende Landwirtschaft beanspruchte weniger Raum. So konnten sich bei ihnen – wie ein Jahrhundert früher bereits bei den Großbauern – Wohnfunktionen von Arbeitsfunktionen räumlich abtrennen:

Anstelle der »Allzweckstube« finden sich vereinzelt schon getrennte Koch-, Wohn- und Schlafbereiche, mitunter selbst im kleinbäuerlichen Bereich ein »Repräsentationszimmer« (Kaschuba 1990, S. 100).

Ähnlich verhält es sich bei der großstädtischen Arbeiterschaft. Auch hier erzwingt die Not zunächst ein Durch- und Nebeneinander von Essen, Kochen, Schlafen, Waschen und Geselligkeit von Kranken und Gesunden, Schlafgängern und Familienangehörigen in einem Raum.

Klassen-, Standes- und Schichtzugehörigkeit bestimmen die Wohnkultur einerseits durch materielle Restriktionen und Notwendigkeiten, die sich aus der sozialen Lage ergeben, andererseits aus der Tradition und den Normen, die damit verbunden sind. Wie eine Wohnung eingerichtet und genutzt wird, hängt auch davon ab, zu welchen Zwecken sie dienen soll. Und schließlich sind die Möglichkeiten, einer Wohnung den individuellen Stempel aufzudrücken und sich darin nach eigenen Vorstellungen einzurichten, abhängig davon, welche materielle Form (z. B. Grundriss) vorgegeben wird und ob diese nach eigenen Wünschen und Kräften verändert werden kann. Soziale Lage, Funktion und Normierung der Wohnungen bringen also verschiedene Formen der Wohnkultur hervor.

In der zweiten Hälfte des 19. Jahrhunderts bildeten sich in den Großstädten jene Wohnverhältnisse und Wohnweisen heraus, die bis heute das Wohnen und die Wohnungspolitik nachhaltig beeinflusst haben, und zwar auf zwei verschiedene Arten: zum einen als Schreckbild eines Wohnungselends, das es auf jeden Fall zu vermeiden galt, und zum anderen als radikaler Bruch mit vorindustriellen Wohnweisen, indem sich die Konturen des »modernen Wohnens« andeuteten (Häußermann/Siebel 2000, S. 59).

Wohnen in der Moderne

Die Wachstumseuphorie der Gründerzeit und die im Zeichen des weitgehenden Zollabbaus und der durch die französische Kriegsentschädigung ausgelösten Geldschwemme begleiteten den eigentlichen Durchbruch der industriellen Revolution in Deutschland. Daraus entwickelte sich ein bis dahin nicht erahnter Bauboom. In dieser Phase (1870 bis 1914) der Hochindustrialisierung kam es zu einer rasanten Verstädterung und zu einem explosionsartigen Bevölkerungswachstum.

F. Engels stellte 1872 in seiner Schrift »Zur Wohnungsfrage« fest: »Die Zeit, worin ein altes Kulturland einen solchen, obendrein durch so günstige Umstände beschleunigten Übergang von der Manufaktur und dem Kleinbetrieb zur großen Industrie macht, ist auch vorwiegend die Zeit der »Wohnungsnot«. Einerseits werden Massen ländlicher Arbeiter plötzlich in die großen Städte gezogen, die sich zu industriellen Mittelpunkten entwickeln; andererseits entspricht die Bauanlage dieser alten Städte nicht mehr den Bedingungen der neuen Großindustrie und des ihr entsprechenden Verkehrs; Straßen werden erweitert und neu durchbrochen, Eisenbahnen mittendurch geführt« (F. Engels 1959, S. 519).

Besonders gravierend waren die Zuwachsraten in Berlin, dessen Einwohnerzahl zwischen 1850 und 1910 um rund 1,5 Millionen anstieg. Die Massen der Besitzlosen waren nicht nur disponible Arbeitskräfte, sondern auch ein kommunales Problem. Sie wurden in trostlose, überfüllte Massenunterkünfte und Mietskasernen abgedrängt. Dazu kam noch das Problem, dass die meisten der Kleinbürger- und Arbeiterwohnungen durch die berüchtigten »Aftermieter« zusätzlich belastet waren. Um die Räume einigermaßen finanzieren zu können, mussten Zimmer an Untermieter oder wohnungslose Schlafburschen weitergegeben werden. Es bestand weder Privatheit, noch irgendeine Form der Beständigkeit. Es konnte vorkommen, dass sich 14 Personen ein einziges Zimmer teilten (vgl. Benker 1984, S. 70).

Auch das Wohnen des Bürgertums veränderte sich grundsätzlich. Es entwickelten sich Gestaltungsprinzipien der modernen Architektur und des modernen Designs. Die Erscheinungsform eines Bauwerks oder eines Gebrauchsgegenstandes wird aus seiner Funktion abgeleitet. Das heißt, alle Teile eines Baus oder eines Produkts werden ihrem Zweck entsprechend gestaltet. Form und Funktion sollen eine Einheit bilden.

Die Ursprünge der heutigen gebrauchswertorientierten Wohnungsarchitektur liegen im Funktionalismus der 1920er Jahre. Als Reaktion auf die überladene Stilarchitektur aus der Zeit vor dem Ersten Weltkrieg entstand eine den angespannten ökonomischen Verhältnissen entsprechende, schlichte, alles Ornamentale verleugnende, von den funktionalen Mindestmaßen geprägte Wohnhausarchitektur (Kruse 1996, S. 602).

Die Forderungen des in den 1920er Jahren gegründeten »Bauhauses« nach einem Minimum an Materialaufwand und zweckmäßiger Formgebung folgten dem wirtschaftlichen Tenor der Zeit. Allem Überflüssigen, Leblosen wurde der Kampf angesagt. Bei (den) Möbeln wurde jede Verzierung abgelehnt. Klar und übersichtlich, einfach und fröhlich sollten die Räume sein. Eine bessere Organisation der Arbeitsvorgänge innerhalb der Wohnung und die fortschreitende Mechanisierung kamen vor allem den Wirtschaftsräumen zugute. Eben diese bessere Organisation schuf die Voraussetzung für den weitgehend auf den Dienstboten verzichtenden Haushalt des 20. Jahrhunderts. Wohnen ist keine Privatangelegenheit. Diese, von den Avantgardisten postulierte Klarheit führte zur Rationalisierung des Haushaltes und zu einer zweckmäßigen Wohnungseinrichtung. Dieser Faden riss nicht wieder ab (vgl. Benker 1984, S. 79).

Die Gestaltungsprinzipien und die Wohnraumgestaltung des Nationalsozialismus waren Heimstätte und Wohnmaschine zugleich. Volkserzieherische Ziele, wie Ordnungssinn und Sauberkeit standen im Vordergrund. Eine schlichte Zweckform und saubere Verarbeitung der Möbel wurde vom Reichsheimstättenamt vorgegeben. Zur Deckung des Wohnungsbedarfs wurden die sogenannten Volkswohnungen geschaffen. Diese Wohnungen waren nach den Bestimmungen, billigste Mietwohnungen in ein- oder mehrgeschossiger Bauweise. Äußerste Beschränkung hinsichtlich des Wohnraums und der Ausstattung waren angesagt. 34 Quadratmeter Wohnfläche bei kinderarmen und 42 bei kinderreichen Familien schrieben die Richtlinien vor (vgl. Harlander 1995, S. 97).

Im Deutschland der 1920er Jahre war es eine sich selbst als soziale, ästhetische Avantgarde verstehende Gruppe von Architekten und Wohnungspolitikern, die das Programm des »Neuen Bauens« formulierte und es in einigen Modellsiedlungen, wie z.B. der Weißenhofsiedlung in Stuttgart, umsetzte. Auf dem Weißenhof begann 1927 das »Neue Bauen« mit der berühmten »Werkbundsiedlung«.

Nirgendwo auf der Welt haben so viele Architekten der Moderne an einer Aufgabe zusammengewirkt. Unter der Leitung von Mies van der Rohe vereinten sich hier Bauten von ihm selbst und vielen anderen, so z.B. W. Gropius und Le Corbusier.

Ihre zentrale Idee war die Rationalisierung der Bauproduktion und des Wohnens selbst. Daraus sollte sich auch eine, funktional begründete Ästhetik der Architektur ergeben. Zu diesen Modellen wurde eine Vorstellung vom »modernen Wohnen« programmatisch entwickelt, die im Bauboom der 50er und 60er in der Bundesrepublik und etwas später in der DDR dann massenhaft in die Realität umgesetzt wurde. Vielerorts endete dieser Trend in einem beispiellosen Brutalismus. Großartigkeit und Unmenschlichkeit statt Kandinskys Postulat: »Die Notwendigkeit schafft die Form« (vgl. Kandinsky 1955, S. 61f.).

2.   Der umbaute Raum

Heutzutage verbringen wir den größten Teil unserer Lebenszeit in einem künstlichen Umfeld, das andere Menschen unter bestimmten Gesichtspunkten entworfen haben. In den meisten Fällen wurde dies nicht speziell auf unsere Bedürfnisse zugeschnitten, sondern vor längerer Zeit für andere oder, was noch häufiger der Fall ist, für überhaupt keine konkreten, sondern abstrakte, lediglich vorgestellten Benutzer konzipiert.

Wir sind umgeben von einfachen geometrischen Gestalten wie: Kreis, Quadrat, Rechteck, Parallelen, Radien, Raster etc. Diese sagen uns allerdings nicht mehr, als dass sie existieren. Sie geben uns keine Auskunft, sie sind zu allgemein, um einen Ausdruck, eine Bedeutung oder gar eine Dynamik zu haben.

Trotz technischer Entwicklung wird heute noch immer nach mittelalterlichen Methoden gebaut, High-Tech ist die Ausnahme. Der Einfluss der soziokulturellen Komponenten auf den Planungsprozess spiegelt die Veränderung der Gesellschaft wider. Die Veränderung des Berufsbildes des Architekten bedeutet die Reaktion auf sich verändernde ökonomische, ökologische und vor allem juristische Verhältnisse, bezogen auf eine Architektur als Massenmedium.

Archetypische Grundphänomene sind trotz rasanter Entwicklung immer noch vorhanden und in den aktuellen Bauten, wenn auch abgewandelt, wirksam. Das Modell der Archetypen gehört zu den Grundpfeilern der Analytischen Psychologie nach C. G. Jung. Was sind nun solche Archetypen? Vereinfacht gesagt: die im kollektiven Unbewussten angesiedelten Urbilder menschlicher Vorstellungsmuster. Vor allem elementare Erfahrungen wie Geburt, Mutterschaft, Trennung und Tod haben in der Seele der Menschen eine archetypische Verankerung. Aber auch das Wohnen gehört dazu.

An dieser Stelle kann sich eine erhebliche Diskrepanz auftun, und zwar dann, wenn ein ökonomisches Gebäude Regelmäßigkeit verlangt und viereckige Räume rationell und kompakt angeordnet werden müssen. Solche Konstrukte sind natürlich nicht in unserem kollektiven Unbewussten verankert.

Überlegen wir uns archaische Formen des Raumes: Die Urform des Raumes in seiner Mikroumwelt ist wohl die schützende Gebärmutter, die sich um den Kern des Seins – den Embryo als einen extrem verletzlichen Teil des Ichs – fügt. Was nimmt der ungeborene Mensch bereits wahr? Seine vorgeburtlichen Raum-Erfahrungen sind: Ton, Temperatur, Nahrung, Herzschlag der Mutter, Schutz und Geborgenheit, das räumliche Umfeld etc.

Der Mensch lebte in vorgeschichtlicher Zeit in Höhlen – einem vorgefundenen Unterschlupf, den die Natur bereitstellte. Die Anfänge der Behausung waren demzufolge nicht identisch mit den Anfängen der Architektur. Um auf Wanderschaft nicht abhängig zu bleiben vom vorgefundenen, natürlichen Wetterschutz, der Höhle, mussten sich die Menschen Unterkünfte schaffen. Solche Aufenthaltsorte haben aber keineswegs etwas mit strengen geometrischen Formen zu tun. Auch im Makrobereich des Menschen: Landschaft, Himmel und Erde, ist nirgendwo Geometrie erkennbar.

Aristoteles definierte den Raum als Gefäß von Dingen, als eine Art von Schachtelungen von immer größeren Hüllen. Man stelle sich die russischen Matroschkas vor, die von der Kleinsten bis hin zu »des Himmels innerer Grenze« reichen. Der Raum ist also so gesehen ein Hohlraum, der von außen begrenzt und von innen angefüllt ist. Es gibt keinen leeren Raum; alles hat seinen Platz, seinen Ort, seine Stelle.

Die Gestaltpsychologen Wertheimer und Lewin vertraten die Auffassung der Feldtheorie, nach der das Verhalten eines Lebewesens durch die Bedingung des Feldes oder Lebensraums, in dem es sich aufhält, bestimmt wird. Die entscheidende Annahme hierbei ist, dass dieses Feld einem autonomen Gestaltungsprozess unterliegt, der aus der Gesamtheit der strukturellen Bedingungen des Feldes bzw. den von den Feldstrukturen erzeugten anziehenden oder abstoßenden Kräften resultiert. Diesem physikalischen Kraftfeld entsprechen physikalische Erregungen auf subjektiver Seite. Es handelt sich quasi um psychisch wirksame Außenfaktoren, soweit diese das Verhalten einer Person mit ihren augenblicklichen Bedürfnissen oder Antrieben beeinflussen.

Der Lebensraum wird damit als ein Feld bzw. Kraftfeld angesehen, dessen Strukturelemente den jeweiligen seelischen Antriebskräften entsprechen. Heute bestehen allerdings aufgrund empirischer Untersuchungen wesentliche Bedenken gegenüber den Anschauungen der Feldtheorie.

Tatsächlich ist für den Architekten der Raum oder Zwischenraum zwischen Boden, Wänden und Decke keinesfalls das Nichts. Im Gegenteil liegt der eigentliche Zweck seiner Tätigkeit darin, das Hohle zu füllen, damit es etwas enthalte. Er verleiht ihm eine konkrete Form, um dem Menschen eine Behausung und relative Bewegungsfreiheit zu geben, derer er bedarf. Ein Bauwerk bzw. ein architektonisches Werk, das nur von außen gedacht oder betrachtet wird, hört auf,

Architektur zu sein. Umgekehrt löscht eine Reduktion allein auf die räumlichen Eigenschaften die konkreten Zeichen und Symbole aus, die seine Materialität in sich trägt.

Der Raum verändert den Menschen, er spielt mit seinen Sinnen und erschließt in uns allen ein neues Potenzial von Fantasie, Kreativität und Gespräch.

Der Mensch ist bestrebt, Objekte und Ereignisse über möglichst viele Sinne wahrzunehmen. Unter psychologischen Gesichtspunkten sind vor allem die sich aus den zwölf Sinnesqualitäten ergebenden Wirkungen der Architektur auf die Seelenfunktionen des Wollens, Fühlens und Denkens von größtem Interesse.

In Kenntnis der von der Architektur ausgehenden Wirkungen können einzelne Seelenfunktionen durch Architektur verstärkt oder herabgedämpft werden. Anhand bestehender Architektur lassen sich die Auswirkungen auf das Denken, Fühlen und Wollen beobachten und klassifizieren. Architektur wirkt immer.

Die Elemente, welche den um uns befindlichen Raum begrenzen, ergeben kein »Bild«, sondern erzeugen ein Feld ungleicher, aber mehr oder weniger ausgewogener Kräfte. Die Stärke dieses Kraftfeldes wächst, wenn die begrenzenden Formen sich gegenseitig ergänzen oder auf ein gemeinsames Ziel konvergieren anstatt autonom zu sein. Der Kunstpsychologe R. Arnheim schlägt den Architekten vor, das Konzept Figur/Grund durch das der Kraftfelder zu ersetzen, die von Objekten erzeugt werden.

Der Raum könnte dann durch Vektoren oder »magnetische Felder« beschrieben werden, die durch Entfernungen, Ausdehnungen und Kontraktionen in ein Kräftespiel treten. Das Quadrat (z. B. ein quadratischer Grundriss, siehe Abb. 1) enthält versteckte Kraftfelder: seine Ecken, sein Umriss, seine Diagonalen, seine Seitenhalbierenden und sein Zentrum. Erkennen wir diese wesensgemäßen Eigenschaften, so können wir sie bewusst verstärken oder aber durch Eingriff verändern.

Bei den folgenden zwei Beispielen für ein durchbrochenes Quadrat wird die Grundfigur durch die entstehenden Kraftfelder sehr unterschiedlich interpretiert (siehe Abb. 2 und 3). Dort, wo die Ecken explizit sind, implodiert der Raum. Die impliziten Teilräume sind ihrerseits Quadrate, welche die Mutterform durch ihre Ähnlichkeit verstärken. Dort wo die Ecken implizit sind, entsteht eine Dehnung nach außen. Die Grundfigur (der Grundriss) ist dabei weniger maßgebend.

Diese beiden komplementären Beispiele unterstreichen den Zentrumsbezug durch ihren zentrifugalen bzw. zentripetalen Charakter. Man kann feststellen, dass das Beispiel mit den in der Mitte durchbrochenen Seiten (Abb. 2) den Zentrumsbezug im Vergleich zum einfachen geschlossenen Quadrat (Abb. 1) akzentuiert.

Abb. 1–3: Der zentrifugale und zentripetale Charakter eines Raumes

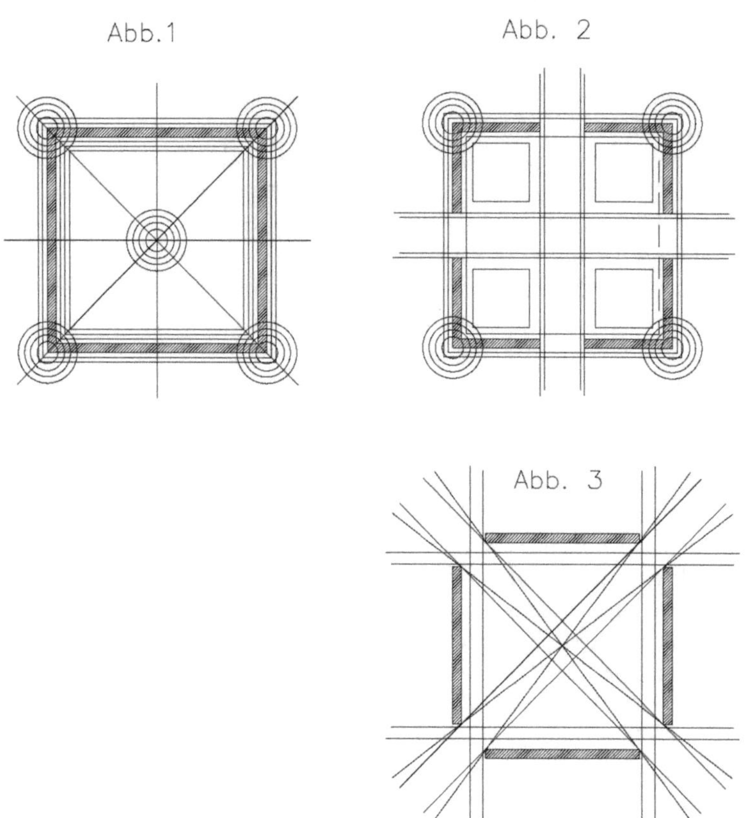

Zentrifugale Räume wirken extrovertiert und sind damit eher für Wohnraum geeignet, während zentripetale Räume introvertiert wirken und so vielleicht Raum für Kontemplation bieten können. Die reale Situation rechtfertigt nur selten eine Interpretation und Verstärkung des Quadrats im Sinne seiner wesensgemäßen Beschaffenheit. In der Entwurfpraxis gibt es viele Möglichkeiten, eine Umlenkung von Kraftfeldern zu initiieren. Die Planung von Eckfenstern ist eine Variante davon.

2.1 Form und Gestalt

Der Sehsinn ist der komplexeste, wichtigste und am weitesten entwickelte aller Sinne des Menschen. Das Auge hat im Wahrnehmungsprozess die Funktion, das Licht zu sammeln, zu fokussieren und in neuronale Signale umzusetzen, die an das Gehirn weitergeleitet werden. Weil die Netzhaut aus vielen einzelnen Rezeptoren zusammengesetzt ist, reagiert das Auge mit einem Mosaik von Millionen voneinander unabhängigen neuronalen Reaktionen.

Es handelt sich dabei um die erste Stufe des Wahrnehmungsprozesses, der bewusst abläuft. Danach erfolgt die zweite Stufe, die perzeptuelle Organisation. Dieser Prozess läuft wiederum unbewusst ab. Es erfolgen innere Berechnungen (Schätzung der Größe, der Form, der Bewegung etc.). In der dritten Stufe werden den Perzepten Bedeutungen zugewiesen. Wie sieht das Objekt aus? Aus der Organisationsfrage wird eine Identifizierungsfrage. Erinnerungen, Wertvorstellungen, Überzeugungen und Einstellungen spielen dabei eine Rolle.

Anders ausgedrückt: Unsere Augen sehen Formen, Farben, Licht und Schatten – und sonst nichts. Erst das Gehirn fügt aus der Erfahrung Inhalte hinzu, schafft Assoziationen zu anderen Bildern und übersetzt Form und Gestalt in etwas Bekanntes. Form ist der Umriss eines visuellen Eindrucks, den wir von einem Objekt haben. Weil wir daran gewöhnt sind, bestimmte Objekte in bestimmten Posen zu sehen, entwickelt unser Gehirn eine Art visuelle Schablone, sodass wir dazu neigen, das zu sehen, was wir zu sehen erwarten, und nicht, was tatsächlich da ist. Die Rolle der Wahrnehmung besteht darin, den Empfindungen Sinn zu verleihen.

Die Wahrnehmung ist dazu da, uns über unsere Umwelt zu informieren und nicht über deren Abbilder in unseren Sinnesorganen. Ein wichtiger Weg besteht darin, dass wir eine gleichbleibende Umwelt sehen, obwohl die Reizmuster auf der Netzhaut in ständiger Wandlung begriffen sind, weil die Sehbedingungen immer wieder andere sind. Wir sprechen von der sogenannten Wahrnehmungskonstanz. Die Wahrnehmung von Konstanz in der Umwelt ist eine unserer wichtigsten Fähigkeiten (vgl. Zimbardo 1996, S. 140f.).

»Gestaltpsychologen gehen davon aus, dass visuelle Reize von uns in der jeweils einfachsten Form wahrgenommen werden: »Phänomene dieser Art finden ihre Erklärung in dem, was die Gestaltpsychologen das Grundgesetz der visuellen Wahrnehmung nennen. Dieses Gesetz besagt, dass jede Reizkonfiguration danach strebt, so gesehen zu werden, dass die sich ergebende Struktur die einfachste ist, die unter den gegebenen Umständen möglich ist. In diesem sogenannten »Grundgesetz der Wahrnehmung« erkannten die Gestaltpsychologen seit Koffka (1935) auch eine wichtige Ursache für das räumliche Sehen« (zit. nach J. Weber 2002, S. 21).

Das heißt also, dass der Wahrnehmungsprozess nicht vollständig verstanden werden kann, wenn man ihn nur in immer kleinere Teilprozesse zerlegt. Wahrnehmung ist mehr als die Summe dieser Teilprozesse.

Der Goldene Schnitt

Immer wieder haben Maler und Baumeister Gestaltharmonie durch bestimmte Streckenverhältnisse (Proportionen) erreicht. Luca Pacioli, ein italienischer Mathematiker, veröffentlichte im Jahre 1508 das Buch »Das göttliche Verhältnis«. In seinem Werk wurde der »Goldene Schnitt« – das göttliche Verhältnis – beschrieben. Der Goldene Schnitt ist eine Proportion, die schon von den Griechen (z.B. Euklid) definiert und als wohlgefälligste Proportion postuliert wurde: Längen, die sich wie 0,62 zu 1 verhalten, stehen in der Proportion des Goldenen Schnittes.

Was hat es nun mit dieser Proportion auf sich? Es existieren einige Hypothesen zur ästhetischen Wirkung dieses Verhältnisses: Solche Bevorzugungen könnten erlernt sein, oder es handelt sich um biologische Grundgesetze. In einer weiteren Hypothese wird der Goldene Schnitt in Zusammenhang mit den äußeren Begrenzungen des visuellen Feldes der menschlichen Wahrnehmung gebracht und zwar mit dem Gesichtsfeld.

Das Gesichtsfeld ist die Gesamtheit aller Objekte der Umgebung, die bei ruhendem Auge wahrgenommen werden (im Unterschied zum Blickfeld). Die Ausdehnung des Gesichtsfeldes ist durch die Pupillenweite, die Tiefe der Lage des Auges in der Augenhöhle, den Öffnungsgrad der Lider und durch die Gesichtsknochen bestimmt.

Welche empirischen Belege zur Bevorzugung des Goldenen Schnittes lassen sich finden? Fechner (1865) legte seinen Studenten zehn verschiedene Rechtecke vor und fand eine Bevorzugung desjenigen Rechtecks, dessen Länge und Breite in der Proportion des Goldenen Schnittes standen.

Das Quadrat ist die einfachste Form des Rechtecks. Weicht eine andere Form geringfügig von dieser einfachsten Form ab, so entsteht eine Spannung; der Betrachter möchte die Form in Richtung »Gute Gestalt« vereinfachen. Das Rechteck des Goldenen Schnittes kann unter diesem Aspekt als spannungsfreiestes Rechteck interpretiert werden, weil es am wenigsten zur Linie oder zum Quadrat hin tendiert (vgl. Schuster 2000, S. 126).

Symmetrie und Ornament

Eines der universellen Merkmale menschlicher Gestaltung ist die Symmetrie. In der Umgangssprache sind es die einfachen Fälle von lateraler und radialer Symmetrie, die den Wortgebrauch definieren.

Die nahe liegende Erklärung der Bevorzugung symmetrischer Gestaltungen liegt in der Vereinfachung der Wahrnehmung. Gombrich (1979) weist auf den Vorteil hin, den die laterale Symmetrie dem Betrachter gewährt: Da die zwei Hälften des visuellen Feldes gleich sind, also bei der Musteranalyse gleich behandelt werden, wird das Gesichtsfeld erweitert.

Im Fall eines geometrischen Ornamentes trifft die Musteranalyse für eine bestimmte Stelle auch für andere Stellen zu, und so erweitert sich ebenfalls das Gesichtsfeld. Der schweifende Blick, der nicht die einzelne Figur fokussiert, sondern einer ersten Orientierung dient, wird durch Ornamente unterstützt. Die Einheit des Einzelmusters in der Vielfalt der Gesamtgestaltung gewährt eine lustvolle, nicht langweilige, nicht überfordernde Wahrnehmung (vgl. Schuster 2000, S. 127).

2.2 Die Geometrie des Raumes

Für den Architekten ist der Raum nur ein Zwischenraum, der sich zwischen Boden, Wänden und Decke ausdehnt – ein Hohlraum. Die Architektur ist gewissermaßen die Kunst des Hohlraumes, definiert sich aber auch über das Innen und Außen.

Richter (2004, S. 268f.) unterscheidet drei Maßstäbe hinsichtlich des Zwischenraumes: Die Mikroebene, mit seinem Verhältnis zwischen zwei Räumen; die Mesoebene, in der der Zwischenraum auf der Ebene Stadtplanung Beachtung findet und die Makroebene: Zwischenraum auf Regionalebene. Zudem differenziert er verschiedene Typen von Zwischenräumen.

> »Typ 1: Zwischenraum, der einseitig direkt an der Außenwand oder das Dach eines Gebäudes angrenzt; z.B. Balkon, Terrasse, Arkade, Vorgarten, Wintergarten.
> Typ 2: Zwischenraum zwischen Außenwänden gegenüberliegender Gebäude; z.B. Gasse, Straße, Passage, Promenade, Kanal, Fluss.
> Typ 3: Raum, der von drei und mehr Außenwänden bzw. Außeneinrichtungen umschlossen ist; z.B. Platz, Innenhof, Atrium.
> Typ 4: Selbständiger Zwischenraum im Außenraum mit innenräumlichen Charakter; z.B. Pavillon, überdachte Gänge, Pergola.
> Sequenz: gestaltete Zwischenräume in voneinander abhängigen Straßenraumfolgen; z.B. Allee, Promenade, Passage, Fußgängerzone, Flussufer« (Richter 2004, S. 269).

Der architektonische Raum entsteht also durch raumbildende Elemente, wie Flächen, Linien, Kanten oder Spitzen. Ein kubischer Raum zum Beispiel wird von sechs Flächen begrenzt. Das Auge nutzt Kanten und Ecken als Anhaltspunkte, um den Raum (ohne Mühe) genauer zu definieren. Die Materialisierung der Flächen ist nicht unerlässlich, um einen wahrnehmbaren Raum zu schaffen. Werden die Flächen »abgetragen« und nur die wesentlichen Anhaltspunkte übrig gelassen (Kanten und Ecken) oder selbst diese Anhaltspunkte nochmals auf die reinen Senkrechtkanten oder die Ecksteine reduziert, können wir noch immer ein »Innen« und ein »Außen« unterscheiden.

Die Elemente, welche den um uns befindlichen Raum begrenzen, ergeben kein »Bild«, sondern erzeugen ein Feld ungleicher, aber mehr oder weniger ausgewogener Kräfte.

Anstatt den Raum durch eine Umgrenzungsmauer zu definieren, können wir auch parallele, durchbrochene Wände reihen. Die Grenzen des Hauptraumes werden dann durch die Ränder der Öffnungen bestimmt, die im Bezug zueinander gedachte Flächen ergeben (vgl. Meiss 1994, S. 112ff.).

Raumtiefe

Der bekannteste und wirkungsvollste Auslöser von Tiefenwahrnehmung ist die Perspektiverscheinung. Die perspektivische Konstruktion ist nur eines von vielen Mitteln, um dem Betrachter Raum und Tiefe im Bild zu suggerieren.

Die klassische Architektur akzentuiert die perspektivische Tiefe von repräsentativen Innenräumen, städtischen Plätzen und Prachtstraßen nicht nur durch fliehende Linien, sondern ebenso durch die Profilierung und Gliederung, die eine Abstufung ergibt.

Raumdichte

Der Raum besitzt nicht nur eine Tiefe, sondern auch eine Dichte. Wenn eine größere Dichte zweckmäßig erscheint, versucht der Architekt, die Entfernungen durch gedrängte »Zwischenabschnitte« zu staffeln. Meist ist dies der Fall, wenn er mit einem wenig tiefen Raum arbeitet. Stellen wir uns beispielsweise den Innenraum einer Krypta vor. Die vielen angeordneten Säulen erzeugen eine hohe Raumdichte.

Der dichte Raum weist gegenüber dem lichten Raum keine wesentlichen Vor- oder Nachteile auf. Jedoch können lichte Räume eine große Spannung erzeugen, wohingegen der dichte und modulierte Raum schützender erscheint.

Öffnung des Raumes

Die Öffnung eines Raumes wird durch die Abschwächung seines Definitions-
grads (zum Beispiel die Aussparung einer Ecke) erreicht. Bei einer klassischen
Konstruktion mit tragenden Wänden schaffen Türen und Fenster Öffnungen.
Diese Öffnungen schaffen Durchlass – ein gerahmtes Bild einer Landschaft,
Quelle von Licht und Luft.

Je größer diese Öffnungen werden, desto mehr werden sie als ein »Fehlen der
Wand« wahrgenommen, insbesondere, wenn es sich um Ecköffnungen handelt.
Der Eindruck eines Durchbruchs verliert sich, der Raum öffnet sich.

Raumhöhe

Im modernen Wohnungsbau werden die Raumhöhen aus Kostengründen reduziert. Luftbedarf, Heizvolumen etc. sind die Kriterien für deren Bemessung. Die
Länderbauordnungen schreiben eine Mindestraumhöhe von 2,50 Meter vor. Man
stelle sich eine Wand vor, die sechs oder sieben Meter lang ist und nur eben diese
2,50 Meter hoch. Es entsteht ein »spannungsgeladenes« Rechteck – weit entfernt
vom Goldenen Schnitt.

3.   Raum und Bewegung

Viele Architekten betrachten und planen Räume ohne Berücksichtigung der Menschen, die in diesen Räumen leben sollen. Die Richtlinie »form follows function« wird dahingehend aufgehoben, dass die Form Funktion in sich ist; ästhetische Gesichtspunkte werden stärker beachtet als der spätere Zweck eines Raumes, eines Gebäudes oder einer Stadt.

Die Missachtung der Tatsache, dass Architektur in erster Linie umbauten Raum schafft, in dem menschliche Aktivitäten bequem und effektiv stattfinden sollen, führt notwendigerweise zu Planungsfehlern. Der amerikanische Psychologe R. Sommer nennt einige Beispiele von Bauprojekten, bei denen die Planung der Architekten in Widerspruch zu den Bedürfnissen der Benutzer eines Gebäudes standen und dementsprechend mangelnde Akzeptanz die Folge war. Sommer fordert, Architektur und Städteplanung mit den Verhaltensweisen und Bedürfnissen der späteren Benutzer in Einklang zu bringen sowie den Zusammenhang zwischen räumlichen Möglichkeiten und sozialen Verhältnissen aufzuzeigen.

Dazu müssen die räumlichen Verhaltensweisen des Menschen analysiert und dieses Wissen bei der Planung von Räumen, Häusern und Städten umgesetzt werden.

Ich möchte dies an einem Grundriss verdeutlichen (siehe Abb. 4): In beiden Varianten handelt es sich um eine ca. 65 qm große Wohnung für eine Familie mit ein oder zwei Kindern. Für Eltern, die nicht gern sehen, dass das Kind in der »Guten Stube« spielt, gäbe es in der linken Grundrissvariante keinen passenden Raum, in dem ein Zusammensein mit der ganzen Familie stattfinden kann. Wohl aber in der rechten Variante, denn hier gibt es außer der verkleinerten »Guten Stube« auch eine Wohnküche, zu der das Kind freien Zutritt hat. In der rechten Wohnung kann das Bedürfnis nach Zusammensein, das z. B. bei Kindern sehr ausgeprägt ist, ohne Weiteres erfüllt werden (vgl. Flade 1987, S. 58).

Abb. 4: Gleiche Wohnfläche und unterschiedlicher Grundriss

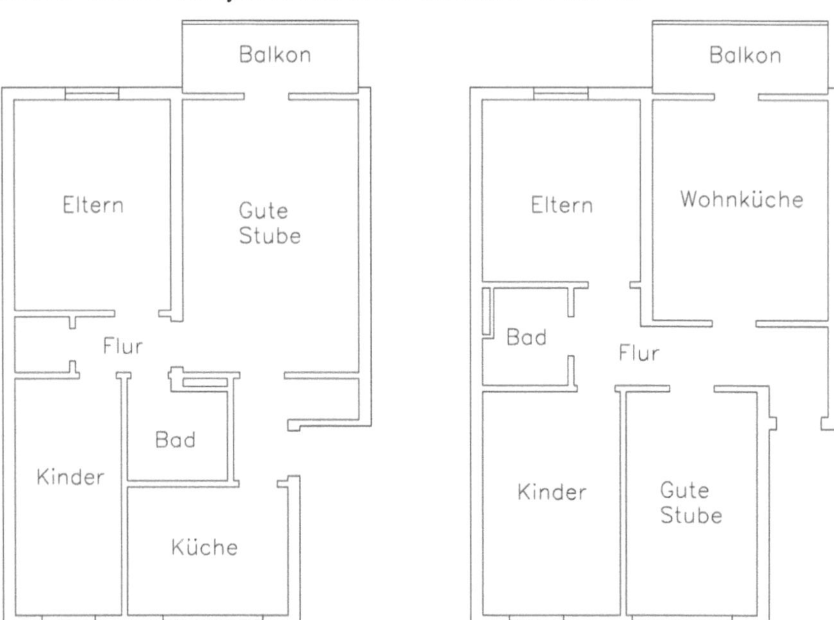

3.1   Die Distanzen beim Menschen

Vögel und Säugetiere haben nicht nur Territorien inne, die sie besetzt halten und gegen ihresgleichen verteidigen, sondern sie kennen auch eine Reihe von einheitlichen Distanzen, die sie zwischen sich beachten (vgl. Hall 1976).

»Territorialität erlaubt es Tieren wie Menschen, zu einem Stück Umwelt eine Vertrautheitsbeziehung herzustellen. Man weiß um Zuflucht, Fluchtwege, Nahrung und Unterstand und bewegt sich daher mit größerer Sicherheit als im fremden Gebiet« (Eibl-Eibesfeldt 2004, S. 479).

Der Bedarf an räumlichem Abstand lässt sich einfach klassifizieren. Zum einen ist es die Fluchtdistanz, die ein Tier einhält, einer Bedrohung durch ein anderes Tier sicher zu entgehen und zum anderen die kritische Distanz, hier wird entschieden, ob Angriff oder Flucht erfolgen soll.

Edward T. Hall konstatierte: »Auch der Mensch behandelt die Distanz zu seinesgleichen auf einheitliche Weise. Mit sehr wenigen Ausnahmen wurden Fluchtdistanz und kritische Distanz aus den menschlichen Reaktionen eliminiert. Persönliche und soziale Distanz aber sind offenbar noch vorhanden« (Hall 1976, S. 118).

Soziale Distanzen lassen sich (je nachdem, welche Gefühle sie zurzeit zueinander hegen) in intim, persönlich, sozial und öffentlich einteilen. Im Folgenden werden einige Erläuterungen und Schlüsselbegriffe beschrieben.

»Die intime Distanz
In intimer Distanz ist die Gegenwart des anderen deutlich und kann wegen des beträchtlich verstärkten Inputs überwältigend sein. Das (oft verzerrte) Sehen, der Geruchssinn, die Körperwärme des anderen, Geräusch, der Geruch und das Spüren des Atems vereinigen sich, um das unverkennbare Einbezogensein mit dem anderen Körper zu signalisieren.

Die intime Distanz – die nahe Phase
Diese Distanz ist von Berührung gekennzeichnet. Hall bezeichnet sie als tröstliche und beschützende Distanz, die bei der körperlichen Liebe, aber auch beim Ringen anzutreffen ist.

Die intime Distanz – die weite Phase (Entfernung 15–45 cm)
Köpfe, Schenkel und Becken werden nicht leicht miteinander in Kontakt gebracht, aber die Hände können die Extremitäten erreichen und fassen. Der Kopf wird vergrößert gesehen, und seine Züge werden verzerrt.

Die persönliche Distanz
Man mag sie sich als eine kleine, beschützende Sphäre oder Blase vorstellen, die ein Organismus zwischen sich und den anderen behauptet.

Die persönliche Distanz – nahe Phase (Entfernung 45–75 cm)
Der kinästhetische Sinn für Nähe leitet sich zum Teil von den vorhandenen Möglichkeiten dafür ab, was jeder Teilnehmer den anderen mit seinen Extremitäten antun kann.

Die persönliche Distanz – weite Phase (Entfernung 75–100 cm)
Hier ist eine Distanz gemeint, die gerade außerhalb der Entfernung liegt, bei der man eine Person leicht berühren kann. Hall sagt: Das ist die Grenze der körperlichen Herrschaft im eigentlichen Sinn.

Die soziale Distanz
Intime visuelle Details im Gesicht werden nicht wahrgenommen, und niemand berührt eine andere Person oder erwartet normalerweise berührt zu werden.

Die soziale Distanz – nahe Phase (Entfernung 120–220 cm)
Die Kopfgröße wird normal wahrgenommen. Bei 220 cm erweitert sich die Fläche des scharfen Sehens auf die Nase und auf Teile beider Augen; oder es werden der ganze Mund, ein Auge und die Nase scharf gesehen. Einzelheiten der Hautoberfläche und der Haare werden klar wahrgenommen.

Die soziale Distanz – weite Phase (Entfernung 220–360 cm)
Das ist die Entfernung, die Leute einnehmen, wenn jemand sagt ›Halte dich fern, damit ich dich ansehen kann‹. Es handelt sich quasi um den ›formellen Charakter‹. Bei der weiten Phase ist die Stimmstärke merklich lauter als bei der nahen; die Stimme kann gewöhnlich bei offener Tür leicht in einem angrenzenden Raum gehört werden. Es handelt sich um eine Distanz, in der Ehemänner, die von der Arbeit nach Hause kommen, ihre Zeitung lesen. Diese soziale Entfernung ist dafür geeignet, kurz ein Gespräch anzuknüpfen und es wieder fallen zu lassen. Einige Männer entdecken, dass ihre Frauen die Sitzmöbel Rücken an Rücken arrangiert haben – ein bevorzugtes soziofugales Mittel. Das Rücken-Rücken-Sitzarrangement ist eine zweckmäßige Lösung für kleinste Raumverhältnisse, weil zwei Personen außer Kontakt bleiben können, wenn sie wollen.

Die öffentliche Distanz
Beim Übergang von der persönlichen und sozialen Distanz zur öffentlichen finden einige wichtige sensorische Verlagerungen statt, die außerhalb des Kreises des Einbezogenseins liegen.

Die öffentliche Distanz – nahe Phase (Entfernung 360–750 cm)
Bei 360 Zentimetern kann ein wachsamer Mensch bei Bedrohung ein Ausweich- oder Verteidigungsmanöver unternehmen. Diese Distanz kann sogar eine verkümmerte, aber unbewusste Form der Fluchtreaktion fördern. Andere anwesende Personen können an der Peripherie gesehen werden.

Die öffentliche Distanz – weite Phase (Entfernung 750 cm und mehr)
Neun Meter ist die Entfernung, die automatisch bei bedeutenden Personen der Öffentlichkeit beachtet wird. »Der ganze Mensch wird ziemlich klein gesehen und in einem Rahmen wahrgenommen« (Hall 1976, S. 121ff.).

Warum dieses Klassifikationssystem?

Bis vor Kurzem drückte man die Raumbedürfnisse des Menschen mit der tatsächlichen Luftmenge, die durch seinen Körper verdrängt wird, aus (vgl. Hall 1976, S. 131). Die Tatsache, dass der Mensch als Erweiterung seiner Persönlichkeit die bereits beschriebenen Zonen um sich herum zieht und wahrnimmt, wurde allgemein übersehen. Die Fähigkeit, diese mehrfachen Zonen der gegenseitigen Beziehungen und Aktivitäten, der Verhältnisse und die mit jeder einzelnen (davon) assoziierten Gefühle zu erkennen, ist extrem wichtig geworden. Es gilt, über die Anthropologie hinaus, das Bewusstsein für die räumlichen Bedürfnisse des Menschen zu wecken.

3.2   Persönlicher Raum

Den meisten Menschen ist es unangenehm, wenn ihnen jemand grundlos zu nahe kommt. In Bussen werden zuerst alle freien Sitzreihen besetzt und auch im Konzertsaal lässt man gerne einen Platz zwischen sich und den anderen frei. Diese Distanz, die gewöhnlich zwischen den Menschen eingehalten wird, bezeichnet man als persönlichen Raum.

Die dem persönlichen Raum zugeschriebenen verschiedenen Funktionen lassen sich auf die beiden Hauptfunktionen Kontrolle und Kommunikation reduzieren.

Kontrolle

Die Einhaltung bestimmter Distanzen hilft bei der Kontrolle von *übermäßiger* sensorischer Stimulation durch soziale Reize, bei der Kontrolle von unerwünschter Intimität, von potenziellen und akuten Bedrohungen der psychischen und physischen Unversehrtheit und von dysfunktional starker Erregung. Damit dient der persönliche Raum der Bewahrung von Handlungsfreiheit, kognitiver Leistungsfähigkeit und persönlicher Sicherheit.

Kommunikation

Durch die Wahl der Distanz bei einer sozialen Interaktion wird die erwartete Beziehungsqualität signalisiert, z.B. welches Ausmaß an Intimität gesucht oder ob der Interaktionspartner als eine potenzielle Gefährdung der eigenen Sicherheit betrachtet wird. Allerdings muss eine geringe Interaktionsdistanz nicht notwendigerweise Ausdruck des Wunsches nach einer intimen Beziehung sein. Sie kann auch zur Verstärkung einer Drohung in einer aggressiven Auseinandersetzung genutzt werden.

Die Wirkung räumlich-materieller Bedingungen auf die Wahl des persönlichen Raumes lässt sich nahezu vollständig über die beschriebene Kontrollfunktion erklären. Allgemein sind die beanspruchten Distanzen desto geringer, je offener, übersichtlicher und leichter kontrollierbar die Räumlichkeiten erscheinen. In folgender Tabelle werden die personenbezogenen und situativen Unterschiede verdeutlicht:

Tab. 2: Raumbeanspruchung

Raumbeanspruchung	
mehr bzw. größerer Raum	weniger bzw. kleinerer Raum
negativ erlebte Situationen der Interaktion	positiv erlebte Situationen der Interaktion
stressreiche Situationen	stressarme Situationen
fremde Personen	bekannte Personen
negative soziale Affekte	positive soziale Affekte
Beziehungen werden aufgrund der größeren Distanz als schlechter eingeschätzt	Beziehungen werden aufgrund der geringen Distanz als gut eingeschätzt
ängstliche, introvertierte Menschen	extrovertierte, nichtängstliche Menschen
Personen stehen sich überwiegend neutral gegenüber	Personen finden sich anziehend oder attraktiv
niedrige Räume	hohe Räume
dunkle und farblich düstere Räume	ausgeleuchtete und farblich helle Räume

Ergebnisse empirischer Forschungen zeigen personenbezogene und situative Unterschiede. In negativ erlebten Situationen wird beispielsweise mehr persönlicher Raum beansprucht als in positiv erlebten. Das gilt aber auch im Umkehrschluss: Bei geringeren Distanzen wurden z. B. die Beziehungen zwischen den Akteuren positiver eingeschätzt.

Zusammenfassend kann festgestellt werden, dass der persönliche Raum eine unsichtbare Zone ist, in die niemand eindringen soll. Trotzdem können Verletzungen dieses Raumes geschehen. Es stellt sich die Frage, wie die Betroffenen derartige Verletzungen erleben und wie sie darauf reagieren.

Es gibt eine ganze Reihe von Experimenten, in denen Verletzungen des persönlichen Raumes durch physisches Eindringen einer anderen Person verursacht wurden. Diese Verletzungen können jedoch auch durch Anstarren, eine laute Stimme oder auch durch den Geruch geschehen.

»Die klassischen Experimente dazu wurden von Sommer und seinen Mitarbeitern durchgeführt (vgl. Sommer 1969). Unter verschiedenen Bedingungsvariationen im Feld (z. B. Bibliotheken und Restaurants mit unterschiedlicher Besucherfrequenz) wurden Verletzungen des persönlichen Raumes experimentell induziert und die Reaktionen darauf beobachtet. Im allgemeinen wird eine Verletzung des Persönlichen Raumes zunächst als unangenehm und erregungssteigernd erlebt.

In den Untersuchungen von Sommer reagierten die Betroffenen auf Verletzungen des Persönlichen Raumes überwiegend mit Flucht oder mit partiellem Rückzug zur Wiederherstellung annehmbarer Distanzen (vgl. Sommer 1969). Weitere Forschungsergebnisse zeigen, dass offen aggressive Reaktionen auf Verletzungen des persönlichen Raums äußerst selten sind und eher nach Verletzungen dieses Raums durch Gruppen vorkommen« (Kruse 1996, S. 329).

3.3 Privatheit und Öffentlichkeit

»Privatheit und Öffentlichkeit« und vor allem »Individualität und Konformität« bilden eine interessante Grundlage, um Wohnformen unterschiedlicher Kulturen miteinander zu vergleichen.

Hoher Konformitätsdruck schränkt die individuelle Freiheit ein und stellt ein Problem hinsichtlich Emanzipation, Selbstbestimmung und Kritikfähigkeit dar. Zwischen beiden Paaren besteht ein enormes Spannungsverhältnis.

Wie diese Spannung jeweils aufgelöst wird, ist von Kultur zu Kulturverschieden. Die Begriffe »Privatheit und Öffentlichkeit« bezeichnen Extreme, zwischen denen alle Übergänge vorkommen. Man kann sich die beiden Extreme (Pole) als Endpunkte einer Linie vorstellen und die Übergänge als Punkte auf dieser Linie.

Voraussetzungen für Privatheit sind die Existenz von anderen Menschen und die Möglichkeit, mit ihnen in Interaktion zu treten. Man spricht vom Doppelaspekt der Zugangskontrolle zum eigenen Selbst: alleine und ungestört vs. mit anderen zusammen. Es gibt eine Reihe von Schwierigkeiten bei der Herstellung von Privatheit in Wohnungen: Zum einen gibt es unterschiedliche Privatheitsbedürfnisse der Haushaltsmitglieder, und zum anderen ist nur eine schwierige Trennung zwischen zugänglichem und unzugänglichem Raum infolge des Wohnungsgrundrisses möglich. Störungen sowohl von außen als auch von innen werden nicht gut genug abgeschirmt.

Die Individualsphäre, die Privatsphäre und die Intimsphäre sind die drei rechtlichen Sphären, die es zu schützen gilt. Der Schutz der Individualsphäre und das Recht des Menschen sich frei entfalten zu können, beziehen sich bereits auf die Dimension »Individualität und Konformität«. Ist Öffentlichkeit zwangsläufig mit Konformität assoziiert? Hier geht es um das Recht, in Ruhe gelassen zu werden, d. h. um den Schutz der Privat- und Intimsphäre (vgl. Flade 1987, S. 18f.). In der folgenden Tabelle werden die vier Grundtypen der Privatheit nach Flade/Westin dargestellt:

Tab. 3: Die vier Grundtypen der Privatheit

Alleinsein	Intimität	Anonymität	Reserviertheit
Bezeichnet eine Verfassung, in der ein Mensch fern von der Gegenwart anderer und frei von der Beobachtung durch andere ist.	Besteht in Form enger, entspannter u. offenherziger Beziehung zwischen Familienmitgliedern oder engen Freunden.	In der Öffentlichkeit unerkannt u. unüberwacht; In der großen Menge untertauchen; Paradoxe Situation: Das Gefühl, inkognito und privat zu sein, weil man in der Menge untergeht.	Subtiler als die anderen drei Formen: Ein Fenstergucker z.B.; sein Verhalten ist gekennzeichnet durch: weggucken oder übersehen; Wunsch, in Ruhe gelassen zu werden.

Es entsteht die paradoxe Situation, dass man das Gefühl hat inkognito und privat zu sein, weil man in der Menge untergeht. Die totale Öffentlichkeit birgt für den Einzelnen die Chance, privat zu sein.

Reserviertheit oder Zurückhaltung besteht in der Errichtung einer psychologischen Barriere gegen unerwünschte Nähe. Reserviertheit ist insofern subtiler als die anderen drei Westin'schen Grundtypen der Privatheit, als sich hier Privatheit im Wesentlichen im Verhalten ausdrückt, z.B. im Weggucken oder Übersehen.

Privatheit tritt ansonsten vor allem materiell-räumlich in Erscheinung, nämlich in Form von Mauern und Wänden, hohen Hecken und Zäunen, Gardinen und Vorhängen etc.

Menschliches Erleben und Verhalten im Allgemeinen und das Bedürfnis nach Privatheit und Privatheitsverhalten im Speziellen sind nichts Statisches, Unveränderliches, sondern ändern sich während des Lebenslaufs (vgl. Kruse 1996).

Altersbedingte Veränderungen hinsichtlich der Privatheit hängen mit wechselnden Bedürfnissen und Fähigkeiten sowie mit den verschiedenen sozialen Rollen zusammen, die eine Person im Laufe ihres Lebens einnimmt.

Bei der Herstellung von Privatheit in Wohnungen tritt eine Reihe von Problemen auf, wie z. B. unterschiedliche Privatheitsbedürfnisse der Haushaltsmitglieder; die Schwierigkeit der Trennung zwischen zugänglichem und unzugänglichem Raum infolge des Wohnungsgrundrisses; Störungen sowohl von außen als auch von innen, die nicht genug abgeschirmt werden; unterschiedliche Auffassungen von Privatheit bei Architekten und Sozialforschern etc. Untersuchungsergebnisse zeigen: Männer fühlen sich schneller beengt als Frauen; die Reaktionen von Männern sind häufiger Rückzug oder Flucht.

Privatheit als Prozess der Zugangskontrolle findet aber auch gegenüber Nicht-Haushaltsmitgliedern statt. Unterscheidet man in der Wohnung individuelle, geteilte und öffentliche Bereiche, so kann die Wohnumgebung differenziert werden nach privaten, halbprivaten, halböffentlichen und öffentlichen Bereichen.

Konformität im Wohnungsbau, insbesondere im Geschosswohnungsbau, enthält kaum Zeichen individuellen Wohnens. Individualität wird eher durch persönliche Details (Sonnenschirm, Vorhänge, Fensterschmuck, Balkonblumen) bestimmt.

Der Raum, den man bereit ist zu verteidigen (defensible space)

Der Begriff »defensible space« bezeichnet jenen Raum, den man als halbprivate und halböffentliche Zwischenzone beschreiben kann. Solche Übergangszonen haben eine wichtige regulierende Funktion. Private Bereiche zeichnen sich dadurch aus, dass sie für Außenstehende nur nach ausdrücklicher Aufforderung zugänglich sind. Diese sogenannten Übergangszonen zeichnen sich wiederum durch ihre unterschiedliche Zugänglichkeit für Fremde aus.

Öffentlichkeit ist dann gegeben, wenn keine Zugangskontrolle mehr besteht. Wenn z. B. in einem Haus sehr viele Menschen wohnen, wird eine Zugangszone immer schwieriger; es sei denn, ein Pförtner wird am Eingang tätig. Schon wenn in einem Gebäude mehr als neun Parteien wohnen, beginnt die defensible space-Qualität abzunehmen. Niemand fühlt sich mehr für das, was außerhalb der eigenen vier Wände geschieht, verantwortlich. Die Anonymität nimmt zu; man kennt sich immer weniger, sodass es schließlich unmöglich wird, zwischen Hausbewohnern und Außenstehenden zu unterscheiden (vgl. Flade 1987, S. 23).

Das bereits erwähnte Beispiel der Wohnanlage »Pruitt Igoe« – einem Inbegriff architektonischer Fehlplanung – zeigt mit welchen Konsequenzen zu rechnen ist, wenn nach der Devise geplant wird: »Es darf kein überflüssiger Raum verschenkt werden.« Die Verantwortungsdiffusion unter den Hausbewohnern führte zu Vandalismus und zur Verschmutzung und Verwahrlosung des Wohnbereichs.

Die entscheidende Frage ist, welche Merkmale der baulichen Umwelt informelle Sozialkontrolle fördern.

»Newman (1973) hat in Verbindung mit seinem defensible space-Konzept versucht, diese Merkmale zu bestimmen. Ein besonders wichtiges Merkmal ist seiner Ansicht nach das Territorialverhalten der Bewohner, das in dem Gefühl, für die außerhalb der Wohnung liegenden räumlichen Bereiche verantwortlich zu sein, zum Ausdruck kommt. Ein solches Gefühl kann jedoch nur entstehen, wenn zwischen dem privaten Bereich der Wohnung und dem öffentlichen Raum halbprivate und halböffentliche Übergangszonen vorhanden sind. Dies ist dann nicht der Fall, wenn vor der Wohnungstür bzw. vor dem Gebäude unmittelbar der öffentliche Raum beginnt.

Einsehbarkeit und Überschaubarkeit sind weitere Merkmale eines defensible space, d.h. die Möglichkeit der visuellen Überwachung der Wohnanlage durch die Bewohner. Straftaten in den Eingangshallen, Treppenhäusern Korridoren und Fahrstühlen von Hochhäusern werden gerade hier begangen, weil es sich um visuell nicht kontrollierte halböffentliche Bereiche handelt, für die sich außerdem niemand verantwortlich fühlt« (Flade 1987, S. 146f.).

Für defensible space lassen sich nach Flade folgende allgemeinen Empfehlungen ableiten:

➤ Halbprivate Bereiche innerhalb und außerhalb von Wohngebäuden sind erforderlich, um die sozialen Interaktionen zwischen den Bewohnern zu erleichtern und die Entwicklung informeller sozialer Kontrolle zu fördern;
➤ Wohnanlagen sollten so gebaut werden, dass alle Bereiche zu irgendeinem Bewohner oder irgendeiner Bewohnergruppe zu gehören scheinen;
➤ Zu einem Hauseingang sollten nicht mehr als neun Wohnungen gehören.

Aneignung von Umwelt

In der aktiven Auseinandersetzung mit seiner Umwelt versucht der Mensch, ihr seinen Stempel aufzudrücken, um sich in ihr wiederfinden zu können. Der Mensch verändert sich jedoch selbst durch das, was er im Prozess der »Aneignung« hervorbringt.

Was bedeutet die sogenannte Aneignung? Stellen wir uns erst einmal das Gegenteil vor. Das Gegenteil von Aneignung ist Enteignung. Enteignung bezeichnet einen Verlust – beispielsweise an Selbstbestimmung oder Kontrolle über die materiell-räumliche Umwelt. Ein Mensch, der enteignet ist, hat keinerlei Einflussmöglichkeiten und Rechte, sondern andere bestimmen, was er zu tun und zu lassen hat, wie er lebt und wie er wohnt.

Werner et al. (1985) definieren den Begriff der Aneignung folgendermaßen: Kontrolle haben über etwas, einen Vorgang beeinflussen zu können, sich etwas zu eigen machen, mit einer Sache vertraut werden, Räumen und Bedingungen Bedeutungen zu verleihen, sie zu verändern, sich darum zu kümmern, sich damit verbunden zu fühlen, sich damit zu identifizieren, kontrollieren zu können, was geschieht, wer wo Zugang hat und wer nicht (vgl. Flade 1987, S. 146f.).

Wie findet »Aneignung« statt? Beschränken wir uns auf die Personalisierung von Wohnräumen, stellen wir folgende Aktivitäten fest: möblieren von Zimmern, dekorieren, markieren, mit Pflanzen schmücken, verteilen und aufstellen von persönlichen Dingen etc. Es handelt sich letztendlich um das Wohnlichmachen von Wohnraum.

Bewertung der Wohnumwelt

Während Wohnungen eindeutig abgrenzbare Einheiten sind, lassen sich Wohnumgebungen nur relativ willkürlich gegen »Nicht-Wohnumgebungen« abgrenzen. Klockhaus (1975) hat die Wohnumgebung als den räumlichen Bereich definiert, der von der Wohnung aus in etwa zehn Minuten erreicht werden kann (Kruse 1996, S. 486). In der folgenden Tabelle wird die Wohnumwelt in verschiedene Kategorien eingeteilt:

Tab. 4: Kategorien der Wohnumwelt

Mikroumwelt	Mesoumwelt	Makroumwelt
Möbel	Straße, Hof	Wohngebiet
Zimmer	Garten	Stadt, Stadtbezirk
Spielzeug	Spielplatz	Stadtteil
	Nachbarschaft	Wohnrevier

Charakterisierung der Wohnumwelt

Wohnumwelt wird unterschieden in eine physische und eine soziale Komponente.

Obwohl diese Trennung zweckmäßig ist, bleiben räumliche Strukturen dennoch Ausdruck sozialer Strukturen und umgekehrt. Diese Mischung findet sich wieder in den Konzepten Milieu und Nachbarschaft. Ich möchte die Makroumwelt als städtische Wohnsituation und deren soziale Folgen für Kinder an einem Beispiel erläutern:

Die dichte Städtebebauung seit den 1960er Jahren und der massive Anstieg des Verkehrsaufkommens führten zu einer deutlichen Verringerung von Spielflächen. Unbeaufsichtigtes Spielen im Freien ist für viele Kinder in Wohnungsnähe heute oft nicht mehr möglich.

Hinzu kommen Probleme des modernen Wohnungsbaus: Generationen von

Architekten haben die Häuser nach dem Motto »erst die Erwachsenen, dann die Kinder« geplant. Dies drückt sich noch heute in großen Schlaf-, Wohn- und Arbeitszimmern, kleinen Kinderzimmern und Küchen sowie mehrgeschossigen Wohnungen aus. Das steht in krassem Gegensatz zu kindlichen Bedürfnissen nach Nähe zur Bezugsperson, kreativem Gestalten, Austausch mit anderen Kindern, Spielen im Freien etc. Familiäre und nachbarschaftliche Dauerkonflikte mit lärmempfindlichen Nachbarn sind vorprogrammiert.

Die »Verhäuslichung« der Kindheit mit Platzmangel, Bewegungsarmut und ständigen Maßnahmen zur Geräuschunterdrückung hat nicht nur einen höheren Fernsehkonsum zur Folge, sondern auch negative Auswirkungen auf die Selbständigkeit und Autonomie von Kindern. Der Konsum verdrängt zunehmend eigenständige Entwicklung; Kreativität wird kaum entwickelt. Verhaltensstörungen wie Lernschwäche, Aggressivität und Vandalismus sowie physische Schäden durch mangelnde Bewegung im Freien erreichen alarmierende Zahlen.

Neben der erblichen Veranlagung ist die Entwicklung von Kindern zum wesentlichen Teil durch ihr Umfeld geprägt. Dazu gehören soziale Strukturen, Eltern, Kindergarten, Schule, Freundeskreis, aber auch in besonderem Maße die kindernahe Umwelt – sprich die Wohnung und das Wohnumfeld. Allerdings ist es allein mit größeren Kinderzimmern nicht getan: Kinderfreundliche Architektur muss berücksichtigen, dass sich der Lebensraum der Kinder nicht auf das Kinderzimmer beschränkt, sondern sie vor allem die Welt gerade dort entdecken wollen, wo sich die »Großen« aufhalten: in der Küche und im Wohnzimmer.

Ortsverbundenheit und Ortsidentität

Ortsbezogenheit bedeutet Heimatgefühl – eine emotionale Anhänglichkeit an einen Ort. Ortsidentität umfasst außer der emotionalen auch die kognitive Ebene und die Verhaltensebene. Ortsidentität als emotionale Verbundenheit tritt nur dann auf, wenn die positiv bewerteten Kognitionen gegenüber den negativen überwiegen.

Mitscherlich sagt, dass Konformität Individualität und damit Beziehungsfähigkeit verhindert. »Wer nicht weiß, wer er ist« (Identitätsproblem), kann auch seiner Umwelt keinen individuellen Ausdruck geben. Fehlt Ortsidentität als ein Bestandteil der Ich-Identität, kann dieses Fehlen die Entstehung von Ich-Identität verhindern. Das heutige Wohnen ist eine Mischung aus Territorialität und Mobilität. Das ist zurückzuführen auf die zunehmende Verknüpfung von wirtschaftlicher Tätigkeit und sozialem Leben. Die daraus veränderten Territorialitäts- und Mobilitätsmuster erzeugen dann oftmals eine Fluchttendenz in Ersatzgefühle (z. B. in den Fernsehkonsum).

Ortsverbundenheit oder emotionale Ortsbezogenheit bezeichnet das Phänomen der Abhängigkeit von Menschen von einem Ort, die gefühlsmäßiger Art ist. Ein Ort ist angenehm, weil man sich dort wohl und geborgen fühlt, weil er mit vielen Erinnerungen verbunden ist, weil er bis in den letzten Winkel vertraut ist, weil in der Nähe Gleichgesinnte wohnen. Ortsverbundenheit umfasst also die Bindung an räumliche und soziale Umwelt, nicht aber, wie Heimat, auch an eine kulturelle Umwelt.

Wenn Sie feststellen wollen, ob Sie sich mit Ihrer Wohnumwelt verbunden fühlen, können Sie das anhand der folgenden Fragen von Riger und Lavrakas (1981) tun:

> »Fällt es mir schwer, zwischen Fremden und Ortsansässigen in meinem Wohnbereich zu unterscheiden?
> Welche Kinder in der Nähe meiner Wohnung kenne ich mit Namen?
> Bin ich Mieter oder Eigentümer der Wohnung oder des Hauses?
> Werde ich in zwei Jahren noch hier wohnen?« (zit. nach Flade 1987, S. 44f.)

Die ersten beiden Fragen beziehen sich auf die Bindung an die soziale Umwelt im Bereich der Wohnung, die letzten beiden auf das räumliche Verwurzeltsein. Soziale und räumliche Verbundenheit gehen aber keineswegs immer Hand in Hand. Alleinstehende ältere Leute sind beispielsweise häufig sehr stark verwurzelt, ohne zugleich auch soziale Kontakte in ihrer Wohnumgebung zu haben.

Wesentliche Faktoren für Ortsverbundenheit und Ortsidentität sind Beständigkeit, Dauerhaftigkeit, Vertrautheit und Qualität. Dabei spielt auch die symbolische Bewertung der Wohnumwelt eine große Rolle.

Bahrdt gibt Empfehlungen für ein vollständiges Wohnen und sieht dabei drei Probleme, die es zu lösen gilt:
➤ soziale Mischung von Bewohnern aus allen Schichten und Altersgruppen
➤ Raum für nachbarschaftliche und soziale Kontakte
➤ Schaffung einer fußläufigen Umgebung (vgl. Bahrdt 1972, S. 122).

3.4 Belastungen in der Wohnumwelt

Dichte und Enge

In der Geschichte der Menschheit waren Bedingungen hoher Populationsdichte und die Notwendigkeit, auf oft engstem Raum zusammenleben zu müssen, immer Teile des alltäglichen Lebens. Wo immer Menschen in der sie umgebenden Umwelt interagieren, kann es zu Dichteverhältnissen und Beengungsgefühlen kommen.

Bevölkerungsexplosion, Industrialisierung und Verstädterung machten Crowding (die subjektive Erfahrung des Beengtseins) zu einem echten Forschungsthema der Psychologie. Hauptfrage war und ist dabei die Überlegung, ob es einen Zusammenhang zwischen Bevölkerungsdichte und sozialen Problemen, wie Kriminalität und Vandalismus gibt.

Auswirkung von Beengungsstress: Im Laufe der Crowding-Forschung verlagerte sich der Forschungsschwerpunkt von anfangs mehr laborexperimentellen Anordnungen hin zu Feldexperimenten und zu Untersuchungen von langfristigen Lebensverhältnissen in natürlich vorkommenden Dichte- bzw. Beengungsbedingungen. Die Ergebnisse zeigen, dass durch hohe Dichte gekennzeichnete Lebensbedingungen im Allgemeinen schädigende Auswirkungen haben (siehe Tab. 5).

Tab. 5: Auswirkungen von Beengungsstress

Physiologische Prozesse	Erhöhte Daueraktivierung bis hin zu funktionalen Störungen
Affektive Prozesse	Negative subjektive Befindlichkeiten
Kognitive Prozesse	Leistungsdefizite
Soziale Prozesse	Rückzug aus der Öffentlichkeit

Die Auswirkungen lassen sich auch über den Bereich hinaus, in dem die Beengung unmittelbar erlebt wird, auf andere Bereiche übertragen. Besonders beeinträchtigt sind Personengruppen mit eingeschränkten Handlungsalternativen – und damit geminderten Bewältigungsmöglichkeiten (z. B. Kinder und alte Leute). Subjektive Belastungen führen nur dann zu Stress, wenn das Individuum keine Möglichkeiten sieht, mit den Belastungen umzugehen (vgl. Kruse 1996, S. 339ff.).

G. Grossmann veröffentlichte 1998 eine groß angelegte medizinsoziologische Ökologiestudie über den Zusammenhang zwischen Wohnumfeldbelastung und Krankheit. Die Untersuchungen gehen von der Hypothese aus, dass ein Zusammenhang zwischen Notfallgeschehen und Wohnumfeldqualität bestehe. Es wurde festgestellt, dass für die Diagnosegruppe »kardiovaskuläre Erkrankungen« ein sehr deutlicher Unterschied bei der Interventionshäufigkeit in »wenig« bzw. »stark« belasteten Regionen anzutreffen ist.

Beengungsstress wird u. a. erzeugt durch: Lärm, Dichte (Crowding), Stress, Verkehr, Luftverschmutzung etc. Erste Warnungen oder psychische Anzeichen für zu großen Stress sind: Konzentrationsmangel, schlechtes Gedächtnis, Beklemmungen, undefinierbare Angst, übertriebene Sorge etc. Diese Anzeichen können zu mangelndem Selbstvertrauen, physischen Krankheiten bis hin zum psychischen Zusammenbruch führen.

Wohnortwechsel (Umzug)

In den westlichen Industriegesellschaften ziehen immer mehr Menschen immer häufiger um. Solche Umzüge sind keine Zufallsereignisse, sondern man kann davon ausgehen, dass ein Wohnortwechsel im Allgemeinen mit den Bedürfnissen, mit der Wohnzufriedenheit und den Wohnvorstellungen der Bewohner zusammenhängen. Menschen ziehen nicht nur um, weil sie sich in ihrer derzeitigen Wohnumwelt nicht wohlfühlen, sondern auch, weil es woanders noch besser, preiswerter o. Ä. ist. Günstigere Arbeitsbedingungen, geringere Anfahrtswege, berufliche Aufstiegsmöglichkeiten oder überhaupt einen Job zu bekommen sind oftmals die Beweggründe eines Umzugs.

In den meisten Untersuchungen zu den Folgen des Wohnortwechsels wird ausdrücklich festgestellt, dass die psychosoziale Bilanz der Betroffenen negativ ist. Das heißt, häufige Umzüge begünstigen Depressionen, Alkoholismus, Delinquenz oder gar Suizidneigung. Da aber ein Wohnortwechsel oft im Zusammenhang mit anderen kritischen Lebensereignissen steht (z. B. Scheidung, dem Tod nahestehender Personen, Arbeitsplatzwechsel), ist es jedoch schwer abschätzbar, was tatsächlich durch den Umzug selbst verursacht wird.

Die Ortsidentität (ein Teil der Ich-Identität) ist durch den Wohnortwechsel betroffen. Dieser wird als Verlust erlebt. Wenn die Bindung an den alten Wohnort stark ist (soziales Eingebundensein oder räumliche Verwurzelung) und man nur umzieht, weil man muss, ist es entsprechend wahrscheinlicher, dass der Wohnortwechsel Stress hervorruft. Eine andere Situation ist, wenn man sich wenig oder gar nicht mit dem früheren Wohnort verbunden gefühlt hat und man in der Erwartung umzieht, die eigenen Wohn- und Lebensbedingungen verbessern zu können. Es ist sozusagen nicht der Wohnortwechsel als Stressor anzusehen, sondern vielmehr die damit verbundene Ambivalenz zwischen zwei gegenläufigen Kräften (vgl. Flade 1987, S. 150).

Es kann festgestellt werden, dass der Wohnortwechsel Fokus einer Reihe bedeutsamer Stressfaktoren ist, dessen Auswirkungen allerdings von einer Vielzahl individueller, sozialer und gesellschaftlicher Rahmenbedingungen abhängen. Zudem sollte in stärkerem Maße der Umzug auch als Gelegenheit der Neukonstruktion und Stabilisierung eines Person-Umwelt-Systems verstanden werden, bei der das Individuum nicht nur passiv den äußeren Veränderungen ausgesetzt ist, sondern durch aktive Auseinandersetzung mit der räumlichen und sozialen Umwelt auch diese wiederum beeinflusst (vgl. Kruse 1996, S. 574).

Das Selbstkonzept spielt hier eine signifikante Rolle. Im Allgemeinen hat das Selbstkonzept einen tief greifenden Einfluss darauf, wie eine Person sich selbst wahrnimmt und eine Vorstellung davon, wie andere sie sehen. Das heißt, ein Mensch mit einem flexiblen Selbstkonzept wird den Ortswechsel als Gelegenheit oder Herausforderung nutzen, ein Mensch mit einem starren Selbstkonzept dagegen wird einen Ortswechsel als Stressor erfahren. Muss ich umziehen oder will ich umziehen? Das ist letztendlich die Frage, die es näher zu untersuchen gilt.

Wohnumgebung, Wohnrevier, Nachbarschaft

Das Wohnumfeld ist ein eher heikles Thema. In welchem Umfeld fühlt sich der Bewohner eher wohl, in welchem nicht? Wann fühlt sich der Bewohner geborgen und wann ist er vertraut mit seiner Wohnumgebung? Welche individuellen Faktoren spielen eine Rolle bei der Bewertung seiner Wohnumwelt?

R. Klockhaus (1975) konstatiert, dass die Wohnumgebung eines Wohnquartiers für den Menschen in aller Regel ein Umweltausschnitt von hoher Bedeutung darstellt. Das bedeutet, dass auf diesen Bereich gerichtete Wahrnehmungen, Vorstellungen, Gefühle sich mit Erinnerungen, Motivationen und anderen psychischen Qualitäten zu Bewusstseinsinhalten, verbinden (vgl. ebd., S. 38).

> »Ein Versuch zur Erfassung solcher Bewusstseinsinhalte wurde in einer Untersuchung gemacht. Dabei wurde eine von Franke (vgl. 1969, S. 292ff.) entwickelte Methode übernommen, die von den Interviewten keine Verbalisierung ihres Erlebens verlangt, sondern die mehr oder weniger bewussten psychischen Inhalte indirekt zu erfassen versucht; die Art und Weise, wie der Gegenstand ›Wohnumgebung‹ erlebt wird, soll dabei durch mit ihm verknüpften Assoziationen aufgedeckt werden« (Klockhaus 1975, S. 38).

Es handelt sich hier um die Methode des Semantischen Differenzials. Polaritäten mit folgenden Eigenschaftspaaren werden in einer Skala gegenübergestellt. Einige dieser Paare sind: muffig – luftig, fremdartig- vertraut, aufgelockert – dicht, abwechslungsreich – langweilig, verspielt – sachlich, heiter – düster, eintönig – vielfältig, gelockert – gedrängt, praktisch – umständlich, nüchtern – überladen, sauber – schmutzig, übersichtlich – verwirrend, lebhaft – ruhig, gepflegt – schäbig, persönlich – unpersönlich oder natürlich – technisch (vgl. Klockhaus 1975, S. 39).

D. Keim (1979) untersuchte den Begriff »Milieu« und definierte ihn folgendermaßen: »Milieu ist eine städtische Einheit, in der sozialstrukturelle mit raumstrukturellen Eigenschaften dauerhaft in wechselseitig abhängigen Beziehungen stehen« (ebd., S. 47).

Der Ruf eines Wohnviertels spielt für viele Bewohner eine wichtige Rolle. Wenn der Ruf eines Viertels sinkt, ziehen manche Leute weg, obwohl sich im Viertel selbst kaum etwas geändert hat. Deshalb kann es für das Wohnumfeld wichtig sein, dass die Stadt oder andere Gruppen das Viertel positiv in der Öffentlichkeit darstellen. Dadurch ändert sich zwar das Leben der Bewohner kaum, aber deren Selbstbewusstsein.

Was in jedem Wohnumfeld wichtig ist, ist die Sicherheit. Aber auch dort gehen die Meinungen weit auseinander, wenn es um die Frage geht, wie diese sichergestellt werden soll.

Erstaunlicherweise ist das subjektive Gefühl der Sicherheit für den Bewohner meistens wichtiger als die tatsächliche Kriminalitätsrate. So können wenige Veränderungen, welche dem Bewohner mehr Sicherheit vorgaukeln, sein Wohlbefinden stark steigern. Deshalb sollten z.B. enge Durchgänge in der Stadtplanung möglichst vermieden werden, selbst wenn der Bereich hinter dem Durchgang von Rettungsdiensten gut erreicht werden kann.

Rettungswege dienen bspw. im Falle eines Hausbrandes der Rettung der sich im Gebäude befindlichen Personen und Sachgüter und als Zugang der Feuerwehr. Diese Rettungswege, z.B. Durchgänge und Zufahrten oder Feuerwehrstellflächen, sind sowohl im öffentlichen Raum als auch auf Grundstücken angelegt. Die häufig daraus entstandenen »dunklen Ecken« werden von den Bewohnern als Sicherheitsrisiko wahrgenommen, weil die Überschaubarkeit der Umgebung nicht gewährleistet ist.

Für die Stadtplanung ist es der beste Weg, verschiedene Umfelder für verschiedene Geschmäcker zuschaffen. Man kann es bei diesem Thema nicht jedem recht machen, aber bereits durch Dichte, Design und Durchmischung von Wohngebieten mit Gewerbe lassen sich sehr unterschiedliche Umgebungen für die Bewohner der Stadt anbieten.

Nur so können sich viele Menschen mit individuell verschiedenen Vorstellungen von einer guten Umgebung in einer Stadt gemeinsam wohlfühlen. Auf welche Weise dies in der Praxis geschieht, unterscheidet sich bei den verschiedenen Stadtformen sehr stark.

An dieser Stelle möchte ich zwei Beispiele für ein kindgerechtes Wohnumfeld nennen (vgl. Dessai 1982, S. 47f.), die belegen sollen, dass kindgerechte Wohnraumplanung menschengerechte Wohnraumplanung bedeutet.

Bei der Planung von Wohnungen im achten Stock tauchen verschiedene Fragen auf: Wie gelangt das zweijährige Kind zum Freispielplatz? Soll es acht Treppen herunterkrabbeln? Sollen die Eltern jedes Mal mit ihm runterfahren? Bleibt das Kind überhaupt alleine im Sandkasten, wenn es von der elterlichen Wohnung durch acht Etagen getrennt ist?

Die als Beraterin hinzugezogene, psychologisch ausgebildete Mutter hätte sofort erkannt, dass Kinderbetreuung im achten Stock eine Strapaze für die Eltern ist. Der Plan »Wohnhochhaus« wäre als »nicht kindgerecht« abgelehnt worden.

Bei der Planung riesiger zentraler Freizeitparks würde die Frage auftauchen: Wie kommt das Kind dorthin? Man wäre sich bewusst geworden, dass das Kind einen Chauffeur bräuchte und hätte sich gefragt, wie viele Eltern kleiner Kinder zwei Autos haben. Die Beantwortung allein dieser Frage hätte genügt, um voraussehen zu können, dass nur nahe Grünflächen kindgerecht sind.

Schauen wir uns den Begriff Nachbarschaft an, werden wir feststellen, dass zwei wesentliche Merkmale auftauchen. Zum einen das Merkmal der räumlichen Nähe und zum anderen das der sozialen Beziehungen. B. Hamm (1973) definierte Nachbarschaft als eine »soziale Gruppe, deren Mitglieder primär wegen der Gemeinschaft des Wohnortes miteinander interagieren« (ebd., S. 14f.).

A. Mitscherlich (1965) stellte wiederum fest, »Nachbarschaft« dieses sentimentalisierte Schlagwort, behält trotz bornierter Profitgier seinen Aussagegehalt, denn ohne emotionelle Nachbarschaft kann keine reife Menschlichkeit entstehen. Der Mensch ist ein Sozialwesen, deshalb muss »Nachbarschaft« immer funktional gesehen werden und das bedeutet, nur wo man auf den Nachbarn angewiesen ist, macht man von ihm als Nachbarn auch Gebrauch (ebd., S. 25f.).

Wirkt die Organisation des physischen Raumes durch bauliche Maßnahmen direkt oder indirekt auf das soziale Verhalten oder wie kann man hinsichtlich der Städteplanung auf die Bildung von Nachbarschaft einwirken?

Ich zitiere Richter (2004):

> »Untersuchungen von Caplow und Formann (1950) haben gezeigt, dass Nachbarschaft dort, wo sie planend unterstützt wurde, nicht funktioniert – im Wesentlichen deswegen, weil die Größendimensionen von Nachbarschaft gesprengt wurden. Lösungsansätze zur Förderung von Nachbarschaft sollen aufgrund ihrer Ergebnisse in der Homogenität und in der Größenbegrenzung der Gebäude liegen« (ebd., S. 157).

Funktion von Nachbarschaft ist beispielsweise, Nothilfe oder helfende Unterstützung; Bildung sozialer Netzwerke (Freundschaft, Familie und Verwandtschaft); Kommunikation mit selbst gewählten Kontakten aber auch soziale Kontrolle, die allerdings zur Belastung der Beziehung führen kann.

Obwohl der Handlungsspielraum des Planers sehr begrenzt ist, kann er dort Einfluss nehmen, wo es um Barrieren in der nachbarschaftlichen Begegnung geht. Barrieren können resultieren aus: Lage und Entfernung der Wohnungen; keine Gemeinschaftseinrichtungen; mangelhafte Freiflächengestaltung; Altersunterschied von Bewohnern; Schichtenzugehörigkeit etc. (vgl. Richter 2004).

Straßenverkehr und Lärm

Lärm ist kein physikalischer, sondern ein sozial-psychologischer Begriff. Umgebungsgeräusche, die uns stören, bezeichnen wir als Lärm. Ob Geräusche als

Lärm bezeichnet werden, hängt von den jeweiligen Vorlieben, der Verfassung und den Stimmungen eines Menschen ab. Daher gibt es keinen festen Wert für die Schwelle der Lärmempfindung. Dennoch kann man Lärm als Schall beschreiben, der den Menschen belästigt oder sogar gesundheitlich schädigt.

Schon bei Schalldruckpegeln von 55 dB kann ein Geräusch als belästigend empfunden werden und bei längerer Dauer die Leistungsfähigkeit und das Wohlbefinden des Menschen erheblich beeinträchtigen. Bereits ab 65 bis 75 dB kann Lärm wie ein Stressfaktor (Stressor) wirken. Das kann zu hohem Blutdruck und zu Herz-Kreislauf-Beschwerden bis hin zum Herzinfarkt führen. Außerdem können Zunahme der Atemfrequenz, die Abnahme der Hautdurchblutung und eine Verringerung der Magensekretion die Folge sein. Lärmstress kann Magengeschwüre verursachen.

Eine grobe Übersicht zu den Hauptwirkungen von Lärm auf Menschen gibt die folgende Tabelle (in: Kruse 1996, S. 667).

Tab. 6: Übersicht zu den Hauptwirkungen von Lärm auf den Menschen

Bereiche der Wirkung von Lärm

-   Verminderung des Hörvermögens
    (zeitweilige oder dauerhafte Hörschwellenverschiebung
-   Beeinflussung physiologischer Vorgänge (Kreislauf)
    und biochemischer Funktionen (z.B. Magnesiumgehalt) } somatisch
-   Störung des Schlafs (z.B. Aufwecken, Minderung von
    Schlaftiefe und -dauer
-   Beeinträchtigung der Reaktionen
    (drinnen und draußen, insbesondere in Erholungsphasen)
-   Minderung des psychischen Wohlbefindens
    (Unbehagen, Verärgerung, Erschrecken etc.) } psychisch
-   Beeinflussung von Leistungen (besonders geistige
    Arbeit, kreative Tätigkeit, Lernen)
-   Behinderung der Kommunikation (der aktiven sprachlichen Verständigung u. passiven Rezeption, z.B. Medien)
-   Veränderung des Sozialverhaltens (z.B. Kontaktminderung, geringere Hilfsbereitschaft) } sozial
-   Beschränkung der Wohnmöglichkeiten (z.B. Balkonoder Gartennutzung
-   Nachteile wirtschaftlicher Art (z.B. Wertminderung) } ökonomisch

Verkehrslärm beeinträchtigt auf vielfältige Weise die Gesundheit. Zum Beispiel können Herz-Kreislauf-Krankheiten und sogar Magengeschwüre ursächlich mit einer Verkehrslärmbelastung zusammenhängen. Eine gravierende Auswirkung ist die Beeinträchtigung des Schlafs. Der Straßenverkehr ist eine soziale Barriere, und er ist Luftverschmutzer ersten Ranges.

Im städtebaulichen Kontext ist die Reduzierung des Verkehrslärms mitsamt seinen Begleiterscheinungen nur durch Verlagerung des Verkehrs zu erreichen.

4.   Kultur und Wohnformen

In Freuds Kulturbetrachtungen stoßen wir auf vier Ebenen in der Kultur.

Erstens: Der eigentliche Daseinsgrund der Kultur ist die Verteidigung gegen die Übermacht der Natur. Zweitens: die Kultur wird begriffen, als eine Gewalttheorie, d.h. eine Minderheit eignet sich Macht- und Zwangsmittel an, mit denen eine widerstrebende Mehrheit beherrscht wird. Drittens: Die Basis der Kulturentwicklung bzw. des Kulturfortschritts ist in der Unterdrückung von Trieben zu sehen und damit mit Glückseinbuße und Erhöhung des Schuldgefühls verbunden. Viertens: Jede Kultur beruht auf Arbeitszwang und Triebverzicht, d.h. dass sie eine unvermeidliche Opposition bei den Betroffenen hervorruft (vgl. Freud 2004, S. 14f.).

Natürlich ist Kultur ein ziemlich abstrakter Begriff, der kurz gesagt, die Summe unterschiedlicher Erscheinungen auf einen gemeinsamen Nenner bringt. Antworten auf morphologische und psychologische Voraussetzungen zur Kulturentstehung bzw. -entwicklung gibt die Kulturanthropologie, die eigentlich eher als Kulturethnologie bezeichnet werden sollte.

> »Ihre Grundthese ist, dass Kultur eines Volkes sich nicht aus den biologischen Gegebenheiten ableiten lässt, sondern dass im Gegenteil die biologischen Gegebenheiten erst durch die Kultur ihre Prägung erfahren und immer Ausdruck einer bestimmten Kultur sind. Die Kulturanthropologie versucht mit den Sitten, Gebräuchen und Institutionen das Wesen und die Struktur der Kulturen zu gewinnen und damit für das Wesen der Menschen dieser Kulturen entscheidenden Faktoren zu erfassen« (Dorsch 1998, S. 473).

Kultur ist ein Handlungsfeld, dessen Inhalte von vom Menschen geschaffenen oder genutzten Objekten bis hin zu Institutionen, Ideen oder Mythen reichen. Als Handlungsfeld bietet die Kultur Ziele an, die mit bestimmten Mitteln erreichbar sind und setzt gleichzeitig Grenzen des möglichen Handelns (vgl. Boesch 1980).

Eckensberger (1976) definiert Kultur folgendermaßen:

> »Ein Charakteristikum des Menschen ist, dass er keinen direkten Kontakt mehr zu seiner natürlichen Umwelt besitzt, sondern dass er zwischen sich und der Naturumwelt eine Fülle von Zwischengliedern geschoben hat, sodass er in einer vorwiegend selbstgeschaffenen Umwelt von gemachten und erdachten Dingen lebt, die wir zusammen mit den Regelungen und Ordnungsvorstellungen über das soziale Leben unter dem Begriff ›Kultur‹ zusammenfassen« (Eckensberger zit. nach Flade 1987, S. 86).

Wohnformen werden determiniert: Wohnungen und Wohngebäude dienen mehreren Zwecken, sie haben eine homöostatische Funktion und eine Schutzfunktion; sie liefern Räume für Tätigkeiten, die in verschiedenen Kulturen unterschiedlich sein können; sie sind ein Mittel um kulturelle Vorstellungen und Überzeugungen ausdrücken zu können. Die Wohnformen werden von kulturellen Faktoren wie Arbeitsteilung und soziale Differenzierung, Technologie und kultureller Wandel, Familienstruktur etc. bestimmt.

Auch gesellschaftliche Normen, Werte, Religion und die Privatheit verschiedener Kulturen spielen dabei eine wichtige Rolle. Die physische Umwelt, wie Klima, geografische Lage und verfügbares Rohmaterial bestimmen Haus- bzw. Wohnformen. Das heißt auch, dass die Wahl der Baumaterialien sowie die Herstellungsmethode einen entscheidenden Einfluss auf die Wohnform haben. Rapoport (1969) hält den Einfluss des Klimas für umso stärker, je extremer es ist. Das bedeutet, dass Gebiete, die wenig vor Witterungseinflüssen geschützt werden müssen, mehr Freiheit beim Errichten (einer Wohnform von Wohnformen) ermöglichen.

Eine entscheidende Rolle spielt die visuelle Qualität der gebauten Umwelt. Dabei denke ich an den Psychologen Piperek aus Wien oder den Architekten und Schriftsteller Max Frisch. Piperek hat sehr deutlich zum Ausdruck gebracht, dass bei der heutigen Bauweise Kinder zu Normfiguren einer schnöden Baulandschaft werden. Frisch formulierte es noch trefflicher: er würde nur noch Häuser für Kinder und Besoffene bauen.

Identifikationsmerkmale, Signale oder Zeichen gibt es in den sterilen Siedlungen nicht. Hauseingänge sind alle gleich, zu unterscheiden nur durch die Hausnummern. Dass Fassaden mit ihrer brutalen Betonmonotonie den Menschen erschlagen, liegt daran, dass die verkommenen Epigonen des Funktionalismus den Bedürfnissen der Seele und des Bewusstseins keinen Stellenwert mehr zubilligen. Dass Fassaden zudem in den Mietkostenrechnungen nicht unterzubringen sind, wird sicherlich noch lange ein Garant für Monotonie anstatt für visuelle Qualität bleiben.

Wohnformen unterliegen dem geschichtlichen Wandel, dem Zeitgeist, der kulturellen Verhältnismäßigkeit und nicht zuletzt den Wohnwünschen und Wohnbedürfnissen. Demografischer Wandel, zunehmende Individualisierung und Veränderungen in der Arbeitswelt führen zu neuen Wohnformen. Während alternative bzw. kollektive Wohnformen immer mehr im Fokus der städtischen Wohnkultur stehen, gewinnt der Einfamilienhausbau mit seiner Tendenz zur Suburbanisierung weiter an Bedeutung.

Der gesellschaftliche Wandel hat eine Vielzahl von neuen Wohnformen in den letzen Jahrzehnten hervorgebracht. Es entstanden Wohnprojekte für Singles und Alleinerziehende, für alte und behinderte Menschen, für Studenten und Auszubildende oder für Leiharbeiter und Pendler, um nur einige zu nennen.

Jede gesellschaftliche Epoche schafft sich ihre eigenen Wohnformen. Einen Idealtyp des Wohnens gibt es nicht, denn er unterliegt immer dem gesellschaftlichen Wandel.

»Der Wandel der Wohnung und des architektonischen Gebäudes verweisen auf gesellschaftliche Veränderungen, auf den Wandel von Ehe und Familie, von gesellschaftlicher Arbeitsteilung und Herrschaftsorganisation, von Geschlechterverhältnis und Charakterstrukturen« (Häußermann/Siebel 2000, S. 12).

4.1   Wohnbedürfnisse und Wohnmöglichkeiten

Dass jede Wohnweise auch gleichzeitig eine Darstellung der eigenen Lebensform ist und dass es viele kreative, individuelle Formen der Selbstdarstellung gibt, wird allzu leicht vergessen, wenn man nur an die Statusrepräsentation denkt. Grundbedürfnisse hat jeder, wenn sie auch im Einzelnen unterschiedlich ausgeformt sind und in ihrer Bedeutung verschiedenes Gewicht haben. Der eine ist mit einer einfachen Wohnung zufrieden, er geht gern aus, ist gern und häufig mit anderen Menschen zusammen; der andere lebt zurückgezogener, pflegt sein Zuhause und gestaltet es aus (vgl. Andritzky 1979, S. 130).

Abraham Maslow unterscheidet in seiner Bedürfnispyramide zwischen Defizit- und Wachstumsbedürfnissen: Er stellt die Theorie auf, dass sich die grundlegenden Motive des menschlichen Handelns in einer Bedürfnishierarchie anordnen lassen. Er nimmt an, dass zunächst die Bedürfnisse einer Stufe in der Hierarchie – angeordnet in aufsteigender Reihenfolge vom »primitivsten« zum »anspruchvollsten« – befriedigt sein müssen, bevor die nächste Stufe erreicht werden kann.

M. Andritzky kennzeichnet Wohnbedürfnisse als Bedürfnisse nach:

> Sicherheit und Schutz;
> Beständigkeit und Vertrautheit (enthält bereits Elemente des Strebens nach Selbstrealisation, Heimweh, Anpassungsprobleme in fremden Gegenden);
> Kontakt und Kommunikation: Zugehörigkeit, soziale Bedürfnisse;
> Selbstdarstellung und Repräsentation;
> Selbstverwirklichung und Selbstentfaltung.

Selbstverwirklichung im Wohnbereich wird allerdings aufgrund verschiedener Barrieren erschwert: Grundrisse, die nur bestimmte Raumnutzungen zulassen; zu kleine Wohnungen und Zimmer; Hellhörigkeit; im Mietvertrag festgelegte Einschränkungen wie z.B. Verbot von Veränderungen oder Haustieren (vgl. Andritzky 1979, S. 160ff.).

Die Wohnpsychologie als Spezialgebiet der allgemeinen Umweltpsychologie kennt eine Anzahl psychischer Grundbedürfnisse des Menschen gegenüber seiner Wohnumwelt. Diese sind einerseits in der Veranlagung des Menschen, andererseits durch Gewohnheiten und Erfahrungen bedingt. Sie können deshalb von Mensch zu Mensch, aber auch abhängig von Alter, Geschlecht, Familie, Beruf etc. sehr stark differieren. Die wichtigsten dieser psychischen Fundamentalansprüche der Einzelperson an ihre Wohnumgebung seien hier genannt (vgl. Piperek 1984, S. 7f.):

> Bedürfnis nach Schutz und Sicherheit;
> Bedürfnis nach Naturverbundenheit;
> Bedürfnis nach Kontemplation;
> Bedürfnis nach positivem psychischem Appell;
> Bedürfnis nach Bewegungsfreiheit;
> Bedürfnis nach Umweltkontakt;
> Bedürfnis nach Individualität;
> Bedürfnis nach Übersicht;
> Bedürfnis nach Bestand und Flexibilität.

Persönlichkeitsprägung durch Wohnumwelt

Nichts ist auf die Dauer so wirksam wie latente Unzufriedenheit. Die Persönlichkeit und deren Prägung ist eine entwicklungspsychologische Kategorie.

Jeder Mensch ist das Produkt seiner Anlagen und der darauf einwirkenden Umwelteinflüsse. Das heißt, die Anlage scheint die Grenze des Erreichbaren zu setzen, während die Umwelt entscheidet, inwieweit diese erreicht wird.

Dass die Entwicklungs- und Prägungswirkungen des Milieus von der individuellen Veranlagungs- und Alterssituation des Menschen abhängen, hatte ich bereits erwähnt.

Im Allgemeinen ist jedoch festzustellen, dass die psychisch-geistige Formbarkeit während der Kindheits- und Entwicklungsperiode am stärksten gegeben ist. Wir können in diesem Sinne vom »prägenden Alter« sprechen. Es handelt sich um eine äußerst sensible Periode – eine Zeit in der man empfindlich auf bestimmte äußere Reize reagiert und in der ein Organismus optimal darauf vorbereitet ist, ein bestimmtes Verhalten zu erlernen.

Da sich das Leben des Menschen und insbesondere jenes des Kindes meist zum größeren Teil im Bereich der Wohnzone abspielt, kommt dieser für die gesamte nervlich-psychisch-geistige Entwicklung eine ganz überragende Bedeutung zu.

Maximilian Piperek konnte in seiner langjährigen Tätigkeit als Fachpsychologe anhand mehrerer tausend Einzelberatungsfälle Dynamik und kausale Verkettung dieser Zusammenhänge in vielen Belangen wissenschaftlich klären. Es gelang ihm in der wohnpsychologischen Beratung der Nachweis grundlegender und angeborener psychischer Umweltbedürfnisse des Menschen. Gleichzeitig zeigte er auch die meist nicht voll bewussten Wurzeln echter Wohnzufriedenheit in der Erfüllung oder Nichterfüllung dieser Grundbedürfnisse seitens der Wohnbauplanung und Wohnumweltgestaltung auf.

In diesem Zusammenhang möchte ich die Flut möglicher psychischer Umweltschäden aufgreifen und darstellen. Der Autor konnte an den von ihm betreuten Personen – die meisten wohnten in dicht verbauten Räumen Wiens und Niederösterreichs und gehörten allen Altersstufen und Bevölkerungsschichten an – nachfolgende wohnumweltbedingte nervlich-psychische Schäden feststellen (vgl. Piperek 1984, S. 14f.):

➤ Störungen im Wahrnehmungs- und Auffassungsbereich;
➤ Konzentrationsschwäche, Einprägungs- und Gedächtnismangel;
➤ Denkhemmungen, Vorstellungs- und Fantasieverarmung;
➤ geistige Unselbständigkeit, Passivität;
➤ Naturentfremdung, Intellektualismus;
➤ nervöse und neurotische Reaktionen;
➤ allgemeine Verspannungsbereitschaft und Gehemmtheit;
➤ Übererregbarkeit, Affektneigung, Aggression;
➤ Hast, Hektik, innere Unruhe, Unausgeglichenheit;
➤ psychischer Energiemangel, Fatalismus, Negativismus und Protesthaltung;
➤ Verlust der Willenskraft und des Selbstvertrauens, depressive Neigungen;
➤ Gefühlsverarmung, Werteblindheit, Sinnverlust;
➤ Ängste, Kontaktschwierigkeit, Vereinsamung;
➤ sexuelle und psychosomatische Probleme.

Wohnbedürfnisse und Zufriedenheitsparadoxien

In der individuellen Veranlagung verankerte Wohnwünsche sollten nicht durch in extremen und künstlichen Architekturideologien begründeten Modemanipulationen inhumaner Pseudo-Wohnideale überdeckt werden.

> »So können wir heute feststellen, dass die doktrinäre Forderung des berühmten Architekten Le Corbusier: ›Die Bevölkerung soll nicht eigene Vorstellungen geltend machen, sondern sich dem Willen und der besseren Einsicht des Architekten beugen‹ leider in der modernen Wohngestaltung ungünstige Auswirkungen gezeitigt hat« (Piperek 1984, S. 12).

Die Analyse von Wohnbedürfnissen anhand repräsentativer Bevölkerungsdaten begegnet in den Sozialwissenschaften und in der Stadt- und Raumplanung einer gewissen Skepsis. Das liegt daran, dass die Wohnwünsche, die reale Wohnsituation und die subjektive Wahrnehmung der realen Wohnsituation häufig in einem paradoxen Zusammenhang stehen.

Auch um die Lebensstilkonzepte, die Mitte der 1990er Jahre an Popularität gewonnen hatten, ist es ruhiger geworden. Dies liegt vor allem an der gesellschaftlichen Entwicklung, die die Aufmerksamkeit stärker auf die Handlungsrestriktionen statt auf individuelle Entfaltung und Stilisierungsneigungen lenkt (vgl. Spellenberg 1998).

Unterschiedliche Wohnbedürfnisse (und somit auch Wohnwünsche) entstehen immer häufiger innerhalb der einzelnen Biografie, je stärker sich unterschiedliche Lebensphasen in unterschiedlichen Haushaltformen ausdrücken. Die Wohnung muss mal groß, mal klein sein; die Räume müssen mal Kinderzimmer, mal Arbeitszimmer sein – das wäre die bautechnische Lösung: ein flexibler Wohnungsbau, bei dem die Baustruktur so wandelbar wäre wie die Bedürfnisse (vgl. Häußermann/Siebel 2000, S. 216).

Eine von Thürstein (1972) durchgeführte Befragung zu Wohnwünschen und zur Wohnzufriedenheit der Bundesbürger hat ergeben, dass ein erstaunlich großer Teil der Bewohner in Deutschland Zufriedenheit mit der aktuellen Wohnsituation bekundet (vgl. Flade 1987, S. 71).

Die Menschen orientieren sich dabei nicht am durchschnittlichen Standard der deutschen Gesellschaft, sondern am durchschnittlichen Standard der Gruppe, der sie sich zugehörig fühlen. Diese sogenannte Bezugsgruppentheorie (vgl. Schober 1993 in Häußermann/Siebel 2000, S. 218f.) kann aber die häufig beobachtete Tatsache nicht erklären, dass die Wohnzufriedenheit mit der Wohndauer zunimmt, auch wenn keinerlei objektive Veränderungen feststellbar sind.

Dies ist mit Annahmen der sozialpsychologischen Dissonanztheorie von

Festinger zu verstehen, wonach jedes Individuum die Tendenz hat, Diskrepanzen zwischen einer unveränderlichen und einer »eigentlich« erwünschten Realität abzubauen, weil die dadurch entstehende Unzufriedenheit auf Dauer nicht zu ertragen ist – durch passive Anpassung wird die Realität im Laufe der Zeit anders wahrgenommen, weil keine Aussicht auf Veränderung besteht (vgl. Häußermann/Siebel 2000, S. 218f.).

Zusammenfassend lassen sich folgende Hypothesen aufstellen:

➤ Wohnzufriedenheit lässt sich aufgrund unterschiedlicher Wohnumweltmerkmale erreichen (welche jeweils zugrunde gelegt werden hängt von den verschiedenen Personen ab);

➤ Wohnzufriedenheit lässt sich dadurch herstellen, dass als negativ bewertete Merkmale der Wohnumwelt nicht als Kriterien berücksichtigt werden;

➤ Wohnzufriedenheit lässt sich dadurch herstellen, dass bestimmte Merkmale der Wohnumwelt, die als positiv erlebt werden, besonders starke Gewichtung erhalten.

4.2 Alternatives Wohnen

Der Abschied von Stilmöbeln, von Klischees wie »gutbürgerlich und Kleinbürger«, von Wohnungsnot, in Beton gegossenes Rastermaß, von Satellitenstädten für mehr als 20.000 Menschen und der Verdrängung der Menschen durch hohe Mieten aus den Innenstädten – all das führte in den 1970er Jahren zu Überlegungen hinsichtlich alternativer Wohnprojekte.

Geringer Mieterschutz, das Entstehen von Bausparkassen, explodierende Mieten etc. führten zu einem Einfamilienhaus-Boom. »Schaff dir was eigenes, wohne belastungsfrei« war die Devise Vieler. Allerdings gab es große Einschränkungen durch Darlehen. Der Trend zum »Wohnen im Grünen« hatte also auch seine Grenzen.

Das Thema Wohnen war in den 70ern allgegenwärtig – in den Medien meist als Negativschlagzeile, denn es herrschte noch große Wohnungsnot in Deutschland. Zwar füllten die utopischen Entwürfe der Architekten und Designer Zeitschriften und Magazine, der bundesdeutsche Wohnalltag dagegen sah anders aus. Das Bild der gebauten Umwelt wurde durch klobige Betonklötze bestimmt. Auf freiem Feld wuchsen ganze Stadtteile.

Eine andere Möglichkeit des Wohnens und eine Alternative zum kleinbürgerlichen Leben waren die Wohngemeinschaften – ein Experimentierfeld für neue Formen des Zusammenlebens. Es vollzog sich der Abschied von der gültigen Norm, wie man zu leben und wohnen hatte. Letztlich war das gut, was gefiel.

Die 68er Jahre waren schon vorbei – Atmosphäre, Aufbruchstimmung, Lebensstil und Weltanschauung mussten ins persönliche Leben umgesetzt werden. Diskutieren; Schärfen des Verstandes; Reflektieren wichtiger Themen; Dazulernen; andere Menschen erleben; Erleben einer Art von Familie mit einer Vielfalt von Kontakten; politische Runden etc. – das war der neue Wohnkontext. Familie im klassischen Sinne war für viele undenkbar: Menschen mit Familie wurden eher bedauert, da diese als zu große Einengung angesehen wurde.

Während in den Herkunftsfamilien Themen wie Sexualität, Politik, Religion und Weltanschauung tabuisiert waren, wurde in den Wohngemeinschaften mit diesen experimentiert: andere Menschen erfahren, reden, der Austausch von Weltanschauungen, Diskussionen über gutes und/oder richtiges Leben.

Die Mieter von WGs waren meist nicht parteigebundene, politisch Interessierte der 70er, Atomkraftgegner und anderswie Oppositionelle. Die Vergabe der Zimmer erfolgte nach Bedürfnis. Die Einrichtungen bestanden aus Regalen, Postern und Sperrmüll – jedes Zimmer hatte seinen eigenen Charakter. Es gab keine verschlossenen Türen, auch nicht im Intimbereich.

Es entwickelte sich eine völlig neue Möbelkultur: neue Formen; weiße, zerlegbare Möbel zu einem geringen Preis. Innenarchitektur für Arbeiter? Damit Arbeiter besser wohnen können, so sollte vermittelt werden – diese Möbel wurden von den Arbeitern allerdings nicht angenommen, auch nicht als sie extrem verbilligt wurden. Möbel dieser Art wurden ausschließlich von Besserverdienenden gekauft, die diese neuen Formen scheinbar gleich mochten (vgl. Meyer 2003 [Fernsehbeitrag]).

In den 1960ern, einer Zeit der Provokationen und der Revolution, entwickelte sich eine neue Philosophie in der Innenarchitektur – ein neues Design. Begriffe, wie Formgebung und Gestaltung – im »Deutschen Werkbund« und »Bauhaus« vertreten – wurden abgelöst. Anfang der 60er Jahre waren bereits frühe Elemente der Moderne, wie Stahlrohrrahmen und lose aufliegende Polster oder abgerundete Kanten zu erkennen. Die klaren Linien der Nachkriegszeit beherrschten das Erscheinungsbild der Möbelsysteme weiter. Eine deutliche Trendwende war am Materialeinsatz zu erkennen, wie z.B. der Einsatz von Glas oder Kunststoff. In den 70er Jahren kam erneut der Historismus zum Zug, der eigentlich unter der Oberfläche der Moderne ständig präsent war. Das machte eine Neuinterpretation von Stilen, vom Arts and Crafts Movement bis hin zum Art Nouveau erforderlich.

Kollektive Wohnformen

Obwohl sich die Menschen hinsichtlich ihrer sozialen Bedürfnisse und ihrer sozialen Initiativität erheblich voneinander unterscheiden, sind sie doch überwiegend gesellig. Die meisten Stunden des Tages verbringt der Mensch in Gesellschaft anderer Menschen.

Wohngemeinschaften sind im Hinblick auf ihre Zusammensetzung, ihren Anspruch und ihre Motive ganz unterschiedlich. Es gibt eine Vielfalt von Möglichkeiten; zu unterscheiden sind:

➤ studentische Wohngemeinschaften
➤ therapeutische Gruppen
➤ Behindertenwohngemeinschaften
➤ Wohngruppen für Alte
➤ Wohngemeinschaften für Schüler und Auszubildende
➤ Wohngruppen für Kleinfamilien oder Alleinerziehende

Wohngemeinschaften werden überwiegend von Jugendlichen bzw. jungen Erwachsenen gegründet; sie sind nur selten auf lange Sicht angelegt. Entsprechend häufig wechseln die Mitglieder.

Gruppenwohnformen stellen eine für die Altershilfe noch vergleichsweise selten praktizierte Alternative zur konventionellen Wohnform dar.

Die Selbständigkeit im Alltag wird bei zunehmendem Alter durch eine steigende Hilfsbedürftigkeit immer mehr in Frage gestellt. Weder die Familie noch die Nachbarschaft können heute eine dauerhafte Hilfe gewährleisten, sodass bislang Alten- und Pflegeheime als einzige Alternative übrig bleiben. Haushalts- und Wohngemeinschaften stellen eine Möglichkeit dar, der Institutionalisierung bzw. dem Klientenstatus und dem Angewiesensein auf Dienstleistungen zu entgehen. Ein ganz wesentlicher Aspekt ist, dass die Nachfrage nach bestimmten Wohnformen ganz wesentlich auch von der Informiertheit der älteren Menschen über Wohnalternativen und über die Verfügbarkeit solcher Angebote abhängt. Psychologische Wohnberatung, das Publizieren positiver Beispiele sowie Nachahmungen tragen dazu bei, solche fortschrittlichen Wohnformen aufleben zulassen.

Ein weiteres Beispiel für fortschrittliches Wohnen sind Wohngruppen für Kleinfamilien und Alleinerziehende. Vorteile für Kinder in solchen Wohngemeinschaften sind, dass die Kinder selbst aktiv werden und sich den jeweiligen Partner nach individuellen Vorlieben und wechselnden Situationen aussuchen. Das heißt, sie sind häufiger auch Auslöser von sozialen Interaktionen. Ein weiterer Vorteil ist, dass im Durchschnitt pro Person in den Wohngemeinschaften mehr Wohnfläche zur Verfügung steht, als es sonst in Kleinfamilien, die z. B. in einer Sozialwohnung leben, der Fall ist. Des Öfteren ist auch noch ein Garten vorhanden, der u. a. für Freizeit und Spiel genutzt werden kann, sodass die Kinder, die in Wohngemeinschaften leben, meist über einen beträchtlichen Erfahrungs- und Handlungsraum verfügen. Ein dritter Vorteil ist der hohe Anregungsgehalt der räumlich-materiellen Umwelt: Die Wohnungen sind meist viel farbiger, abwechslungsreicher, individueller und unkonventioneller eingerichtet als die Durchschnittswohnung der Kleinfamilie (vgl. Flade 1987, S. 117ff.).

Neue Haushaltstypen

»In einem Lehrbuch für Wohnungsbau wurde noch 1973 festgestellt, ›dass nahezu die gesamte Erdbevölkerung in Form von Familien zusammenlebt‹ (Deilmann u. a. 1973, S. 10). Diese Annahme verliert für fast alle westlichen Industrieländer an Gültigkeit. Die soziale Einheit des Wohnens, der Haushalt, ist immer seltener eine Familie. Neben und anstelle des Familienhaushaltes entwickeln sich sogenannte neue Haushaltstypen. Als neue ›Haushaltstypen‹ werden die Alleinstehenden (Singles), die unverheiratet zusammenlebenden Paare, die Alleinerziehenden und die Wohngemeinschaften bezeichnet« (Häußermann/Siebel 2000, S. 322f.).

Im Vergleich zu den Einpersonenhaushalten und Klein- bis Kleinstfamilien haben sich kollektive Wohnformen kaum in nennenswerter Weise durchgesetzt. Die Idee der Wohngemeinschaft (als Gegenmodell zur Kleinfamilie) stieß in Deutschland zwar zeitweise auf viel Aufmerksamkeit, der Trend verlief jedoch eindeutig in Richtung einer Verstärkung der privaten Klein- und Kleinsthaushalte. Die zunehmende Individualisierung der Lebensformen wird bei jungen Erwachsenen besonders deutlich. In dieser Altersgruppe haben sich die sogenannten »innovativen Lebensformen« am stärksten durchgesetzt.

Junge Erwachsene erleben vor der eigentlichen Familiengründung oft eine mehr oder weniger ausgedehnte Lebensphase, in der oft zwischen verschiedenen Haushalts- und Lebensformen gewechselt wird. Eine Art »verlängerte Jugend«, bei der es sich quasi um ein selbständiges Leben ohne familiäre Verantwortung handelt.

Das Bedürfnis nach Alleinsein in Einpersonenhaushalten stellt offenbar kein Problem dar. Um so mehr kann es jedoch für diese Personengruppe zu einem Problem werden, das Bedürfnis nach Zusammensein mit vertrauten Personen zu befriedigen. Wenn im beruflichen Umfeld und im Freizeitumfeld keine Möglichkeiten dazu bestehen, verschärft sich das Problem. Einsamkeitsgefühle sind das Ergebnis nicht befriedigter sozialer Bedürfnisse.

Während die freiwilligen Singles ihr Singlesein bewusst leben und mit ihrer Lebenssituation in der Regel zufrieden sind, können sich die unfreiwilligen Singles, die sich selbst oft als »Alleinstehende« bezeichnen, mit ihrer Lebensform eher schlecht arrangieren. Von Vereinsamung und Isolation sind meist ältere Menschen betroffen. Von dem subjektiven Gefühl oder der Wahrnehmung, einsam zu sein, spricht man dann, wenn alte Menschen angeben, sich einsam zu fühlen, aber noch

Kontakt mit ihren Angehörigen haben. Ist die Person objektiv allein, und mangelt es ihr an sozialen Kontakten, spricht man im Allgemeinen von Isolation.

Das Bewusstsein, jeweils nach eigenem Wunsch Kontakte aller Art pflegen zu können bzw. ungewünschte Kontakte meiden zu können, zählt zu den wichtigsten qualitativen Kriterien psychosozial wertvollen Wohnens.

5. Licht und Farbe

Licht spielte eine wichtige Rolle bei der Entwicklung von Leben auf unserem Planeten. Pflanzen und Tiere mussten sich dem Licht und seinen Eigenschaften anpassen, sie entwickelten z.B. verschiedene Farben und ein lichtempfindliches Organ, das Auge. Für den Menschen ist das Sehen so wichtig, dass man einige der grundlegenden Wirkungen des Lichtes leicht vergisst, so z.B. die non-visuellen Wirkungen, weil sie nicht direkt mit dem Etwas-Sehen zusammenhängen (vgl. Küller 1981 sowie Kruse 1996, S. 614).

Farbe ist Licht. Nur wenn wir Licht sehen, können wir Farbe wahrnehmen. Farbe ist quasi ohne Licht nicht vorhanden. Newton hat 1666 zum ersten Mal dargestellt, dass Farbe als Naturerscheinung »Licht« beschrieben werden kann; die unterschiedlichen Wellenlängen definieren jede einzelne Farbe.

Das bedeutet, dass man Farbe auch mit Zahlen beschreiben kann. Licht ist eine sichtbare Form der elektromagnetischen Schwingung, die sich mit hoher Geschwindigkeit (300.000 km pro Sekunde) ausbreitet. Newton zerlegte auch zuerst das Licht mit Hilfe eines Glasprismas in seine farbigen Bestandteile.

200 Jahre später berechnete der Physiker H. Hertz das Spektrum als fortlaufende Reihe von Licht in den verschiedenen Wellenlängen.

Zwischen 1770 und 1810 entwickelte Goethe seine Farbenlehre auf der Grundlage des Farbenprismas; sein Ziel war aber weniger wissenschaftliche Erkenntnis, die Newton im Auge hatte, sondern vielmehr die Schaffung eines Systems der Empfindungen und Gefühle. Seine Farbenlehre ist trotzdem bis heute ein umfassendes Standardwerk (ca. 1.000 Seiten) nach dem man sich immer noch richtet.

Farbeindrücke werden von der Netzhaut, der lichtempfindlichen Schicht im Auge, registriert. Sie enthält zwei Arten von lichtempfindlichen Zellen (Rezeptoren). Das sind zum einen die sehr empfindlichen Stäbchen, mit denen nur Schwarz-Weiß gesehen wird, und zum anderen die weniger empfindlichen Zäpfchen, die für das Farbensehen zuständig sind. Die Farbempfindung beruht grundsätzlich auf drei Farbrezeptoren auf der menschlichen Netzhaut, die die Farben Rot, Grün und Blau verarbeiten. Die Korrekturfunktion des Gehirns sorgt dafür, dass je nach Wellenlänge weitere Farben subtrahiert oder addiert werden.

Farbe ist für uns eine visuelle Erscheinung, sie wird allerdings nicht von allen Menschen in gleicher Weise empfunden, und nicht alle Menschen reagieren in gleicher Weise auf Farbe. Farbe lässt sich auch in den meisten Fällen nicht von einer bestimmten Form trennen, in der sie auftritt. Formen haben eigene Anmutungen, die sich durchaus auf das Farbempfinden auswirken können.

Ein zentraler Punkt innerhalb der Farbpsychologie ist das Phänomen der Farbbevorzugung. Die sogenannte »Lieblingsfarbe« ist für viele Menschen der Faktor für Wohlbefinden und Entspannung, sofern es sich um die Farbgebung von Räumen handelt. Farbpräferenzen sind allerdings auch geschlechtsspezifisch unterschiedlich. Das heißt, Männer reagieren auf Farbe anders als Frauen.

Der Farbraum

Der Farbraum ist ein dreidimensionales Modell, innerhalb dessen jede Farbe eine bestimmte Position einnimmt. Der Farbraum beschreibt alle Farbeindrücke in den Dimensionen Ton, Sättigung und Helligkeit, den Dimensionen der menschlichen Wahrnehmung von Licht. Alle Farbempfindungen des Menschen haben in diesem Raum ihren Platz und bilden die Farbspindel, wie in der folgenden Abbildung (in: Zimbardo 1999, S. 128) zu sehen ist.

Abb. 5: Die Farbspindel

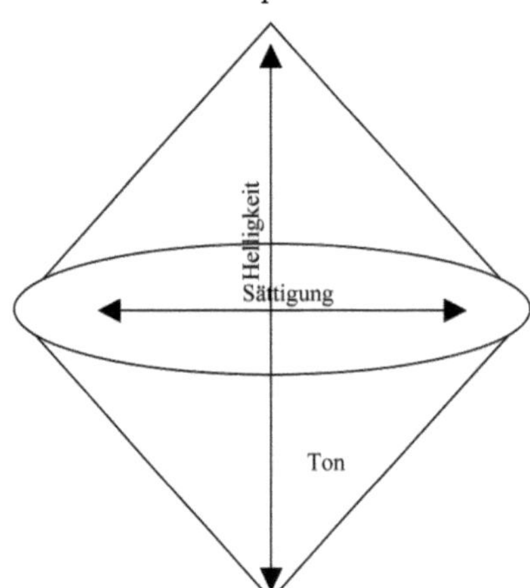

Jeder Farbempfindung kann in einem dreidimensionalen Raum eindeutig ein Platz zugewiesen werden. Die Dimensionen des Farbraumes sind Ton, Sättigung und Helligkeit. Alle Farbempfindungen zusammen bilden die Farbspindel.

Die erste Dimension des Farbraumes: Der *Farbton* gibt die qualitative Veränderung der Farbe in Abhängigkeit von der Wellenlänge an. In »reinem Licht«, das – wie etwa Laserstrahlen – nur eine Wellenlänge enthält, entspricht die psychologische Erfahrung des Farbtons genau der physikalischen Dimension der Wellenlänge des Lichts. Die Empfindungen von Farbtönen, die durch unterschiedliche Wellenlängen des Lichts entstehen, liegen im Farbraum an der Außenseite des Farbenkreises, der wie eine Scheibe in der Mitte der Farbspindel liegt.

Die zweite Dimension des Farbraumes: *Sättigung* ist die psychologische Dimension, die die Reinheit und Lebhaftigkeit der Farbempfindung beschreibt. In der Farbspindel ist Sättigung die Distanz von der Mittelachse nach außen. Die reinen Farben, die am äußeren Rand liegen, haben die höchste Sättigung, Grautöne in der Mitte gar keine, und die trüben und gedämpften Töne und die Pastellfarben liegen dazwischen.

Die dritte Dimension des Farbraumes: *Helligkeit* ist diejenige Dimension der Farbempfindung, die sich auf die Lichtintensität bezieht. Weiß hat die größte Helligkeit, Schwarz die geringste. Helligkeit ist die vertikale Dimension des Farbraumes, die sich von Weiß an der oberen Spitze über alle unterschiedlichen Grautöne zu schwarz am unteren Ende erstreckt. Diese »neutralen« Farbempfindungen (ohne Ton) liegen entlang der vertikalen Achse der Farbspindel. Alle Farben haben einen Wert auf der Helligkeitsdimension. Je heller eine Farbe ist, umso höher ist sie in der Farbspindel angesiedelt.

Farbwahrnehmung

Das Thema Farbe ist ein sehr komplexes. Das ist ein Grund dafür, dass keine Institution existiert, die sich ausschließlich mit der »Farbe« als umfassendes Gesamtphänomen wissenschaftlich beschäftigt.

Farbe ist eine sichtbare Energie, deren Bestandteile (Photonen) mit Lichtgeschwindigkeit nachhaltig in das Biosystem des Menschen einwirken. Das Energiepotenzial »Farbe« wirkt auf zweifache Weise:

1. Der visuelle Anteil wird über das System Auge – Gehirn – Sehzentrum wahrgenommen und bewertet.
2. Das Organsystem »Mensch« verarbeitet über das vegetative Nervensystem diesen Eingriff unabhängig von der visuellen Wahrnehmung.

Der Mensch befindet sich in einem ständigen (unbewussten) Dialog mit dieser Strahlungsenergie, für die wir das (unzureichende) Wort »Farbe« benutzen. D.h. Farben haben eine enorme Auswirkung auf unser Unbewusstes.

Farben wirken über einen komplexen psychophysisch-dynamischen Prozess, in dem alle Sinnesbereiche vernetzt sind.

Je nach Farbqualitäten und spezieller Anwendung der Farbe, greift diese Energiestrahlung in das Biosystem »Mensch« ein und:

➤ steuert Stimmungen,

➤ gibt Stimulanzschübe,

➤ kann einen Gesundungsprozess positiv beeinflussen und

➤ krankmachende Reaktionen auslösen.

Umgebungsfarben sind eine Grundlage für das Wohlbefinden. Farben können Raumdimensionen entfernter und raumerweiternd sowie näher und raumverengend erscheinen lassen. Farben können Gewichtsempfindungen beeinflussen: Raumteile schwerer (lastender) oder leichter (schwebender) erscheinen lassen. Farbe kann Temperaturempfindungen vermitteln, d.h. Wärme- oder Kältewahrnehmung auslösen).

Obwohl die drei Grundfunktionen von Farben miteinander vernetzt sind, ergeben sich Schwerpunkte (Gewichtungen) einzelner Funktionen durch zweckbestimmende Anwendungen.

Ästhetik: Die Farben einer Fassade werden vorrangig durch ästhetische und syntaktische Aspekte bestimmt.

Semantik: Bei einem Farbleitsystem in einem öffentlichen Gebäude ist beispielsweise die zeichengebende Orientierungsfunktion der vorrangige Faktor.

Psychodynamik: In Innenräumen können psychodynamische Gesichtspunkte der Schwerpunkt der Farbbestimmung sein. In der folgenden Tabelle sind psychodynamische Komponenten von Farben dargestellt (in: Frieling 1994, S. 56f.).

Tab. 7: Psychodynamische Komponenten von Farbe nach Palm und Frieling
  Teil a

Raumort	von oben (Decke)	von der Seite (Wand)	von unten (Fußboden)	als Akzent und Signal
Rot wirkt	eingreifend, beruhigend, schwer	sich nähernd, aggressiv	bewusst machend (man schreite auf rotem Teppich)	alarmierend, handlungs-auslösend
Blau wirkt	wenn hell: himmelartig, wenig greifbar, erhöhend; wenn dunkel: schwer bis sogar drückend	kühlend, fern; wenn hell: ermutigend und vertiefend (sich sammeln lassen); wenn tief: beruhigend, raumerweiternd	wenn hell: enthebend, zum gleiten anregend, verfremdend; dunkles Blau: raumvertiefend, (besonders als Teppich)	gesättigt: Hinweise auf rationale Entscheidung
Schwarz wirkt	lochartig bis drückend	verlieshaft	abstrakt, vertiefend, befremdend	nur gegen Helligkeiten als Informations-träger ohne spezifische Aufforderung
Grau wirkt	schattend	neutral bis langweilig	neutral, texturgemäß	untauglich
Weiß wirkt	leer	neutral, leer, avital	unbetretbar, fremd, säuberlich	als Hinweis für Nichtbetreten, im Kontrast oder einfach zum Abheben für Farben
Orange wirkt	anregend, konzentrierend	wärmend, leuchtend, kommunikativ	motorisch erregend	blickführend, aktivierend

Teil b

Raumort	von oben (Decke)	von der Seite (Wand)	von unten (Fußboden)	als Akzent und Signal
Braun wirkt	deckend; wenn dunkel: drückend	umgebend, einengend, sichernd (besonders als Holz)	erdhaft, trittsicher, wohlig (besonders als Teppich)	ohne besondere Forderung
Gelb wirkt	leicht (wenn nach Zitronen), leuchtend, anregend	bei satter Farbe eher erregend bis irritierend, wärmend	hochhebend, ablenkend (wenn satt); als Streifen: trennend, fordernd	blick-anziehend (mit Schwarz warnend)
Grün wirkt	hegend, deckend (blaugrün auch kühlend); Vorsicht: evtl. Reflexe auf Gesichtsfarbe	kalt bis neutral, umgrenzend sichernd, beruhigend; grell: irritierend	natürlich bis zu einem gewissen Sättigungsgrad, auch weich, trittfreudig, erholsam. Mehr Blaugrün und glatt geboten: kalt und rutschig	nur in hoher Sättigung beachtet und dann nur als Kontrast zum nichtgrünen Grund, Sicherung
Rosa wirkt	hauchartig: je nach Individuum auch tröstlich oder zu intim	aggressions-hemmend, substanzfern bis schwächlich; süßlich, wenn nicht vergraut	berührungs-fremd, überzart, kaum akzeptiert	ungeeignet bis auf spezifische Hinweise im Intimbereich

Ultraviolettes und infrarotes Licht

Der menschliche Körper reagiert auf ultraviolettes Licht auf der Haut mit der Produktion von Calciferol (Vitamin D), das für den Stoffwechsel des Kalziums und Phosphors benötigt wird (vgl. Loomis 1970). Mangel an ultraviolettem Licht kann bei kleinen Kindern zu Karies und Rachitis führen und bei alten Menschen zu spröden und leicht brechenden Knochen. Andererseits kann eine Überdosis bei Menschen, die kein schützendes Pigment haben, zu Hautrötungen führen sowie verschiedene Lichtallergien oder sogar Hautkrebs auslösen.

Vom psychologischen Standpunkt aus ist es interessant, dass ultraviolettes Licht auch ganz allgemeine Auswirkungen haben kann. Sigmund (1956) fand eine beachtliche Verkürzung der visuellen Reaktionszeit heraus, die selbst drei Wochen nach der Bestrahlung mit ultraviolettem Licht noch beobachtet werden konnte. Zamkova und Krivitskaja (1996) konnten zeigen, dass bestrahlte Versuchspersonen (Vpn) eine kürzere Reaktionszeit auf Licht und Geräusche hatten sowie eine geringere Ermüdung des visuellen Rezeptors und erhöhte Leistungsfähigkeit zeigten.

In einer Studie von Lykken (1982) konnte eine Korrelation zwischen dem Aufenthalt im Tageslicht und der Widerstandskraft der Atemwege gegen Infektion gezeigt werden.

Infrarotlicht dringt in die Haut und in die Muskeln ein und führt zu einer beschleunigten Blutzirkulation aufgrund der Erweiterung der Blutgefäße in der Haut. Dies wiederum führt zu einer Reihe von Sekundärreaktionen zum Zwecke der Wärmeregulation.

Jeder wird sich ausziehen, die Beine spreizen, die Arme wegstrecken oder zu schwitzen anfangen, wenn ihm zu warm ist, aber er wird sich wie ein Ball zusammenrollen, um die Abstrahlung zu verringern, wenn er friert.

> »Olesen et al. (1973) fanden heraus, dass Versuchspersonen, die in einen Raum mit unterschiedlichen Wärmezonen geführt wurden, sich die Zone aussuchten, die für sie thermisch neutral war. Die Veränderungen der Körpertemperatur als Folge von Infrarotbestrahlung hat auch Einfluss auf eine Reihe körperlicher und geistiger Leistungen (Löfberg et al. 1976; Wyon et al. 1979)« (Kruse 1996, S. 614).

Grüne Pflanzen im Innenraum

Zahlreiche Studien in den letzten Jahren belegen, dass Menschen Sträucher, Bäume und Pflanzen als positive Elemente ihrer Umgebung erfahren. Selbst visuelle Eindrücke der Begrünung wie Abbildungen, Filme (Fotos) oder die Aussicht aus einem Fenster beeinflussen die Eigenwahrnehmung von Stress und messbare Stressindikatoren wie Puls, Blutdruck, Leitfähigkeit der Haut und Muskelspannung.

In Räumen mit Pflanzen ist nicht nur eine bessere Luftqualität vorzufinden, sondern auch die allgemeine Befindlichkeit verbessert sich. Symptome bzw. gesundheitliche Probleme wie Kopfschmerzen oder ein trockener Hals treten seltener auf.

Außerdem verbessern sich auch die Raumwahrnehmungseigenschaften (Erhöhung des Modellingeffekts); der Raum vermittelt beispielsweise einen helleren Eindruck.

Die lokale Erhöhung der Luftfeuchtigkeit wird als Verbesserung der Atmosphäre empfunden. Die Feuchtigkeit, die durch Pflanzen in die Luft gelangt, enthält weniger Mineralien als die Feuchtigkeit aus beispielsweise einem Luftbefeuchter. Dies verhindert wiederum die Reizungen der Schleimhäute.

Ein NASA-Experiment soll das verdeutlichen. Bei längeren Raumflügen sollen grüne Pflanzen in der Raumkapsel für die psychologische Stabilität der Raumfahrer sorgen. Für einen beplanten, bemannten Raumflug zum Mars (etwa 160 Tage Hinflug, 50 Tage Aufenthalt und 160 Tage Rückflug) wird es in verschiedenen Bereichen der Raumstation grünen Salatanbau geben (vgl. Palm 2004, S. 52).

Tab. 8: Nutzen von grünen Pflanzen im Innenraum (vgl. ebd.)

Nutzen von grünen Pflanzen im Innenraum (vgl. Palm 2004)	
durch biologische Neutralisierung	Reduzierung der Schadstoffbelastung
durch Sauerstoffproduktion	Förderung der biologischen Stimulierung
durch Luftfeuchtigkeitsregulierung	Vertiefung des Wohlbefindens
durch Bindung von Mikrostaub	Zunahme sauberer Atemluft
durch Vorhandensein optimaler visueller Kontraste von Schattierungs- und Transmissionseigenschaften der Pflanzen	Besseres Sehvermögen
durch die psychodynamisch ausgeglichene Wirkung des Pflanzengrüns	Steigerung der Behaglichkeitsempfindung

6. Psychologische Wohnberatung

Psychische Probleme entstehen nicht zuletzt deshalb, weil wichtige Bedürfnisse des Menschen nicht oder nur unzureichend befriedigt werden. Oft aber entwickeln Klienten aus diesem Mangel heraus Einstellungen zu ihren Problemen, die eine Bewältigung verhindern und selbst zum Problem werden. Die Aufgabe des Beraters besteht darin, mit Hilfe des einfühlenden Verstehens in die innere Welt des Klienten einzutreten und zu verstehen, welche seiner Bedürfnisse frustriert sind und Strategien für die Lösung der Probleme zu erkennen, die sich aus den Frustrationen ergeben.

Darüber hinaus muss der Helfer den Ratsuchenden unterstützen, dass er seine Schwierigkeiten erkennt, und ihm dabei helfen, eigenständige Bewältigungsstrategien zu erarbeiten. Der Beratungsprozess vollzieht sich in drei Schritten: Identifizierung von Problemen, Erkennen und Klären von Problemen sowie Lösen von Problemen (einen Soll-Zustand entwickeln; Ziele setzen).

Aus den Forschungen des amerikanischen Psychologen Abraham Maslow ging hervor, dass man die menschlichen Bedürfnisse nach einer bestimmten Rangordnung einteilen kann. Alle Bedürfnisse zusammen kann man sich als Schichten einer Pyramide vorstellen. Sobald eine Stufe erreicht ist, hat der Mensch das Bestreben die nächsthöhere Stufe zu erreichen.

Erst wenn die Bedürfnisse einer unteren Stufe gestillt sind, strebt der Mensch nach Bedürfnissen der nächsthöheren Stufe. Oder anders ausgedrückt: Die nächsthöhere Stufe wird erst erklommen, wenn die tiefer gelegene Schicht ihm keine Schwierigkeiten mehr macht.

Entscheidend ist, dass sich die menschliche Psyche sehr eng an diese sogenannten Stufen hält. Erst wenn z. B. das Bedürfnis nach Sicherheit zufriedengestellt ist, kümmert sich der Mensch um seine sozialen Bedürfnisse. Wer dagegen Hunger hat, nimmt auch erhebliche Sicherheitsrisiken in Kauf. Akute Bedürfnisse auf jeder Stufe blenden die darüber liegenden Stufen aus den Interessen des Menschen einfach aus.

Die Interessenentwicklung des Menschen erfolgt stufenweise. Dabei kann es auch rückwärts gehen, manchmal sehr schnell, wie Kriegs- und Katastrophenfälle drastisch zeigen. Und natürlich kann jemand, der hohe Schulden hat und sich eigentlich um die unteren Stufen kümmern sollte, durchaus noch ein Cabrio auf Pump kaufen, solange er nicht tatsächlich hungert oder in seinen sozialen Kontakten dadurch Schaden nimmt.

Ich biete ein Forum, welches sich mit der angewandten Wohnpsychologie befasst. Im Mittelpunkt steht all das, was mehr oder weniger mit dem Wohnen zusammenhängt. Das Thema Wohnen ist sehr komplex – ein Bereich der sich sehr nachhaltig auf die Psyche des Menschen auswirken kann. Unsere Wohnung, unser Haus, unsere Behausung haben einen starken Einfluss auf das Wohlbefinden und damit auch auf unser Verhalten. Der Klient kommt zur Beratung, weil er ein Problem oder mehrere Probleme hat, die er allein nicht bewältigen kann und deshalb professioneller Hilfe bedarf. Das setzt natürlich einen Klärungsprozess voraus.

6.1 Der Beratungsprozess

Was für Probleme sind es, die Menschen dazu veranlassen, sich einer psychologischen Beratung zu unterziehen?

Es ist, kurz gesagt, der Bedarf an Entscheidungs- und Orientierungshilfe. Ich denke dabei z.B. an den Kauf oder das Mieten einer Wohnung oder eines Einfamilienhauses.

Die psychologische Beratung ist immer als ein Prozess zu verstehen, der gewöhnlich nicht so gradlinig verläuft, wie es in den Stufen und Schritten des Modells (Tab. 9) skizziert ist. Effiziente Helfer setzen dort an, wo immer der Klient es braucht. Wenn zum Beispiel ein Klient Unterstützung und Herausforderung braucht, um sich für realistische, bereits gewählte Ziele einzusetzen, dann wird der Berater versuchen, gerade hierbei zu helfen. Der Klient soll schließlich dort ankommen, wo er hin will.

Die Wirksamkeit der psychologischen Wohnberatung hängt natürlich, wie jede andere psychologische Beratung viel von einer guten Klient-Berater-Beziehung ab. Das Beratungsgespräch soll vor allem durch drei Aspekte gekennzeichnet sein: durch Echtheit, Akzeptanz und Empathie.

Der Klient sollte Transparenz erwarten können, d. h., dass er über Erwartungen, Methoden und Grenzen aufgeklärt wird. Dazu gehört auch, dass dem Klienten Respekt und Autonomie vermittelt werden. Der Berater hat genügend Neutralität mitzubringen, dass keine Übertragungsprobleme auftreten. Klientenerwartungen sind aufzugreifen und das Gespräch hat lösungsorientiert zu erfolgen. Paraphrasieren und ständiges Feedback gehören ebenfalls zum Beratungsgespräch, sodass keine Kommunikationsstörungen auftreten können. Ein klares und strukturiertes Vorgehen ist genauso wichtig, wie die konkrete Definition von Zielen. Zuvor jedoch ist zu klären, ob Klient und Berater überhaupt zusammen passen und die Beratungsmethode die richtige ist.

In der Beratung ist zwischen zwei Ansätzen zu unterscheiden. Zum einen ist es die direktive Vorgehensweise, »Rat geben« und zum anderen die nicht-direktive Vorgehensweise, »beraten«. Im Alltag ist die Methode des »Ratgebens« sehr verbreitet. Der Hilfesuchende wird unterstützt indem er Ratschläge bekommt. Das ist soweit unproblematisch, solange es sich um sachliche Probleme handelt.

Sobald psychische Komponenten ins Spiel kommen, kann die Erteilung von voreiligen Ratschlägen zu unliebsamen Konsequenzen führen. Ein Ratschlag trägt nicht zur Lösung eines Problems bei, vielmehr verhindert er sogar Problemlösungen. Der Beratungsprozess wird durch einseitige oder falsche Informationen des Klienten – meist unbewusst ablaufend – behindert.

Solche direktiven Vorgehensweisen führen zu problematischen Gesprächsbeiträgen, wie z.B. das Moralisieren: »So und so sollte es sein«; das Dogmatisieren: »So und so ist es, aber …«; das Interpretieren: »Das ist so und so, weil …« oder das Generalisieren: »Das kommt öfter vor …« (vgl. Schmid 1973, S. 75)

Die nicht-direktive Gesprächsführung dagegen ist vor allem durch aktives Zuhören und Reflektieren von Gefühlen gekennzeichnet. Selbst gefundene Einsichten und Möglichkeiten führen zu neuen, tragfähigen Erkenntnissen, die den Klienten unabhängig vom Beratererlangen – eine Methode, die eigenen Gedanken und Gefühle zu explorieren – aus denen letztendlich selbständig Handlungspläne und Lösungen entwickelt werden können.

Die neun Schritte des folgenden Modells stellen Handlungsweisen dar, mit denen versucht wird, dem Klienten zu helfen, Probleme zu lösen und ungenutzte Potenziale zu aktivieren (in: Egan 2001, S. 28).

Tab. 9: Handlungsweisen zum Lösen von Problemen nach Egan (2001)

Erste Stufe: Ist-Zustand
1. Schritt: Bericht des Klienten
2. Schritt: Problemeingrenzung
3. Schritt: Neue Perspektiven entwickeln

Zweite Stufe: Soll-Zustand
4. Schritt: Zukunftsbilder entwerfen
5. Schritt: Bewertung der Zukunftsbilder
6. Schritt: Zielwahl und Engagement

Dritte Stufe: Den Soll-Zustand realisieren
7. Schritt: Handlungsstrategien entwickeln
8. Schritt: Plan formulieren
9. Schritt: Ausführung des Plans

Natürlich steht die Logik des Beratungsmodells nicht im Vordergrund, sondern vielmehr die Bedürfnisse des Klienten. Was kann die psychologische Wohnberatung leisten, und in welchen Feldern wird sie tätig?

➤ Schaffen von mehr Lebensqualität und Ambiente

➤ Raumgestaltung

➤ stressfreie Wohnumwelt

➤ tatsächliche Wohnwünsche und Wohnzufriedenheit ermitteln

➤ Wohnzufriedenheitsuntersuchungen

➤ Problembewältigung (Coping)

➤ Erarbeiten von Konzepten

➤ Wohnung und Lebenszyklus

➤ Prüfen von Entwürfen und Projekten

➤ Formen- und Farbberatung

➤ Unterstützung bei der Umsetzung von Veränderungsmaßnahmen

➤ Selbstexploration und individuelle Wohnbedürfnisse

➤ Rechtsnormen und Konfliktregelung im Wohnbereich

Tab. 10: Die Bedürfnishierarchie und ihre Anwendung auf den Wohnbereich

	Bedürfnishierarchie von Maslow	Anwendung im Wohnbereich
1.	Biologische Bedürfnisse Bedürfnisse nach Nahrung, Wasser, Sauerstoff, Ruhe, Sexualität, Entspannung, Schmerzfreiheit	Schutz vor Lärm, angemessene Temperaturen, klimatische Ausgewogenheit, Sonnen- und Tageslicht, Privatheit, Gesundheit, persönlicher Raum, frei von Umweltstress, frei von psychischen Konflikten
2.	Sicherheit Bedürfnisse nach Sicherheit, Behaglichkeit, Ruhe, Freiheit von Angst, Selbsterhaltung	Frei von Aggressivität (Kriminalität und Vandalismus), devensible spaces, Wohnsicherheit, Schutzmaßnahmen, frei von Wohnängsten
3.	Bindung Bedürfnisse nach Zugehörigkeit, Vertrauen, Verbindung mit anderen, zu lieben und geliebt zu werden	Beständigkeit (Dauerhaftigkeit und Vertrautheit), Ortsbezogenheit (Lebenszyklusphase), Nachbarschaft, Öffentlichkeit, Ortsverbundenheit, Ortsidentität
4.	Selbstwert Bedürfnisse nach Vertrauen und dem Gefühl, etwas wert zu sein und kompetent zu sein; Selbstwertgefühl und Anerkennung von anderen	Interpersonelle Kommunikation, soziale Interaktion, Wohnrevier, Wohnqualität, Wohnbedürfnisse, Aneignung von Umwelt, Selbstdarstellung und Repräsentation
5.	Kognitive Bedürfnisse Bedürfnisse nach Wissen, Verstehen, nach Neuem, Lösungen von inneren und äußeren Konflikten, Zusammenhänge erkennen	Mensch – Umwelt – Interaktion, Kommunikation, Wohnzufriedenheit, Lebensqualität, Zugang zu allen Medien, Konfliktbewältigung (Coping)
6.	Ästhetische Bedürfnisse Bedürfnisse nach Ordnung und Schönheit	Bewertung der Wohnumwelt, Symbolik, Geometrie des Raumes (der umbaute Raum), Raumgestaltung (Licht, Farbe und Formen), Pflanzen im Wohnraum
7.	Selbstverwirklichung Bedürfnis, das eigene Potential auszuschöpfen, bedeutende Ziele zu haben	Alternative Wohnformen, Determinanten der Wohnformen z.B. Arbeiten und Wohnen, Wohnwünsche, Freizeitgestaltung
8.	Transzendenz Spirituelle Bedürfnisse, sich mit dem Kosmos in Einklang zu fühlen	Raum für Kontemplation: frei von technischen Störungen (Schlaf- und Wohnräume), technikfreie Reizschutzzonen

6.2 Beratung: Raum und Bewegung

Im Unterschied zu den psychologischen Aspekten beziehen sich die physiologischen Aspekte auf die körperlichen Bedingtheiten des Menschen sowie auf die körperliche Reizaufnahme und -verarbeitung. Letztere geschieht teilweise über die gleichen Wahrnehmungsorgane wie bei den psychologischen Aspekten, weshalb hier Querverbindungen bzw. Überschneidungen festzustellen sind. Dem menschlichen Körper mit seinem gerichteten, symmetrischen Aufbau, seinen Rezeptoren für sinnliche Empfindungsmöglichkeiten, aber auch seiner geschlechts- und altersbedingten Konstitution bzw. ethnologischen oder individuellen Ausprägung muss in der Architektur besonders im Bereich des Wohnens Rechnung getragen werden (vgl. Andritzky 1979).

Die Probleme bei der Wohnungsbewertung beginnen bereits mit der Wohnungswahl. In den Nachkriegsjahren und auch noch später ging es angesichts der Wohnungsnot hauptsächlich darum, ein Dach über dem Kopf zu haben. Irgendeine Wohnung war gerade gut genug. Die seit dieser Zeit erheblich gestiegenen Wohnansprüche haben heute dazu geführt, dass es vor allem darauf ankommt, die »passende Wohnung« zu finden.

Der Wohnungsmarkt bietet kaum Informationen, die es dem Mieter bzw. Käufer gestatten, Wohnung und Wohnumgebung in allen ihren Details richtig einzuschätzen. Eine Vielzahl von Bewertungen, wie z.B. Wohnungsgröße, Wohnfläche und Raumzahl, Verhältnis der Raumgrößen zueinander, Stell- und Bewegungsflächen, Räume des Gemeinschaftsbereichs, Individualräume, haustechnische Räume etc. sind erforderlich. Die Geometrie des Raumes spielt ebenso eine wichtige Rolle, wie Farben und Gestaltungselemente im Wohnbereich.

Zum Wohnen gehören mehr als nur eine Schlafstätte und eine Küche. Um großer Unzufriedenheit der Bewohner vorzubeugen, müssen sie sich wohlfühlen.

Eines der wichtigsten Dinge, die der Mensch zum Wohlfühlen braucht, ist ein »passender Wohnraum«.

Die richtige Größe der Wohnung: Dass eine zu kleine Wohnung unangenehm ist, werden die meisten auf Anhieb verstehen. Wenn mehrere Leute in einer Wohnung leben, kann eine zu kleine Wohnung auch zu Problemen mit der Hygiene führen. Außerdem wird auch etwas Freiraum benötigt, um sich bewegen zu können.

Freiraum, sich bewegen zu können – das gilt sowohl körperlich oder auch nur mit den Augen. Es gibt Wohnungen, welche so mit Möbeln voll gestellt sind, dass es unmöglich ist durch die Wohnung zu kommen, ohne über das eine oder andere Möbelstück zu klettern. Der Bewohner fühlt sich in seinem »Museum« jedoch trotzdem wohl. Weniger direkt verständlich ist das Unbehagen, welches in einer zu großen Wohnung auftreten kann. Tatsächlich führt ein zu großer Wohnraum zu einem Gefühl der Einsamkeit und Verlorenheit. Daher ist es wichtig,

Wohnraum in angemessener Größe zur Verfügung zu stellen. Dieser sogenannte »passende Wohnraum« kann von Person zu Person, aber auch von Kulturkreis zu Kulturkreis unterschiedlich sein.

Das richtige Wohnklima: Zum Wohnklima gehören Temperatur, Belichtung, Beleuchtung, Luftzusammensetzung, Farbgebung und auch Wohnmaterialien.

Die Temperatur sollte zum Wohlfühlen sein. In den Wohnzimmern meist etwas wärmer als in den Schlafräumen. Die Anpassung an die richtige Wohntemperatur kann je nach Klimazone durch bauliche Anpassungen, Heizung aber auch durch Klimaanlagen erfolgen. Das Heizen beeinflusst aber auch die Luftzusammensetzung. So ist in Mittel- und Nordeuropa die Feuchtigkeit in den Wohnungen meist zu gering. Bei Heizungen kann die Art der Heizung das Wohnklima auch beeinflussen. So wirkt die Strahlenwärme von Stein- und Kachelöfen wärmer und angenehmer als die trockene Luft der reinen Luftheizer, welches die modernen Heizungen leider fast alle sind.

Wohnraum sollte hell genug sein. Wenn das Tageslicht nicht ausreicht, sollte für passende künstliche Beleuchtung gesorgt werden, wobei jedoch sowohl auf Lichtfarbe als auch auf Flimmerfreiheit und möglichst geringen Elektrosmog geachtet werden sollte. Bei der Farbe sind natürliche sonnenähnliche Farben vorzuziehen. Angenehme Wohnmaterialien, wie beispielsweise Holz fühlen sich gut an und sehen gut aus.

Heimatgefühl: Das Heimatgefühl ist eines der wichtigsten psychologischen Erfordernisse, welches eine Wohnung zu erfüllen hat. Eine Wohnung, die dies nicht bieten kann, ist nur eine Schlafstätte. Die Umgebung muss zu dem Menschen passen. Große einheitliche Wohnblöcke wie sie in den 1960ern in Deutschland gebaut wurden fördern kein »Heimatgefühl«. Dies ist einer der Gründe, warum gerade in solchen »Hochhausvierteln« oft eine höhere Kriminalität herrscht und dort rechtsradikale Parteien den größten Zulauf finden.

Insgesamt soll die Wohnung ein Ort sein, an dem man sich wohlfühlt und sich vom Stress des Alltags erholen kann. Die wohnpsychologische Beratung soll im Einzelnen solche psychischen und auch physischen Bedürfnisse individuell ermitteln, sodass beispielsweise Fehlkäufe von Wohnungen oder aber auch unverantwortliche Mietverträge vermieden werden können.

Da der Wohnwert einer Wohnung stark mit subjektiven Bedürfnisprofilen und wechselnden Nutzungsansprüchen der Bewohner bzw. Wohngemeinschaften zusammenhängt, hat es wenig Sinn, einen verbindlichen Merkmalskatalog aufzustellen. Daher wird nur versucht anzugeben, welche Merkmale für eine Bewertung man nicht vergessen darf bzw. welche Merkmale man an den gegebenen Wohnverhältnissen abprüfen muss, um zu einem subjektiv begründeten Urteil über den »Wohnwert« zu kommen. Aus diesem Grund habe ich wohnpsychologische Fragebögen entwickelt.

Befragungen sind der primäre, wenn auch nicht der einzige methodische Zugang zu Informationen über Glauben, Einstellungen, Gefühle, Motive und die Persönlichkeit von Menschen. Problematisch ist diese Technik jedoch manchmal hinsichtlich ihrer Validität. Versuchsteilnehmer können aus einer ganzen Reihe von Gründen falsche oder irreführende Antworten geben. (z. B. sie verstehen die Frage nicht richtig o. Ä.) (vgl. Zimbardo 1999, S. 29).

Datenerhebung zur Wohnzufriedenheit

Psychologische Forschung wird auf vielfältige Weise und unter verschiedenen Rahmenbedingungen (settings) betrieben.

Drei wichtige Verfahren sind die Analyse der Wohnbedürfnisse, die Begleitforschung und Beratung sowie die Evaluation nach Fertigstellung. Ich zitiere Hartloff (1993, S. 49):

>»Der Nutzen des bedürfnistheoretischen Modells liegt darin, dass es Kriterien liefert, um Wohnungen, aber auch Wohnumgebungen, im Hinblick auf deren Nutzerorientiertheit bewerten zu können [...]. Ein weiterer Vorteil liegt darin, dass Wohnbedürfnisse vergleichsweise anschauliche Kriterien sind, was im multidisziplinären Kontext der Umweltpsychologie ein wichtiger Gesichtspunkt ist.«

>»Das Konzept der Hierarchie der Wohnbedürfnisse lässt sich als polythematisches Motivationsmodell einordnen und damit von den monothematischen Modellen abgrenzen, in denen das Verhalten auf einen einzigen Grundantrieb, z. B. das Streben nach Lust oder Macht, zurückgeführt wird« (Dorsch 1982 zit. nach Hartloff 1993, S. 49).

Aus diesen drei Verfahren möchte ich die Analyse der Wohnbedürfnisse, in der hauptsächlich die Befragung der Bewohner im Mittelpunkt steht auswählen und näher beschreiben.

Diese Art der Befragung dient der Datenerhebung zur Wohnzufriedenheit. Zum einen als Entscheidungshilfe für das Aussuchen einer Wohnung (Kauf oder Miete) und zum anderen auch zur Ermittlung von Wohnzufriedenheit der Wohnungsnutzer für Wohnungsunternehmen. Denn aus den fortlaufenden Veränderungen von Haushalts- und Mieterstrukturen, sich wandelnden Wohnwünschen und Formen des Wohnverhaltens resultieren Nachfrageverschiebungen, die Mieterbefragungen zu einem wichtigen Instrument der Marktforschung von Wohnungsunternehmen machen.

Dieser Fragebogen ist eine schriftliche Zusammenstellung von Fragen nach Fakten. In der folgenden Legende werden einige wichtige Details erläutert.

Legende zum Fragebogen	
Items	Einzelfrage im Test
Scores	Antwort auf ein Item
Evaluation	Bewertung
Itemparameter	Kennwerte der Aufgabe
Itemanalyse	Aufgabenanalyse
Bias (Verfälschung)	Objektivitätsverlust
Reliabilität	Zuverlässigkeit
Validität	Gültigkeit des Tests
Setting	Milieu, Situation

Bewertungsskala Bedeutungsgewichtung

1 = unwichtig (links beginnend)   B = Bedeutungsgewichtung

2 = beachtenswert   Z = Zufriedenheit

3 = wichtig   X = Antwortkreuz

4 = sehr wichtig (rechts endend)   B x Z = Multiplikation (Bewertung)

Bewertungsskala Wohnzufriedenheit

1 = unzufrieden (links beginnend)

2 = mäßig zufrieden

3 = zufrieden

4 = sehr zufrieden (rechts endend)

Die angekreuzten Felder im linken Tabellenbereich deuten auf »unwichtig« in der Bedeutung und »unzufrieden« in der Zufriedenheit hin – die angekreuzten Felder im rechten Tabellenbereich deuten auf »sehr wichtig« in der Bedeutung und »sehr zufrieden« in der Zufriedenheit hin. In jeder Zeile ist der entsprechende Wert (1, 2, 3 oder 4) der Bedeutungsgewichtung mit dem Wert (1, 2, 3 oder 4) der Zufriedenheit zu multiplizieren und in der Spalte Evaluation einzutragen. In der letzten Zeile (Summenzeile) des Fragebogens werden die Ergebnisse dann addiert. Diese Zahlen haben genug Aussagekraft, um unterschiedliche Wohnungen bzw. Wohnumfelder miteinander vergleichen zu können.

Tab. 12: Datenerhebung zur Wohnzufriedenheit: Eine Stadtwohnung

Teil a: Datenerhebung zur Wohnzufriedenheit: Eine Stadtwohnung									
Items	Scores								Evaluation
Wohnung Der umbaute Raum B = Bedeutungsgewichtung Z = Zufriedenheit X = Antwortkreuz	unwichtig	unzufrieden	beachtenswert	mäßig zufrieden	wichtig	zufrieden	sehr wichtig	sehr zufrieden	BxZ
Itemparameter	1		2		3		4		
	B	Z	B	Z	B	Z	B	Z	
01 Klimatische Ausgewogenheit: angemessene Temperaturen u. Raumlüftung, Wärmeschutz									
02 Schutz vor Lärm: Hellhörigkeit, Trittschallschutz, Abwehr von Lärm (Schallschutz)									
03 Natürliche Belichtung: ausreichend Sonnen- und Tageslicht, ausreichende Fenstergrößen									
04 Grüne Pflanzen im Wohnraum: Natürliche Belichtung, Aufstellmöglichkeiten etc.									
05 Ausblick: Naturkontakte im Wohnumfeld (Baumgruppen, Sträucher, Grünflächen)									
06 Wohnsicherheit: Frei von Aggressivität (Kriminalität und Vandalismus)									
07 Dichte und Enge: Innendichte, Wohnungsgröße (Personen pro Haushalt)									

Teil b: Datenerhebung zur Wohnzufriedenheit: Eine Stadtwohnung									
Items	Scores								Evaluation
Wohnung Der umbaute Raum B = Bedeutungsgewichtung Z = Zufriedenheit X = Antwortkreuz	unwichtig unzufrieden	beachtenswert mäßig zufrieden		wichtig	zufrieden	sehr wichtig	sehr zufrieden		BxZ
Itemparameter	1		2		3		4		
	B	Z	B	Z	B	Z	B	Z	
08 Raum und Bewegung: Bewegungsfreiheit, Verkehrs- flächen in der Wohnung									
09 Küche: ausreichende Größe									
10 Bad: Belüftung, Fenster, Anordnung der Sanitär- einrichtungsgegenstände									
11 Raumaufteilung: Grundrisse, die verschied. Raumnutzungen zulassen (Familienzyklus)									
12 Möglichkeit eines Heimarbeitsplatzes: Telearbeit o.ä.									
13 Distanzen im Wohnbereich: Flure und Korridore									
14 Interpersonelle Kommunikation: Kontakte zu Nachbarn, Treffpunkte									
15 Einrichtung: günstiger Grundriss; ausreichende Raumbreiten und Raumgrößen									
16 Aneignung von Wohnraum: Flexibilität der Einrichtbarkeit (Bilder, Symbole etc.)									

Teil c: Datenerhebung zur Wohnzufriedenheit: Eine Stadtwohnung									
Items	Scores								Evaluation
Wohnung Der umbaute Raum B = Bedeutungsgewichtung Z = Zufriedenheit X = Antwortkreuz	unwichtig	unzufrieden	beachtenswert	mäßig zufrieden	wichtig	zufrieden	sehr wichtig	sehr zufrieden	BxZ
Itemparameter	1		2		3		4		
	B	Z	B	Z	B	Z	B	Z	
17 Privatheit: Alleinsein, Intimität, Anonymität, Reserviertheit (Privatheitsgradient)									
18 Beständigkeit: Dauerhaftigkeit, Qualität, Vertrautheit, Heimatgefühl									
19 Funktionalität: Benutzbarkeit: Fahrstuhl, Müllschlucker, Ver- und Entsorgung etc.									
20 Balkon oder Loggia: Anordnung nach der ruhigsten, psycho-klimatisch günstigsten Seite des Gebäudes									
21 Kontemplation: frei von technischen Störung, (Schlaf- und Wohnräume) technikfreie Reizschutzzonen									
22 Ausreichender Reflexionsschutz: Licht- u. Temperatureinstrahlung, überdimensionierte Fenster, Glaswände									
23 Raumbeleuchtung: wohlüberlegte Beleuchtungseffekte									

Teil d: Datenerhebung zur Wohnzufriedenheit: Eine Stadtwohnung									
Items	Scores								Evaluation
Wohnung Der umbaute Raum B = Bedeutungsgewichtung Z = Zufriedenheit X = Antwortkreuz	unwichtig	unzufrieden	beachtenswert	mäßig zufrieden	wichtig	zufrieden	sehr wichtig	sehr zufrieden	BxZ
Itemparameter	1		2		3		4		
	B	Z	B	Z	B	Z	B	Z	
24	Knopfdruck-mechanisierung: Probleme bei Energieausfall (Sonnenschutz, Garagentor, Markisen o.ä.)									
25	Ästhetik: Geometrie und Raumformen, Raumdichte und Raumhöhen									
26	Freiheit von Raumspannungen: Ecken, Kanten, Vorsprünge									
27	Mitgestaltungsmöglich-keiten: z.B. Grundriss und Raumverteilung, Arbeitszimmer o.ä.									
28	Abstellräume: in der Wohnung, Dachboden oder Keller									
29	Wohnen ohne Gift: Lösungsmittel aus Farben und Teppichen etc.									
30	Medien: Zugang zu allen Medien (Telefon, Antenne, Internet)									
	Summenzeile:									

Tab. 13: Datenerhebung zur Wohnzufriedenheit: Unmittelbare Wohnumgebung einer Stadtwohnung

Teil a: Datenerhebung zur Wohnzufriedenheit: Unmittelbare Wohnumgebung einer Stadtwohnung									
Items		Scores							Evaluation
Schwellenbereich Wohngebäude B = Bedeutungsgewichtung Z = Zufriedenheit X = Antwortkreuz		unwichtig	unzufrieden	beachtenswert	mäßig zufrieden	wichtig	zufrieden	sehr wichtig	sehr zufrieden	BxZ
Itemparameter		1		2		3		4		
		B	Z	B	Z	B	Z	B	Z	
01	Bequemer Hauszugang									
02	Sprechanlage, Türöffner, Kamera									
03	Treppenbreite, Treppensteigung									
04	Raum für Möbeltransporte									
05	Kommunikation: Kontakte zu Nachbarn, Gemeinschaftseinrichtungen, Treffpunkte									
06	Fahrrad- und Kinderwagenraum									
07	Gemeinschaftsraum für Wäsche, Raum zum Wäsche aufhängen									
08	Aufzug, Aufzugsgröße, Bedienung, Zuverlässigkeit									
09	Müllschlucker: Erreichbarkeit, frei von Geruchs- und Lärmbelästigung									

Teil b: Datenerhebung zur Wohnzufriedenheit: Unmittelbare Wohnumgebung einer Stadtwohnung									
Items	Scores								Evaluation
Schwellenbereich Wohngebäude B = Bedeutungsgewichtung Z = Zufriedenheit X = Antwortkreuz	unwichtig	unzufrieden	beachtenswert	mäßig zufrieden	wichtig	zufrieden	sehr wichtig	sehr zufrieden	BxZ
Itemparameter	1		2		3		4		
	B	Z	B	Z	B	Z	B	Z	
10 Öffentlichkeit und Privatheit: defensible spaces									
11 Etagenflur mit Nachbarwohnungen									
12 Abschließbarkeit des Hauses									
13 Frei von Ausweglosigkeit: ungünstige Orientierung und Gebäudestruktur									
14 Erleben von Enge im Gebäude: Treppenhaus, Gemeinschaftsräume o.ä.									
15 Sitzmöglichkeiten: Sitzgruppen oder Bänke in Hof oder Garten									
Summenzeile:									

Beratungsbeispiele – Raum und Bewegung

Regulation von Privatheit zwischen drinnen und draußen: Innerhalb von Wohnungen manifestiert sich Privatheit in geschlossenen Türen, im Anklopfen, in der Zuordnung von Räumen zu Personen. Diese interne Privatheit bezieht sich auf einzelne Individuen, während es bei der zwischen drinnen und draußen bestehenden Privatheitsregulation um die Abgrenzung zwischen Fremd- und Primärgruppen, d.h. den besonders vertrauten Mitgliedern der Familie oder der

Wohngemeinschaft, geht. Privatheit kann sich also auf unterschiedliche soziale Einheiten beziehen (vgl. Flade 1987, S. 24).

Abb. 6: Privatheitsgradient (vgl. ebd., S. 25)

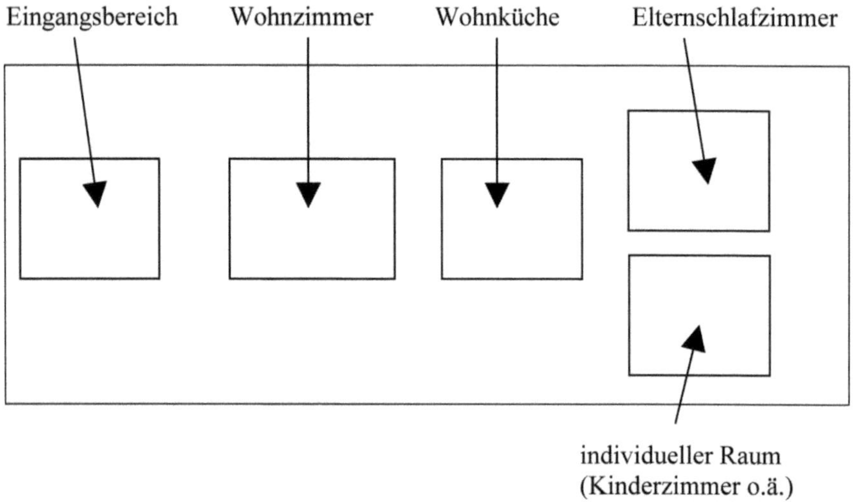

Das dargestellte Muster stellt natürlich wie jedes Modell eine Vereinfachung dar. Sowohl innerhalb als auch außerhalb von Wohnungen lässt sich eine Art »Privatheitsgradient« feststellen: mit fortschreitender Entfernung vom Eingangsbereich wächst die Privatheit. An der Schwelle geht es zwangsläufig schon deshalb weniger privat zu, weil Fremde, auch wenn sie nicht hereingebeten werden, Blicke in die Wohnung werfen können. Ein privater Bereich ist bereits das Wohnzimmer, bis zu dem Gäste oder in manchen Fällen auch Fremde gelangen.

Der Privatheitsgradient endet bei den Schlafräumen, d.h. den »eigenen Zimmern« und dem Elternschlafzimmer. Es gibt also keinen konstanten Grad der Durchlässigkeit zwischen drinnen und draußen, sondern dieser hängt von der Funktion eines Raums oder Teilbereichs der Wohnung ab.

Ein weiterer wichtiger Aspekt in der psychologischen Wohnberatung ist, darauf zu achten, dass ein sogenannter »defensible space« existiert. Der Raum, den man bereit ist zu verteidigen. Dass diese halbprivate und halböffentliche Zwischenzone eine wesentliche Bedeutung besitzt, hatte ich bereits erwähnt. Verantwortungsdiffusion unter Wohn Hausbewohnern führt nämlich zu Vandalismus, Verschmutzung und Verwahrlosung des Wohngebäudes, und die Quintessenz ist: Auszug aus dem Gebäude mit den entsprechenden Folgen.

Weiteren Beratungsbedarf gibt es hinsichtlich der Neutralität des Wohnungsgrundrisses, denn Wohnbedürfnisse ändern sich im Familienzyklus. Die beste und billigste Möglichkeit, eine Wohnung den wandelnden Bedürfnissen anzupassen ist Flexibilität.

Im Laufe eines »Familienlebens« ändert sich die Größe der Familie erheblich. Sie wächst, bis die Kinder groß sind und nimmt wieder ab, wenn sie das Haus verlassen. Eine gute Wohnung sollte diesem Wachsen und Schrumpfen angepasst werden können.

Ein weiterer Aspekt ist also, die Wohnung nach deren Veränderbarkeit zu überprüfen. Sind die Grundrisse so gestaltet, dass sie nur eine bestimmte Raumnutzung zulassen? Welche Wohnungsform könnte möglichst allen Veränderungen hinsichtlich des Familienzyklus gerecht werden?

➤ Das eigene Haus mit genügend Raum, welches nach dem Auszug der Kinder bei Bedarf in zwei separate Wohnungen umgestaltet wird.
➤ Eine Wohnung mit variablen Räumen, die sich zusammenlegen oder trennen lassen: Nutzung zuerst als Spielfläche, dann als Wohnfläche und später als eigener Bereich der Jugendlichen.
➤ Eine Wohnung mit gleich großen Räumen, die keine Nutzung vorgibt. Je nach Bedarf können die Räume einander zugeordnet werden.

Für die kleine Schwester zum Beispiel kommt ein Bett ins Kinderzimmer, später bekommt sie auch ein eigenes Kinderzimmer, der ältere Bruder erhält ein separates Zimmer. Welche Veränderungen haben die Eltern geplant, wenn die Kinder nach dem Schulabschluss das Elternhaus verlassen? Aber auch andere Veränderungen in der Wohnung können nachvollzogen bzw. anhand von Grundrissen durchgespielt werden: Berufswechsel des Vaters, die kleine Schwester wird für längere Zeit krank, eine alleinstehende ältere Person soll aufgenommen werden etc. (vgl. Andritzky 1979, S. 134f.).

DER ARBEITSPLATZ WOHNUNG

In Zukunft werden immer mehr Menschen (auch) zu Hause arbeiten, die industriegesellschaftliche »Enträumlichung« von Wohnen und Arbeiten wird tendenziell rückgängig gemacht. Der Arbeitsplatz Wohnung ist allerdings nichts Neues. Viele Berufsgruppen arbeiten schon immer auch zu Hause (Lehrer, Dozenten, Richter etc.) Bestimmte gewerbliche Tätigkeiten werden ebenfalls häufig in der Wohnung ausgeführt, wie Schneidern, Frisieren oder andere persönliche Dienstleistungen.

Aber nicht jede Tätigkeit darf zu Hause ausgeübt werden; für den Wohnraum gelten strenge Schutzbestimmungen, und in Mietwohnungen ist Gewerbebetrieb überhaupt nicht ohne Genehmigung zulässig.

Seriöse Studien zeigen, dass inzwischen 6% der Erwerbstätigen der sogenannten »Telearbeit« nachgehen. Dabei handelt es sich auch um eine Art Heimarbeit, jedoch nicht wie im herkömmlichen Sinne (minderwertige manuelle Tätigkeiten). Die kommunikationstechnische Vollausstattung von Wohnungen vom PC-Besitz und die dazugehörige gängige Softwarenutzung bis zum Internetzugang kann heutzutage schon fast als Standard vorausgesetzt werden. Besonders für höherqualifizierte Frauen mit Kindern ist die Telearbeit ein interessantes Instrument der Arbeitszeitflexibilisierung. Also besteht auch hier dringender Beratungsbedarf.

Tab. 14: Datenerhebung zur Wohnzufriedenheit: Umgebung einer Stadtwohnung

Teil a: Datenerhebung zur Wohnzufriedenheit: Umgebung einer Stadtwohnung									
Items	Scores								Evaluation
Wohnumgebung / Wohngebäude B = Bedeutungsgewichtung Z = Zufriedenheit X = Antwortkreuz	unwichtig	unzufrieden	beachtenswert	mäßig zufrieden	wichtig	zufrieden	sehr wichtig	sehr zufrieden	BxZ
Itemparameter	1		2		3		4		
	B	Z	B	Z	B	Z	B	Z	
01 Naturkontakte im Wohnumfeld (Baumgruppen, Sträucher, Grünflächen)									
02 Luftqualität im Wohnumfeld									
03 Störungsfreie Lage, Behaglichkeit									
04 Umweltbelastungen: Starkstrom- oder Funknetze/Stationen									
05 Bewegung: Bewegungsfreiheit, Ruhe und Entspannung, Sportmöglichkeiten									
06 Frei von Uniformität, Monotonie und Anonymität									
07 Lärm- und abgasfreie, begrünte Innenhöfe									
08 Frei von zu hoher Dichte und Enge: Außendichte, Crowding									
09 Freiheit v. lästigen Reflexionswirkungen: Autoscheinwerfer, Leuchtwerbung etc.									

Teil b: Datenerhebung zur Wohnzufriedenheit: Umgebung einer Stadtwohnung									
Items	Scores								Evaluation
Wohnumgebung Wohngebäude B = Bedeutungsgewichtung Z = Zufriedenheit X = Antwortkreuz	unwichtig	unzufrieden	beachtenswert	mäßig zufrieden	wichtig	zufrieden	sehr wichtig	sehr zufrieden	BxZ
Itemparameter	1		2		3		4		
	B	Z	B	Z	B	Z	B	Z	
10 Freiheit von Verkehrslärm: Straßenverkehr, Eisenbahn, Fluglärm									
11 Ausreichende Versorgung des Wohngebietes mit Einrichtungen des täglichen Bedarfs									
12 Bebautes Wohnumfeld: Freundlicher Ausblick, Luft, Licht, gestalterische Aspekte									
13 Verkehrsgeschützte Gehwege, Rad- und Fußwege									
14 Ruhezone im Hofbereich: Sitzbänke, Sandkasten, Baumbestand									
15 Hausgarten									
16 Ausreichend Sonnen- und Tageslicht									
17 Ausblick auf Firmament									
18 Freiheit von störender Einschaumöglichkeit									
19 Freiheit von störender Belauschbarkeit aus der Nachbarschaft									

Teil c: Datenerhebung zur Wohnzufriedenheit: Umgebung einer Stadtwohnung

Items	Scores								Evaluation
Wohnumgebung Wohngebäude B = Bedeutungsgewichtung Z = Zufriedenheit X = Antwortkreuz	unwichtig	unzufrieden	beachtenswert	mäßig zufrieden	wichtig	zufrieden	sehr wichtig	sehr zufrieden	BxZ
Itemparameter	1		2		3		4		
	B	Z	B	Z	B	Z	B	Z	
20 Überschaubarkeit der Wohnumgebung: Identifikationsmerkmale, Signale und Zeichen									
21 Soziale Einrichtungen									
22 Verkehrsanbindung: Bus, Tram, U-Bahn etc.									
23 Möglichkeiten zur Naherholung									
24 Sonstige Entfernungen von der Wohnung: Schule, Kindergarten, Spielplatz, Jugendclub, Sportplatz									
25 Frei von Belastungen: Schadstoffemission, Landschaftszerstörung etc.									
26 Schutz vor Einbrechern, Vandalismus und Aggressivität									
27 Schutz vor sonstigen Außengeräuschen									
Summenzeile:									

Beratungsbeispiele – Wohnumgebung

Wohnen findet nicht nur innerhalb von Behausungen, Wohnungen und Häusern statt, sondern dieser abgeschirmte Innenbereich bedarf einer ihn versorgenden, entlastenden und ergänzenden Umgebung. Die Wohnqualität oder das Ausmaß, in dem die Bedürfnisse der Bewohner befriedigt werden, hängt folglich nicht nur von Merkmalen der Wohnung, sondern auch von Merkmalen der Wohnumgebung ab. Man erwartet, dass es dort bestimmte Einrichtungen gibt (vgl. Flade, S. 15):

Tab. 15: Merkmale der Wohnumgebung nach Flade (1987)

Entfernungen von der Wohnung	Einrichtungen
Eingangsbereich des Wohngebäudes	Freizeiteinrichtungen (Partyraum, Hobbykeller, Dachterrasse etc.) Abstellraum für Fahrräder, Kinderwagen, Spielgeräte, Spielmöglichkeit für Kinder (bei schlechtem Wetter)
Nahbereich	Kinderspielplatz für Kleinkinder, Sitzbank, Wäschetrockenplatz, Autowaschplatz, Müllsammelplatz (sichtentzogen), Hausgarten, Grünfläche
Erweiterter Nahbereich (bis ca. 400 m)	Notmeldeeinrichtungen, Telefonzelle, Schulbus, Kiosk, Briefkasten, Freizeitanlagen: Grünflächen, Bäume u. Bänke
Übergeordneter Nahbereich (400 bis 800 m)	Bushaltestelle, Tankstelle, Taxistellplatz, Kindergarten, Spielplatz, Jugendclub, Einkaufsmöglichkeiten, Grundschule, Dienstleistungseinrichtungen, Post etc.
Erweiterter Bereich (800 bis 1200 m)	Sportplatz, Schwimmbad, Markt, Bücherei, Einkaufszentrum, Restaurant, Kirche, Ärztehaus etc.

Auch Wohnumgebungen können hinsichtlich der menschlichen Bedürfnisse günstiger oder ungünstiger gestaltet sein. Der ungünstigste Fall ist, wenn weder die Wohnung noch die Wohnumgebung den Bedürfnissen der Bewohner entsprechen.

Umweltbelastung durch Lärm

Außerordentlicher Beratungsbedarf besteht hinsichtlich der Lärmbelastung – Straßenverkehrslärm, Flug- und Eisenbahnlärm sind hier beispielsweise zu nennen. Aber auch Lärm von Gewerbetrieben, Baustellen, Sportplätzen, Biergärten etc. stellen oft eine erhebliche Belastung für die Bewohner dar. Bauordnungsrechtlich existieren einige Regelwerke hinsichtlich des Lärm- bzw. Schallschutzes. Zum einen regelt der städtebauliche Lärmschutz durch Bebauungsverbote und Bebauungsgebote die Lärmbelastung im Wohngebiet, und zum anderen gibt es eine Menge schallschutztechnischer Maßnahmen, die zumindest im Innenbereich des Gebäudes wirksam sind.

Schwachstellen für das Eindringen von Lärm sind bei Gebäuden häufig Fenster und Türen, die unmittelbar ins Freie führen. In Abhängigkeit von der Lärmintensität und Nutzung des Gebäudes wird deshalb z.B. der Einbau von Schallschutzfenstern von den Bauaufsichtsbehörden gefordert.

6.3   Beratung: Kultur und Wohnformen

Beratungsbeispiel – Studentische Wohngemeinschaft

Wie bereits erwähnt, sind Wohngemeinschaften eine sehr verbreitete Wohnform – vor allem die studentischen. Ich möchte eine solche studentische Wohngemeinschaft als Beispiel aufgreifen und einen möglichen Beratungsprozess darstellen. Ich beziehe mich auf die neun Schritte des Beratungsmodells von G. Egan (2001, S. 28).

Erste Stufe: Den Ist-Zustand erforschen

Erst wenn der Klient seine Problemlage erkennt und versteht, kann er sich mit ihr auseinandersetzen und ungenutzte Möglichkeiten entwickeln.

1. Schritt: Bericht des Klienten

Zunächst muss der Klient ermutigt werden, über sich zu berichten: Der Klient (K) erzählt von sich, er offenbart seine Probleme; eine Unterstützung vom Berater (B) hilft dem Klienten, selbst herauszufinden, was er will oder nicht will bzw. was im Leben gut bzw. schlecht läuft. Zum Beispiel:

K: Ich fange dieses Jahr an zu studieren, die Uni ist 50 km von meinem Heimatort entfernt; eine eigene Wohnung kann ich mir nicht leisten; eine tägliche

Heimfahrt ist u. a. wegen der ungünstigen Verkehrsanbindung nicht möglich. Ich fühle mich zu Hause wohl – eigentlich möchte ich gar nicht weg.

2. Schritt: Problemeingrenzung
Dem K. helfen, sich auf seine wichtigen Anliegen zu konzentrieren: Erarbeitung von Schlüsselproblemen; der B. hilft dem K., über seine Probleme in Form von konkreten Erfahrungen, Verhaltensweisen und Gefühlen zu sprechen. Zum Beispiel:
B: Sehen Sie andere Möglichkeiten der Berufsausbildung an Ihrem Heimatort?
K: Nein, absolut nicht – ich möchte auf alle Fälle studieren und freue mich
    darauf.
B: Beschränkt sich Ihr Problem hauptsächlich auf das Wohnen am Studienort?
K: Ja, das ist mein Hauptproblem.

3. Schritt: Neue Perspektiven entwickeln
Dem K. bei der Entwicklung neuer Perspektiven helfen: Das Bearbeiten von »blinden Flecken« des K.; der B. befähigt den K. ungenutzte Möglichkeiten zu erkennen. Zum Beispiel:
B: Können Sie sich vorstellen in einer Wohngemeinschaft zu leben?
K: Ja, ich habe jedoch wenig Informationen über studentische Wohngemein-
    schaften.
B: Sehen Sie noch andere Möglichkeiten am Studienort zu wohnen?
K: Ja, die Schwester meiner Mutter wohnt dort, das wäre auch eine Möglichkeit.

Zweite Stufe: Den Soll-Zustand entwickeln

Wenn Klienten erst einmal ihre Problemlagen oder Entwicklungsmöglichkeiten besser verstehen, werden sie möglicherweise Hilfe brauchen, um festzustellen, was sie gerne ändern würden. Sie müssen einen Soll-Zustand entwerfen, das Bild einer besseren Zukunft.

4. Schritt: Zukunftsbilder entwerfen
Ein Zukunftsbild entwerfen: Entwickeln einer neuen Lebensperspektive; das Zukunftsbild stellt für den K. ein mögliches Ziel dar. Zum Beispiel:
B: Wir haben also zwei Wohnmöglichkeiten am Studienort: erstens die studenti-
    sche Wohngemeinschaft und zweitens, Wohnen bei Verwandten?
K: Ja, das sind zwei realistische Varianten.

5. Schritt: Bewertung der Zukunftsbilder
Wenn Zielvorstellungen zu Handlungen führen sollen, müssen sie klar sein, spezifisch, realistisch und mit der Problemsituation in Bezug stehen. Zum Beispiel:

B: Nun müssen wir die beiden Varianten bewerten, d.h. Vor- und Nachteile erkennen:

Tab. 16: Vor- und Nachteile von Wohngemeinschaften

Vor- und Nachteile von Wohngemeinschaften	
Vorteile	Nachteile
Wirtschaftliche Wohnform	Ständige Quelle für Konflikte
Gleichberechtigung	Eingeschränkte Privatsphäre
Soziale Intelligenz	Wohnraumbeschaffung ist schwer
Ausprägung von Teamfähigkeit	Vermieter haben oft Vorurteile
Reden, streiten, lachen	Hohe Fluktuation

6. Schritt: Zielwahl und Engagement

Ziele auswählen und zum Engagement ermutigen: Der B. kann dem K. auf der Suche nach Anreizen sich zu engagieren behilflich sein. Zum Beispiel:

B: Wir haben nun die Vor- und Nachteile einer WG herausgestellt. Nun müssen wir einen Vergleich anstellen zwischen den Wohnmöglichkeiten in einer WG und bei einer verwandten Person.

K: Wenn ich evtl. ständigen Konflikten ausgesetzt bin und eine zum Teil eingeschränkte Privatsphäre habe, kann ich mir nicht vorstellen, mein Studium zu bewältigen. Zumal ich von zu Hause Ruhe und Ordnung gewohnt bin.

B: Was leiten Sie von dieser Erkenntnis ab?

K: Die zweite Wohnvariante ist mir angenehmer, denn meine Tante ist meiner Mutter sehr ähnlich im Verhalten.

DRITTE STUFE: DEN SOLL-ZUSTAND REALISIEREN

Klienten müssen etwas unternehmen, um ihre Probleme in den Griff zu bekommen und ungenutzte Potenziale zu entwickeln. Das Zukunftsbild, in konkreten und realistischen Zielen formuliert, gibt an, was der Klient erreichen will.

7. Schritt: Handlungsstrategien entwickeln

Der B. hilft dem K. bei der Entdeckung einer Vielzahl von Wegen und Mitteln zur Erreichung der Ziele; oft haben Klienten wenig Fantasie – sie sehen nur einen Weg, um ihr Ziel zu erreichen. Zum Beispiel:

B: Haben wir eine akzeptable Handlungsstrategie gefunden?
K: Ja, ich glaube wir sind auf dem richtigen Weg.

8. Schritt: Plan formulieren
Wenn Klienten erst einmal zur Entscheidung über Strategien verholfen wurde, die zu ihrem Wesen, ihren Möglichkeiten und ihrer Umgebung am besten passen, dann müssen Sie diese in einem Plan zusammenfassen.

9. Schritt: Ausführung des Plans
Handlung – Die Ausführung des Plans: K. brauchen oft sowohl die Unterstützung als auch die Herausforderung des B., um Pläne in die Tat umzusetzen. B. können den K. auch helfen, ihre eigenen Fortschritte zu überwachen.

Der Prozess des Helfens verläuft gewöhnlich nicht so geradlinig, wie in den Stufen und Schritten des Modells skizziert. Effiziente Helfer setzen dort an, wo immer der Klient es braucht. Wenn zum Beispiel ein Klient Unterstützung und Herausforderung braucht, um sich für realistische, bereits gewählte Ziele einzusetzen, dann wird der Berater versuchen, gerade hierbei zu helfen.

Beratungsbeispiel – Wohngemeinschaft für Alte

Das folgende Beispiel ist ein Wohnprojekt für alte Menschen, die mit Tieren zusammenleben – »Tierisch gut drauf – Im Altenheim am Möhnesee«.

Im »Haus Müller« am Möhnesee leben 55 alte Menschen zusammen mit 500 Tieren. Die alten Herrschaften kümmern sich im die Tiere – und die Tiere sich auch ein bisschen um die Alten. Es gibt immer etwas zu tun im »Haus Müller«.

Der ehemalige Bauernhof der Familie Müller ist wie eine kleine beschauliche Insel. Affen, Papageien, Aras, Schafe, Hunde, Kaninchen und sogar ein Pferd sorgen für rege Betriebsamkeit. Die Bewohner kümmern sich um die Tiere, die sich mit Treue und Anhänglichkeit revanchieren.

So hat jeder der rüstigen Rentner seine Aufgabe. Da ist zum Beispiel Marielott Enulat, die eigentlich wegen Hund Trixi vor zwei Jahren ins »Haus Müller« gezogen ist. Jetzt versorgt sie auch den Affen Mäxchen.

In der hofeigenen Krankenstation gibt die 80-jährige Elisabeth Hunder zerzausten, matten Papageien die Flasche. Sie lebt schon seit über 20 Jahren auf dem Hof und weiß, dass die Papageien nicht nur fressen müssen, sondern sich zwischendurch auch mal unterhalten wollen.

Auch Heimbewohner Ernst Stratmann kommt selten zur Ruhe. »Strati« ist hier so etwas wie die gute Seele des Hauses. Er schickt seine preisgekrönten Albino-Karnickel zwei Mal im Jahr zu Zuchtwettbewerben und ist der einzige, der Pferd Tinka jeden Morgen auf die Koppel führen darf. »Ich langweil' mich nie«, sagt Strati und spricht dabei vielen Bewohnern aus dem Herzen.

Die Alten sind zufrieden, weil sie eine Aufgabe haben. Ob Tierpflege oder Ausschank im eigenen Bistro – alles ist freiwillig. Mag anderswo der Lebensabend langweilig sein, hier wird er zum Abenteuer (Dokumentation auf Phoenix: Schäfer 2004).

Beratungsbeispiele – Licht und Farbe

Wer seine neue Wohnung gestalten möchte, kämpft sich erst einmal durch eine nicht enden wollende Flut von Einrichtungszeitschriften, Beratungsangeboten und Prospekten. Das kann zwar die Quelle neuer Ideen sein, aber oftmals stellt sich eher Verwirrung und Verunsicherung ein. Man pendelt zwischen Mode und Geschmack, Ideen und Trends, Muss und Sollen etc. Obwohl man sich der Mode und dem Zeitgeist niemals ganz verschließen kann, ist es äußerst wichtig, seine eigene Veranlagung in punkto Farbe kennen zu lernen.

H. Frieling (1994) schrieb zu Recht:

> »Jede Wohnung hat Ihren Empfang, auch oft einen Raum, der auch den Gästen dienen soll. Sonach müssen Sie sich Vertrautheit schaffen – und fragen: Wer hier wen empfängt und wem am liebsten imponieren will? Viele Menschen denken gar nicht darüber nach, dass ihnen meist nur Helfer begegnen, die ihre eigene Idee Ihnen oktroyieren wollen, sei es der Architekt oder Malermeister, der Bodenleger oder auch Firmenprospekt mit fertigen Vorschlägen.
>
> Das alles verwirrt Sie in Ihrer naiven Vorstellung, Sie müssten eigentlich bestimmen, am besten sogar alles selbst tapezieren, malen, verlegen.
>
> Die Möbel sind oft schon da – sie sind Ihre Konkurrenten, denn sie müssen auch eingeschlossen werden in den Plan, der eigentlich Ihnen gilt.
>
> Geht man von den Möbeln aus, dann liegt man schon richtig, ebenso auch, wenn ein Teppich dominiert, wenn man dazu die andere Farbgebung und Beleuchtung gesellt, um ein harmonisches Bild zu ergeben.
>
> Aber eigentlich steht die Erkenntnis im Vordergrund und auch die Möbel, Teppiche, Holzarbeiten usf. haben sich Ihrem Plan zu beugen, auch wenn man oft sehr lange suchen muss, um dasjenige zu finden, was man eigentlich suchte, ohne zu wissen, was es genau war!
>
> Da begegnen Sie Dingen und Farben, die Ihnen wie ein Spiegelbild Ihrer selbst plötzlich entgegentreten. Das ist der erste Akt der Selbstbegegnung« (ebd., S. 60f.).

Ein zentraler Punkt innerhalb der farbpsychologischen Untersuchungen ist das Phänomen der Farbbevorzugung. Ich erwähnte bereits, dass Farbpräferenzen auch geschlechtsspezifisch betrachtet werden müssen. Männer reagieren auf Farbe anders als Frauen. Sogar im Ablauf der Lebensabschnitte ändern sich die Vorlieben. Denken wir an bspw. Modefarben oder sonstige Trends. Deshalb möchte ich eine Variante der Farbberatung darstellen, die einen sehr individuellen Charakter besitzt.

Eine gute Berater-Klient-Beziehung bildet auch hier die wichtigste Grundlage für den Beratungsprozess. Der Klient soll seine Ziele und Veränderungswünsche (in diesem Fall das Herausfinden von Farbpräferenzen) selbst bestimmen und seine Entscheidungen selbst treffen können. Der Berater liefert keine fertigen Problemlösungen, sondern begleitet den Klienten dahingehend, eigene Lösungen und Ressourcen zu finden, die im Einklang mit seinen Fähigkeiten, Glaubens- und Wertesystemen stehen.

Der Berater sollte sich *nicht-direktiv* bezüglich der Ziele und Entscheidungs- findungen des Klienten und *direktiv* innerhalb des formalen Prozesses verhalten. Der Berater bemüht sich, sich dem Klienten gegenüber vorurteilslos zugewandt und nicht wertend zu verhalten. Wenn sich der Klient nach eigener Einschätzung der Erreichung seiner Ziele im Laufe der Beratung nähert, kann sowohl die Be- ziehung als auch die Beratung als positiv bewertet werden.

Viele Techniken beispielsweise des NLP sind nach dem therapeutischen Vorgehen des Begründers der modernen Hypnosetherapie, Milton Erickson, entworfen worden.

> »NLP, neurolinguistisches Programmieren, ist eine Methode, die Vorgänge im Gehirn über die Sprache beeinflusst. Damit können neue Fähigkeiten erworben und alte optimiert werden – zur Findung persönlicher Ziele, zur Motivation, zum Aufgeben schlechter Gewohnheiten, zur Kommunikationsverbesserung und zur Förderung der Gesundheit« (Schwarz/Schweppe 2000, Einführungstext).

Bei allen NLP-Techniken, die ein Visualisieren verlangen, tritt ein leichter Tran- cezustand ein. Die Trance wird den Coach bzw. Berater in der Regel unterstützen – denn dann ist das Unbewusste aufnahmefähiger und besser in der Lage, neue Lösungswege (hier: Vorlieben für Farben) aufzuspüren.

Trance muss keineswegs besonders tief sein, um wirksam zu werden. Erickson führte seine Klienten meist nur in eine schwache Trance – was seinen Erfolgen nicht abträglich war. Bewusstsein und Unterbewusstsein zeigen sich auch in der Struktur unseres Gehirns. Das Großhirn besteht aus zwei Hälften, den Hemisphären, die durch ein dickes Bündel von Nervenfasern miteinander in Verbindung stehen. Beide Gehirnhälften unterscheiden sich deutlich in ihren Funktionen und Aufgaben.

In Trance verändert sich die Aktivität im Gehirn – die linke Hemisphäre (die rationale) wird gehemmt, während die rechte (die emotionale) vermehrte Aktivität aufweist. Diese Aktivitätsunterschiede kann man beispielsweise mit dem EEG sehr genau messen. Die Ergebnisse zeigen, dass in Trance tatsächlich die Gehirnhälfte, die für unsere unterbewussten Fähigkeiten verantwortlich ist, aktiviert wird. In Trance ist es wesentlich einfacher, die Bahnen gewohnter Denkmuster zu verlassen.

Diese individuelle Methode ist für die Ermittlung von Farbpräferenzen äußerst gut geeignet. Nämlich das Aufspüren von Gefühlen und Empfindungen und der Einsatz von Fantasie und Intuition spielen in diesem Prozess eine entscheidende Rolle. Emotionale Schlussfolgerungen und das ganzheitliche Denken führen zu den gewünschten Ergebnissen.

Eine weitere Möglichkeit, Farbpräferenzen aufzustellen, ist die Ermittlung erwünschter durch Farben beeinflussbare Eigenschaften. Hierbei handelt es sich um die psychodynamischen Komponenten von Farben.

Die Menschen reagieren zwar ganz spezifisch auf Farben – die Emotionen jedoch, die die verschiedenen Farben auslösen, sind meist identisch. Allerdings ist zu beachten, dass es keine kulturübergreifende Einheitlichkeit in der Bedeutung der Farben gibt. Welche Bedeutung einer Farbe zugeschrieben wird ist von drei Faktoren abhängig: Wie wird die Farbe sinnlich empfunden, wie wird sie individuell erfahren und was wird über sie gedacht?

Gelb, die Farbe der lichtbringenden Sonne – sie wirkt strahlend, heiter und anregend. Rot, die Farbe des pulsierenden Blutes – sie wirkt aktiv, erregend, stimulierend und lebhaft. Blau, die Farbe des klaren Himmels – sie wirkt beruhigend, kühl, zurückhaltend und entspannend. Grün, die Farbe der Gewächse – sie wirkt beruhigend, ausgleichend und entspannend (vgl. Richter 2004, S. 171).

Auf dieser Grundlage sind eine Vielzahl von psychologischen Farbtests entwickelt worden – der wohl bekannteste von ihnen ist der Lüscher-Test. Mit diesem Test kann man die Einstellung zu bestimmten Farben herausfinden und den Zusammenhang von psychischen und physischen Grundfunktionen erkennen. Verwendet werden die vier Grundfarben, blau, grün, rot und gelb, einschließlich der Modifikationsfarben Violett, Braun, Grau, Schwarz und Weiß.

Diese Grundfarben repräsentieren hierbei die vier Selbstgefühle. Blau steht für Zufriedenheit, Grün für Selbstachtung, Rot für Selbstvertrauen und Gelb für innere Freiheit. Das Farbenbuch enthält folgende Tafeln: eine Grau-Tafel, eine Acht-Farben-Tafel, eine Vier-Grundfarben-Tafel sowie je eine Blau-, Grün-, Rot- und Gelbtafel. Die Versuchsperson hat daraus zu wählen, welche von zwei oder mehr Farben auf den Tafeln, die in festgelegter Reihenfolge dargeboten werden, ihr jeweils am besten und am wenigstens gefallen.

Diese Untersuchungsmethode erfasst den seelischen und körperlichen Zustand des Menschen und ermöglicht Einsicht in verschiedene Teilbereiche seiner Persönlichkeit, wie z. B. das Gefühl von Zusammengehörigkeit, soziale Kompetenzen, Leistungsvermögen, Selbstbild, Genussfähigkeit, Erwartungshaltung etc. Der Lüscher-Test wird sowohl im medizinischen Bereich als auch in der Werbung und im Design eingesetzt.

Wenn wir uns näher mit der Farbmeditation befassen, werden wir bald feststellen, dass es einen Unterschied zwischen Lieblings- und Eigenfarbe geben kann. Die Oberstufe des Autogenen Trainings (AT) beinhaltet solch eine Autogene Farbmeditation. Bevor man den Einstieg dorthin wagt, sollte man jedoch die Grundübungen des (AT) beherrschen. Mit dieser körperlichen und seelischen Entspannung ebnet man sich den Weg in die Farbmeditation.

H. Brenner (1999) gibt in seinem Buch »Autogenes Training Oberstufe« folgende Zusammenfassung:

> »Die autogene Farbmeditation im Überblick:
> Sie können eine vorher nicht festgelegte Farbe, also eine unbestimmte Farbe, frei auftauchen lassen und sich in diese vertiefen.
> Sie können sich auf eine bestimmte, von Ihnen ausgewählte Farbe einstellen oder sie vor dem inneren Auge entstehen lassen.
> Sie können sich auf Ihre Eigenfarbe einstellen.
> Sie können die Bedeutungen von Farben erkunden.
> Sie können den Farbwirkungen nachspüren.
> Sie können Farbwirkungen gezielt nutzen« (ebd., S. 96).

Das Autogene Training (AT), begründet von J. H. Schultz, ist ein von der Hypnose abgeleitetes Entspannungsverfahren – ein Selbsthypnoseverfahren. In diesem Verfahren der Selbstentspannung werden stufenweise Konzentrationsübungen erlernt, um seelische Spannungszustände auszugleichen. Die sechs Hauptübungen der AT Grundstufe sind Schwereübung, Wärmeübung, Bauchübung, Herzübung, Atemübung und Stirnübung. Der Wunsch vieler Kursteilnehmer, ermutigt durch die Grundstufe, ist eine Vertiefung der Selbsterfahrung und Selbsterkenntnis. Das analytisch orientierte Oberstufenkonzept beinhaltet vorgegebene Motive, wie z. B. Eigenfarbe oder Eigenform, Eigengefühl, Bild eines anderen Menschen etc.

Die Oberstufe beginnt mit der Farbmeditation, weil der Umgang mit Farben für den Übenden der leichteste Einstieg in die Meditation darstellt. Durch Farben wird der optische Sinn angeregt, weil dieser aus Gewohnheit mehr als andere Sinne genutzt wird. Gewohnheit ist eingeübtes Verhalten. Das Vertrautsein mit Farbsehen erleichtert die meditative Beschäftigung mit Farben.

Wir wollen uns über unsere Farberfahrungen hinwegsetzen. Wir haben z. B. gelernt, dass Rot nur als Haltesignal zu interpretieren ist. Diese Assoziation hat sich in uns festgesetzt. Es wird uns also schwerfallen, Rot als die Farbe der Liebe zu sehen. Starre, verfestigte Bedeutungen behindern flexible Sichtweisen und verhindern neue Erfahrungen.

Beispiel einer Übung: Erleben einer frei auftauchenden Farbe nach H. Brenner (1999, S. 85):

»Einleitung
Ich nehme eine lockere Haltung ein …
Ich beginne mit meinen Entspannungsübungen (AT Grundstufe)
Autogene Farbmeditation
Vor meinen inneren Augen entwickelt sich eine Farbe …
Ich sehe die Farbe …
In mir erlebe ich die Farbe …
Ich spüre das Leuchten der Farbe …
Ich höre den Klang der Farbe …
Ich erlebe den Klang der Farbe …
Ich rieche den Duft der Farbe …
Ich erlebe den Duft der Farbe …
Ich bin in der Farbe …
Ich bin eins mit der Farbe …
Ich bin Farbe …
Ausklang
Ich lasse die Farbwahrnehmung zurücktreten …
Ich schalte um auf das Hier und das Jetzt …
Ich führe meine gewohnte Aktivierung durch.«

Erscheint eine Farbe häufiger, dann handelt es sich entweder um unsere Lieblingsfarbe oder um unsere Eigenfarbe. Wie bereits erwähnt sind diese beiden Farben nicht immer identisch. Lieblingsfarben unterliegen meist den modischen Strömungen, Trends oder sozialen Milieus.

»Die Eigenfarbe hingegen gehört zur Persönlichkeit. Sie ist relativ überdauernd und nur schwer veränderbar. Sie zeigt das Wesen der Person auf der Farbebene. Die Eigenfarbe ist den wenigsten bekannt, da tiefgreifendes Farberleben den meisten fremd ist. Sie erkennen ihre Eigenfarbe, wenn in der autogenen Meditation wiederholt die gleiche Farbe auftaucht, ohne Beiwerk z.B. eines Gegenstandes zu sein. Wenn Sie aus tiefer Seele heraus sagen können, ›diese Farbe gehört zu mir; sie ist Bestandteil meiner selbst‹, spricht dies für die Offenbarung der Eigenfarbe« (Brenner 1999, S. 86).

Tab. 17: Eigenschaftsprofil nach Palm (2003, S. 23)

Gebäude:							Bereich:
Ermittlung erwünschter durch Farben beeinflussbarer Eigenschaften							
Eigenschaftsprofil mit Wertungen							
	3	2	1	0	1	2	3	
warm								kalt
weit								eng (dicht)
hell								dunkel
leicht (schwebend)								schwer (lastend)
farbig								farblos
ruhig								anregend
kontrastreich								kontrastarm (zurückhaltend)
kraftvoll								zart (schwächlich)
dynamisch (aktiv)								statisch (passiv)
zeitlos								modisch
begrenzt								unbegrenzt
feierlich (repräsentativ)								bescheiden (spartanisch)
würdevoll								würdelos
luxuriös								einfach
weich								hart
offen								verschlossen
unauffällig								auffällig
frisch								muffig
vertraut								fremd
solide								labil
heiter								streng
zusammenführend								trennend
anregend								entspannend
stimulierend								stagnierend
überschaubar								unüberschaubar
originell								traditionell
harmonisch								disharmonisch
Hausfarben integrieren								Hausfarben ohne Bedeutung
Regionalfarben beachten								Regionalfarben ohne Bedeutung

2. Tiefenpsychologie und Architektur

2.1 Das Unbewusste

Wenn wir die tiefenpsychologische Aussage der Architektur verstehen wollen, müssen wir uns zunächst mit dem Unbewussten befassen. Dazu unternehmen wir einen Exkurs in die Entwicklungsgeschichte der Psychologie des 19. und 20. Jahrhunderts.

Wilhelm Wundt befasste sich im Jahr 1863 in einer seiner Vorlesungen erstmalig mit wissenschaftlichen Theorien des unbewussten Seelenprozesses. Die eigentliche Geburt der modernen Psychologie fand im Prinzip mit der Gründung des ersten psychologischen Instituts an der Universität Leipzig statt. Um die Jahrhundertwende entwickelten sich dann die sogenannten Psychologischen Schulen.

Der *Strukturalismus* geht davon aus, dass die psychischen Einheiten in besonderer Art miteinander verbunden sind. Aus heutiger Sicht handelt es sich dabei um eine veraltete Methode der beschreibenden Psychologie. Der Strukturalismus ist eine nach innen, also auf das eigene Bewusstsein gerichtete Beobachtung. Er fragt nach dem »Ist«.

Der *Funktionalismus* ist eine in Amerika entstandene psychologische Richtung, die im Gegensatz zum Strukturalismus nicht nach dem »Ist«, sondern nach dem »Wozu« fragt. Im Vordergrund dieser Schule steht die Frage: Wozu dienen die geistigen Fähigkeiten? Für den Funktionalismus ist nicht die Innenwelt wichtig, vielmehr der Zusammenhang und die Wechselwirkungen zwischen Innen und Außen, d. h. zwischen Mensch und Gesellschaft.

Der *Behaviorismus* wurde von dem amerikanischen Psychologen J. B. Watson begründet. Ausgangspunkt für diese Schule ist die Forderung, dass sich die Psychologie möglichst auf die Untersuchung des tatsächlichen Verhaltens beschränken solle. Introspektion wird als unwissenschaftlich abgelehnt. Begriffe wie Bewusstsein, Denken, Fühlen und Wollen werden aus der Forschung ausgegrenzt.

Die *Gestaltpsychologie* erklärt, dass man den Begriff Gestalt auch auf Handlungen, wie Bewegungsgestalten ausdehnen könne. Erfahrung und Verhalten werden als selbständige Forschungsdisziplinen mit ihren entsprechenden Methoden dargestellt. Es erfolgte eine starke Zergliederung der Forschung und mündete in Disziplinen wie Elementenpsychologie, Assoziationspsychologie, etc.

Die *Psychoanalyse* als psychologische Schule (außerhalb der modernen Psychologie) bedient sich schon ganz aktueller Methoden, nämlich der freien Assoziation und der Traumdeutung. Diese Methoden zielen darauf ab, in das Unbewusste des Menschen einzudringen – eine wichtige Voraussetzung für das Erkennen und die Einflussnahme bezüglich des menschlichen Verhaltens.

Der Schweizer Arzt und Psychiater Eugen Bleuler prägte erstmalig den Begriff »Tiefenpsychologie«. Das ist der psychologische Schlüssel zum Verständnis des Seelenlebens im Unbewussten. Diesem Begriff liegt die Ansicht zugrunde, dass in den unbewussten Prozessen die eigentlichen Triebkräfte liegen, die sich im Erleben, Verhalten und Handeln des Individuums äußern. Tiefenpsychologische Hauptrichtungen sind unter anderen: Die Psychoanalyse und deren Weiterentwicklungen (Sigmund Freud); die Individualpsychologie (Alfred Adler); die Analytische Psychologie (Carl Gustav Jung). Obwohl diese Koryphäen akademisch ausgebildete Ärzte waren, gehören diese Theorien jedoch der vorwissenschaftlichen Psychologie an.

Sigmund Freud ist der Ansicht, dass die Psyche aus verschiedenen Teilen mit jeweils eigenständigen Funktionen besteht. Dem sogenannten psychischen Apparat liegen drei funktional miteinander verbundene Schichten zugrunde: Das Es, das Ich und das Über-Ich. Kurze Definitionen dieser Instanzen (Schichten) wären:

Es: Bezeichnung für das Unbewusste, die Gesamtheit der Triebe und Impulse, die das Individuum nicht bewusst zu kontrollieren vermag.

Ich: Ich ist die Persönlichkeit eines Individuums. In der Psychoanalyse ist es die seelische Instanz, die die Vermittlung zwischen Individuum und Realität sowie zwischen den moralischen Forderungen des Über-Ichs und den Triebregungen des Es und die Konfliktlösung aus diesen Beziehungen leistet.

Über-Ich: Hier handelt es sich um jene Instanz des psychischen Apparats, die sich ab etwa dem dritten Lebensjahr aus den verinnerlichten elterlichen Geboten und Verboten sowie gesellschaftlichen Normen herausbildet, und die die moralischen Werte in der Persönlichkeit repräsentiert.

Alfred Adler glaubte, wir alle erführen als hilflose, abhängige kleine Kinder Gefühle der Minderwertigkeit, und unsere Biografien würden bestimmt von der Suche nach Wegen, diese Gefühle zu überwinden. Seine entwickelte Individualpsychologie befasst sich einmal mit dem Menschen als Einzelwesen. Im engeren Sinn begründete er eine Richtung der Tiefenpsychologie, nach der die menschlichen Grundantriebe das Streben nach Überlegenheit, Macht und Geltung sowie nach Entfaltung des Gemeinschaftsgefühls sind. Adler begründete im Gegensatz zu Freud keine eigene Schule. Seine Theorien haben jedoch Spuren in der Pädagogik hinterlassen und die Entwicklung der Neopsychoanalyse wesentlich beeinflusst.

»Freuds psychoanalytische Kulturtheorie geht von der Einsicht aus, dass sich in den Mythologien und Religionen, in Kunst und Kultur ein Stück in die ›Außenwelt projizierte Psychologie‹ (Freud 1900/02, S. 287) wiederfindet. Diese nach außen gewendeten Inhalte des Unbewussten sieht Freud verwurzelt in den Verstrickungen und Konflikten in der Beziehung zu den Eltern, wobei für ihn vor allem die Konfliktlinie entlang der Vaterbeziehung zum entscheidenden Dreh- und Angelpunkt seiner analytischen Kulturtheorie wird. Wie im Seelenleben des einzelnen Menschen der ödipale Konflikt, der durch die Gegenwart des Vaters ausgelöst wird, die Konfiguration der Psyche und somit die psychologische Menschwerdung des Kindes besorgt, so sieht er im Konflikt der Urhorde mit dem Urvater, der ermordet wird, den Ursprung der Entstehung der Kultur in der Geschichte des Menschengeschlechts« (Funke 2006, S. 24).

Der Vatermord ist eine Auflehnung gegen eine biologisch gerechtfertigte Autorität, der aber auch Schuld gegenüber den anderen und gegenüber sich selbst entstehen lässt. Die Ordnung und das Leben der Gruppe sind in Gefahr. Eine Kompensation der Schuld wird lebensnotwendig – und das kann nur Gott sein. Der Fortschritt über die Urhorde hinaus setzt also Schuldgefühl voraus, d. h. also Kultur.

Im Einzelnen bedeutet das hauptsächlich Verbote, Beschränkungen und Verzögerungen der Befriedigung. Aber die Söhne wünschen ja dasselbe wie der Vater. Sie wünschen dauernde Befriedigung ihrer Bedürfnisse. Allerdings können sie dieses Ziel nur durch die Wiederholung der Herrschaftsordnung in einer neuen Form erreichen, die die Lust geregelt und überwacht und dadurch die Gruppe aufrechterhalten hatte. Der Vater lebt nun als Gott weiter, in dessen Anbetung die Sünder bereuen, sodass sie weiterhin sündigen können.

Die neuen Väter organisieren die Unterdrückung der Lust, die für das Fortbestehen ihrer Herrschaft und der Organisation der Gruppe notwendig ist (vgl. Marcuse 1967, S. 66f.).

Das Lustprinzip ist jedoch nicht vollständig durch das Realitätsprinzip ersetzt worden. Im Unbewussten existiert das Lustprinzip weiter und regiert das gesamte psychische Geschehen. Diese psychischen Prozesse – auch Primärprozesse genannt – sind ausschließlich auf die Gewinnung von Lust und deren Befriedigung ausgerichtet. Dieses primärprozesshafte Denken kennt weder Verneinung, noch Zweifel und Widersprüche. Prinzipien der Logik spielen hier keine Rolle, Gegensätze können z. B. füreinander stehen.

Betrachten wir den Sekundärprozess. Der Mensch macht sich zunehmend mit der Realität sowie mit deren die unmittelbare Triebabfuhr hemmenden Gegebenheiten vertraut und schiebt Befriedigungen auf, unterdrückt sie ganz oder wandelt sie um. Im Realitätsprinzip suchen die Triebe nicht mehr auf dem kürzesten Wege nach Befriedigung. Das bedeutet, dass es sich um ein bewusstes Denken handelt und vom Ich und Über-Ich regiert wird.

Bestimmte Triebimpulse werden mit besonderen Objekten verbunden. Die so entstandenen Objektbesetzungen können dann Ersatzbefriedigung zur Triebabfuhr auslösen.

Eine Art der Denktätigkeit ist von der neuen Organisierung des seelischen Apparates allerdings nicht betroffen: die Fantasie. Die Fantasie, ob als Einbildungskraft oder als Traum, bleibt vor kulturellen Veränderungen geschützt und allein dem Lustprinzip unterworfen (vgl. Marcuse 1967, S. 20).

> »Die Aufrichtung des Realitätsprinzips verursacht eine Aufspaltung und eine Verstümmelung der Psyche, die verhängnisvoll über ihre gesamte Entwicklung entscheiden. Der seelische Prozess, der bis dahin im Lustprinzip geeint war, wird nun gespalten: der Hauptstrom wird in den Bereich des Realitätsprinzips geleitet und auf dessen Bedürfnisse ausgerichtet. Der so geprägte Anteil der Psyche erhält das Monopol, die Realität zu deuten, zu manipulieren und zu verändern – Erinnern und Vergessen unter seine Herrschaft zu stellen, ja selbst zu entscheiden, was Realität ist und wie sie verwendet und verändert werden sollte« (Marcuse 1967, S. 141).

Der Aufspaltung in das Lust-Ich und in das Realitäts-Ich folgt: Die Vernunft siegt: sie wird lustlos aber nützlich und richtig; die Fantasie bleibt lustvoll, aber sie wird nutzlos und unwahr (vgl. ebd., S. 142).

2.2   Archetypen und das kollektive Unbewusste

C. G. Jung schuf mit dem Modell der »Archetypen« einen der Grundpfeiler seiner Analytischen Psychologie. »Emphatischer als Freud bestand er auf die erkennende Kraft der Phantasie« (Marcuse 1967, S. 147). Aus der antiken Überlieferung übernommen, bezeichnet der Begriff des »Archetypus« die im kollektiven Unbewussten angesiedelten Urbilder menschlicher Vorstellungsmuster. Als angebrochener Teil der Psyche ist der Archetypus eine hypothetische Einheit des kollektiven Unbewussten und manifestiert sich in Bildern, die nicht Abbild biologischer Triebe, sondern autonom und für den Menschen nicht unmittelbar erkennbar sind.

Die elementarsten menschlichen Erfahrungen haben in der Seele des Menschen eine archetypische Verankerung, sie haben zu allen Zeiten und in allen Kulturen Bilder hervorgebracht und können als kollektive Menschheitserfahrungen gelten.

Ihre Variationsbreite ist ebenso groß wie ihr Beziehungsreichtum; sie wahrzunehmen, ihr Erscheinen in Bildern zu analysieren heißt, die archetypischen Dimensionen im Leben eines jeden Menschen wahrzunehmen und für die seelische Entwicklung nutzbar zu machen.

Das kollektive Unbewusste existiert unabhängig von einem Subjekt und dessen Bewusstsein. Es handelt sich also um ein überlegenes Unbewusstes. Das heißt: An dem kollektiven Unbewussten haben alle Menschen gleichermaßen Anteil. Seine Hypothese geht davon aus, dass darin quasi das Erbgut der Menschheit gesammelt ist und dass jeder Mensch aus diesem Vorrat schöpfen kann, um seine persönliche Selbstverwirklichung zu erreichen. Die Instinkte und die Archetypen bilden das kollektive Unbewusste. Jung nennt dieses Unbewusste kollektiv, weil es im Gegensatz zu dem persönlichen Unbewussten nicht individuell, d. h. mehr oder weniger einmalige Inhalte hat, sondern allgemein und gleichmäßig verbreitet ist.

Der Begriff des kollektiven Unbewussten steht für eine uns allen gemeinsame Prädisposition: auf bestimmte Stimuli hin bestimmte Reaktionen zu zeigen. Es ist verantwortlich für unser intuitives Verstehen primitiver Mythen, Kunstformen und Symbole, welche die universellen Archetypen der Seele sind.

Ein Archetyp ist eine primitive symbolische Repräsentation einer bestimmten Erfahrung oder eines bestimmten Objektes. Bekannte Archetypen sind die Urbilder von Mann und Frau (Anima und Animus), der alte Weise, der Zauberer oder Medizinmann, die Hexe und der Teufel. Die Paläopsychologie untersucht die archaischen Rudimente der Seele des Archetypus.

C. G. Jung ist der Meinung gewesen, dass es sich beim persönlichen Unbewussten um eine Region des Unbewussten handelt, deren Inhalte aus der Lebensgeschichte des Individuums stammen bzw. Auswirkungen seiner vergangenen Erfahrungen darstellen.

Das Unbewusste ist der umfangreichere und mächtigere Teil, dem gegenüber das Bewusstsein relativ bedeutungslos erscheint. Jung vergleicht das Bewusste mit einer kleinen Insel, die auf dem unabsehbaren Meer des Unbewussten schwimmt.

Abbildung 7 bezeichnet den kleinen schwarzen Punkt in der Mitte als unser Ich, das, umgeben und getragen vom Bewusstsein, jene Seite der Psyche darstellt, die besonders in unserer westlichen Kultur vor allem auf die Anpassung an die äußere Wirklichkeit eingestellt ist. »Unter Ich verstehe ich einen Komplex von Vorstellungen, der mir das Zentrum meines Bewusstseinsfeldes ausmacht und mir von hoher Kontinuität und Identität mit sich selber zu sein scheint«, sagt Jung; er nennt das Ich auch »das Subjekt des Bewusstseins« (Jacobi 2006, S. 18).

Alle unsere Erfahrungen der äußeren und inneren Welt müssen durch unser Ich hindurch, um überhaupt wahrgenommen werden zu können. Denn Beziehungen zum Ich, soweit sie von diesem nicht als solche empfunden werden, sind unbewusst. Der nächste Kreis zeigt, wie die Sphäre des Bewusstseins von Inhalten umfangen ist, die im Bereich des Unbewussten liegen. Hier sind es solche, die zurückgestellt wurden – da unser Bewusstsein nur ganz wenige Inhalte gleichzeitig fassen kann –, die aber jederzeit wieder ins Bewusstsein gehoben werden können, weiter solche, die wir verdrängen, weil sie uns aus verschiedenen Gründen unangenehm sind, also »Vergessenes, Verdrängtes, auch unterschwellig Wahrgenommenes, Gedachtes und Gefühltes aller Art« (Jacobi 1967, S. 9).

Abb. 7: Der Aufbau der Psyche nach C. G. Jung
(in: Jacobi 1967, S. 9)

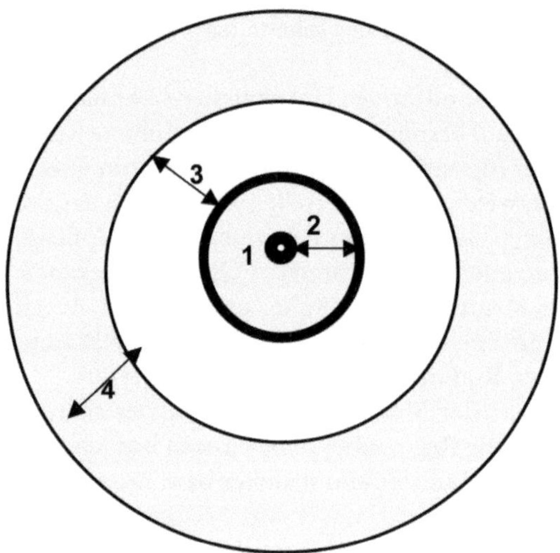

1 = Ich
2 = Der Bereich des Bewusstseins
3 = Der Bereich des persönlichen Unbewussten
4 = Der Bereich des kollektiven Unbewussten

Diesen Bereich nennt Jung das »persönliche Unbewusste«, um ihn von jenem des »kollektiven Unbewussten« zu trennen, wie dies in Abbildung 8 aufgezeigt wird. Denn dieser kollektive Teil des Unbewussten umfasst nicht mehr Inhalte, die für unser individuelles Ich spezifisch sind oder aus persönlichen Erwerbungen stammen, sondern »aus der ererbten Möglichkeit des psychischen Funktionierens überhaupt, nämlich aus der ererbten Hirnstruktur«. Dieses Erbgut ist allgemein menschlich, ja sogar vielleicht tierisch und bildet die Grundlage alles individuell Psychischen.

»Das Unbewusste ist älter als das Bewusstsein. Es ist das ›ursprünglich Gegebene, aus dem sich das Bewusstsein immer wieder neu hervorhebt‹. So baut sich das Bewusstsein erst sekundär auf die seelische Tätigkeit auf, die ein Funktionieren des Unbewussten ist. Die Meinung, die Haupthaltung des Menschen sei die Bewusstheit, ist ein Fehlschluss, denn ›wir verbringen einen Großteil unseres Lebens im Unbewussten: wir schlafen oder dämmern‹ ›Es ist unbestreitbar, dass das Bewusstsein in allen wichtigen Lebenslagen vom Unbewussten abhängt.‹ Kinder beginnen ihr Leben in einem unbewussten Zustand und wachsen in einen bewussten Zustand hinein« (Jacobi 2006, S. 20).

Abb. 8: Persönliches und kollektives Unbewusstes nach C. G. Jung (in: Jacobi 2006, S. 19)

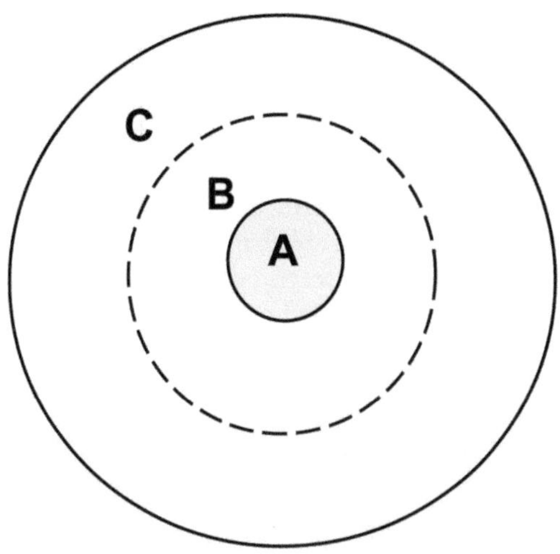

(A)   Jener Teil des kollektiven Unbewussten, der niemals ins Bewusstsein gehoben werden kann
(B)   Der Bereich des kollektiven Unbewussten
(C)   Der Bereich des persönlichen Unbewussten

Kommen wir zurück zu den Archetypen – Jung nennt sie auch »Organe der Seele«. »Was immer wir vom Archetypus aussagen, sind Veranschaulichungen und Konkretisierungen, die dem Bewusstsein angehören« (Jacobi 1967, S. 62). Und wollten wir nach weiteren Analogien suchen, so wäre vor allem die »Gestalt« in ihrem weitesten Sinn, so, wie sie heute von der Gestaltpsychologie verstanden und auch von der Biologie übernommen wurde, heranzuziehen. Die Archetypen sind formal und nicht inhaltlich bestimmt, sagt Jung. Man könnte die archetypischen

Vorstellungen als Selbstabbildungen der Instinkte in der Psyche bezeichnen, als Bild gewordene psychische Abläufe, als Urmuster menschlicher Verhaltensweisen. Die Archetypen sind für das Individuum a priori (Kant: unabhängig von der Erfahrung) bestehend, dem kollektiven Unbewussten innewohnend und daher dem individuellen Werden und Vergehen entzogen (vgl. Jacobi 1967).

Die von F. Perls begründete Gestalttherapie verbindet die psychoanalytische Auffassung vom Unbewussten und der Verdrängung mit den Erkenntnissen der Gestaltpsychologie Anfang des 20. Jahrhunderts. Außerdem werden auch existentialistische und fernöstliche Denkweisen in seinem Ansatz zusammengebracht. Diesem psychologischem Ansatz liegen folgende Annahmen zugrunde: Das Individuum stellt eine unauflösliche Einheit von Psyche und Körper dar. Sein Organismus ist quasi ein Prozess, der sowohl physischer als auch psychischer Natur ist. Die ihm innewohnende Dynamik zeigt sich grundsätzlich in der Entwicklung und Äußerung seiner Bedürfnisse. Perls überträgt die Prinzipien der Wahrnehmung, wie sie in der Gestaltpsychologie entwickelt wurden, auf die Art und Weise, wie sich Bedürfnisse herausbilden, zum Handeln motivieren und letztendlich wieder verschwinden.

Wir alle nehmen stets ganzheitliche Gestalten wahr, die sich von einem mehr oder weniger diffusen Grund abheben und von denen einige im Vordergrund, andere dagegen mehr im Hintergrund stehen. In der Gestalttherapie wird das psychische Funktionieren als ständiges Entstehen und Verschwinden von Gestalten verstanden. Die sogenannte Gestalt wird als Konfiguration des nach außen gerichteten Wahrnehmungsfeldes und des inneren, emotionalen Feldes aufgefasst, welche sich zusammen mit dem Bewusstwerden eines Bedürfnisses abbilden. Diese Felder enthalten die Dynamik, die zur Befriedigung des Bedürfnisses führt. Sobald das Bedürfnis erfüllt ist, wird auch die Gestalt gelöscht und eine neue Gestalt kann auftauchen bzw. entstehen.

Gestörtes Verhalten entsteht nach der Theorie der Gestalttherapie durch Unterdrückung und Verleugnung der natürlichen Bedürfnisse eines Lebewesens, wobei die sich selbst regelnden physischen bzw. physiologischen und psychischen Vorgänge unterbrochen werden. Denken wir an unsere Bedürfnisse hinsichtlich des Wohnens. Die Nichtbefriedigung von Primärbedürfnissen, wie Bedürfnisse nach Nahrung, Wasser, Sauerstoff, Ruhe im Allgemeinen oder Schutz vor Lärm, klimatische Ausgewogenheit und ausreichende Privatheit im Speziellen, würden eben dazu führen. In der Gestalttherapie werden letztendlich Ziele wie Bewusstheit der Bedürfnisse als ein Bewusstseinskontinuum, Selbstverantwortung (d.h. ich akzeptiere alle Teile von mir und übernehme dafür die Verantwortung), und das einheitliche Erleben von Körper und Seele angestrebt.

2.3   Archetypen der Architektur

In der Entwicklungsgeschichte hatten alle unsere Vorfahren der verschiedensten Kulturen eine ähnliche Sicht, bezüglich des Kosmos, der Erde und ihrer Geschöpfen. Die Grundbedürfnisse des Lebens, wie Nahrung, Schutz etc., waren die elementaren Fäden in diesem Netz. Die Herkunft der archetypischen Bauformen kann auf keinen eindeutigen Ursprung zurückgeführt werden, denn bei »archetypischen Bauten« handelt es sich um Phänomene, Bilder, Motive und Inhalte, die sich aus den primären Bedürfnissen entwickelten. Die menschliche Behausung entwickelte sich vom runden über den ovalen und apsidialen (halbrunder, überwölbter Raumteil) zum eckigen Grundriss. Es wird aufgrund des Zusammenwirkens der Urerfahrung des Werdens mit dem Handeln, den Vorstellungen und dem Erinnern des Menschen verständlich, warum sie überall in der Welt unabhängig voneinander die gleiche Richtung nahm (vgl. Paetz 1999).

C. G. Jung benutzte den Begriff »Archetyp«, um seelischen Grundstrukturen menschlichen Lebens auf die Spur zu kommen und sie beschreiben zu können. Auf den ersten Blick muss es daher unzulässig erscheinen, dass dieser Begriff auf Architektur bezogen gebraucht wird, weil Architektur im allgemeinen Verständnis nicht mit Archetypen, wie sie die Psychologie beschreibt, in Verbindung gebracht werden kann.

Wenn aber unter Architektur nicht nur ein Bauwerk verstanden wird, sondern wenn Architektur die gebaute Darstellung auch der seelischen, sozialen und geistigen Vorgänge in Menschen und in Gruppierungen, in denen sie leben, ist, dann müssen zu ihrem Verständnis auch Grundlagen der Psychologie herangezogen werden. Es erscheint daher sinnvoll, solche Handlungen und die ihnen entsprechenden Gestalten im Zusammenhang zu betrachten, um Urbilder, Archetypen der Architektur, zu entdecken und sie verstehen zu lernen (vgl. Feuerstein 1975).

Wir begehen alle den Fehler, im Zeitalter der Spezialisierung nur immer Teilgebiete zu sehen und vergessen dabei, das Ganze zu betrachten. Im Prinzip glauben wir doch nur an das, was wir vor Augen haben. Das Vergangene, das Übernommene, das in jedem Individuum wirkt, lassen wir außer Acht. Seit der Entdeckung des Unbewussten müssen wir uns allerdings stets fragen, ob ein psychologisches Phänomen bewusst oder unbewusst anzusehen ist.

René Spitz (1996) weist in seinem Buch »Vom Säugling zum Kleinkind« auf folgende Aspekte hin:

> »Jeder Psychoanalytiker wird bestätigen, dass die Wahrnehmung ständig von der vorherrschenden Affektlage des Betroffenen beeinflusst wird. Das braucht nicht bis zur tatsächlichen Wunscherfüllung zu gehen. Der Affekt färbt die Wahrnehmung, er macht Wahrnehmungen wichtig oder unwichtig, er verleiht verschiedenen Sinnesein-

drücken ihre Valenz [...]. Schließlich entscheiden Affekte auch über die Beziehungen zwischen Wahrnehmung und Erkenntnis. Dies ist der Grund, warum wir in der Wissenschaft die Rolle der Affekte auszuschließen versuchen und uns bemühen, die Wahrnehmung auf das Ablesen einer Skala zu reduzieren.

Man hat sie ›die wissenschaftliche Methode‹ genannt. Aber wenn diese Methode des Messens, des Quantifizierens wahllos auf das lebende Objekt, besonders auf den Menschen angewendet wird, wird sie den Fortschritt der Erkenntnis schließlich zum Stillstand bringen. [...] Beim lebenden Subjekt, besonders beim Menschen, dienen die Affekte zuerst und zuletzt dazu, das Verhalten und die psychischen Geschehnisse genau zu erklären. Und die Affekte haben sich bis jetzt der Messung entzogen« (Spitz 1996, S. 102f.).

Auf den oft vorgebrachten Einwand, dass der heutige Stand der Naturwissenschaft die Möglichkeit der Vererbung erworbener Eigenschaften bzw. Bilderinnerungen ausschließt, antwortet Jung:

»Es handelt sich bei diesem Begriff nicht um eine vererbte Vorstellung, sondern um ererbte Bahnungen, d. h. um einen vererbten Modus der psychischen Funktion, also jene angeborene Art und Weise, nach der das Hühnchen aus dem Ei kommt, die Vögel ihre Nester bauen, eine gewisse Wespenart das motorische Ganglion der Raupe mit dem Stachel trifft und die Aale ihren Weg nach der Bermuda finden, also um einen ›pattern of behaviour‹. Dieser Aspekt des Archetypus ist der biologische; mit ihm beschäftigt sich die wissenschaftliche Psychologie. Dieses Bild ändert sich aber sofort gänzlich, wenn von innen, d. h. im Raume der subjektiven Seele angeschaut wird. Hier erweist sich der Archetypus als Erlebnis von fundamentaler Bedeutung. Wenn er sich in entsprechende Symbole kleidet, was nicht immer der Fall ist, dann versetzt er das Subjekt in den Zustand der Ergriffenheit, deren Folgen unabsehbar sein können« (Jung zit. nach Jacobi 2006, S. 49).

Es gibt etwa so viele Archetypen, wie es typische Situationen im Leben gibt. Endlose Wiederholungen haben diese Erfahrungen in die menschliche Seele eingebrannt. Sie verbreiten sich also keineswegs nur durch Tradition, Sprache und Migration, sondern sie können jederzeit und überall wieder entstehen. Die Archetypen sind nicht in Form von Bildern in der menschlichen Seele vorhanden, sondern zunächst nur als Formen ohne Inhalt, welche quasi die Möglichkeit eines bestimmten Typus der Auffassung und des Handelns darstellen.

Wenn sich im Leben etwas ereignet, was einem Archetypen entspricht, wird dieser aktiviert, und es tritt eine Art Zwanghaftigkeit auf, die sich wie eine Instinktreaktion, gegen Vernunft und Willen durchsetzt, oder einen Konflikt hervorruft. Der Archetypus ist eine Tendenz Vorstellungen zu erzeugen, die sehr variabel sind, ohne ihr Grundmuster zu verlieren. Diese Tendenz stellt eine

Erbanlage der menschlichen Psyche dar und lässt sich praktisch zu allen Zeiten antreffen (vgl. Paetz 1999).

Schauen wir uns Kinderzeichnungen an, so sehen wir erst einmal nur Gekritzel. Irgendwann aber entstehen für uns erkennbare Formen, wie Kreuze, Dreiecke oder Vierecke. Später gesellen sich kreisartige Formen hinzu. Handelt es sich hierbei um rational-nachahmende oder mehr um sinnlich-irrationale Ausdrucksformen? Die bildnerische Darstellung von Grundformen erfolgt in der Regel erst ab drei Jahren. Beachtenswert ist allerdings, dass das Kind in seinen Zeichnungen nicht etwas abbildet, sondern etwas erschafft. Das bedeutet, die ersten Formen werden dem Kind bewusst. Das Kind entdeckt dabei Zusammenhänge zwischen Form und Objekt, das heißt, es beginnt zu interpretieren.

Später, im Alter von drei bis vier Jahren, entwickelt das Kind eine Vielfalt von Kombinationen, die dann so individuell sind, dass sich die Zeichnungen der Kinder unterscheiden lassen.

Die geometrischen Grundformen Kreis, Quadrat und Dreieck sind dem Menschen angeborene, geschlossene Anschauungsformen. Alle Kinder zeichnen sie im Alter von etwa drei Jahren und entwickeln aus ihnen die geometrischen Grundkörper. Das »archetypische Haus«, wie es alle Kinder zeichnen, besteht aus einem Satteldach, einem Quadrat mit Tür- und Fensteröffnung. Das Urbedürfnis sich zu schützen leben sie voll aus, indem sie mit Vorliebe Hütten aus ganz einfachen Elementen bzw. Grundkörpern bauen (vgl. Paetz 1999).

Abb. 9: Archetypen des Bauens (in: Feuerstein 1975, S. 53)

1	Sein + Dasein Die elementarste Handlung eines Menschen ist das Dasein an einem bestimmten Ort. Er nimmt einen Platz ein und prägt durch seine Gestalt den Ort. Die Ordnung seines Leibes wird zur Ordnung des Raumes.	Sein Ort	
2	Aufrichtung + Stehen Typisch für einen gesunden Menschen ist, dass er aufrecht steht. Er nimmt einen Ort ein und ist bereit, etwas zu tun, seine Umgebung zu beherrschen. Die Vertikale ist das abstrakte Zeichen für diese Haltung.	Stehen Turm	
3	Lagerung + Liegen Liegen ist die Haltung der Ruhe beim lebensnotwendigen Schlaf, der den Traum ermöglicht. Als Zeichen entspricht ihm die Horizontale.	Liegen Lager	
4	Verteilung + Orientierung Ein unbewusster Urakt ist die Übertragung der eigenen Leiblichkeit auf die Gestalten der Umwelt. Menschen benutzen die Raumrichtungen der eigenen Körpergestalt unmittelbar zur Orientierung.	Orientierung Ordnung	

5	Schritte machen + Gehen Beim Urakt des Gehens vollziehen wir eine Bewegung des ganzen Körpers in eine gewählte Richtung. Wir verlassen einen Ort und gelangen an einen anderen.	Gehen Reihe	
6	Abgrenzen + Raum bilden Jeder Mensch erlernt im Laufe seiner Entwicklung zum Erwachsenensein ein für seinen Kulturkreis spezifisches Distanzverhalten, mit dem er seinen persönlichen Raum ordnet.	Abgrenzung Innen und Außen	
7	Kuhle + Aushöhlen; Aufhäufung + Berg Wegnehmen und Hinzufügen, die Erde ausgraben und sie an anderer Stelle wieder aufschütten sind lebensnotwendige Handlungen, wie Nahrung aufnehmen und die Reste der Verdauung wieder ausscheiden.	Aushöhlen: Kuhle Aufhäufen: Berg	
8	Knoten + Verbinden + Festhalten Die Hand versetzt den Menschen in die Lage, unzählig viele Arten von Bewegungen des Berührens, Anfassens, Greifens und Festhaltens auszuführen. Festhalten ist so elementar wie loslassen; körperlich, seelisch und geistig.	Festhalten Knoten	

Geometrische Grundformen

W. Kandinsky (1955) äußert sich zu den Grundelementen der Form in seinem
Essay über Kunst und Künstler:

>»Die Arbeit am Bauhaus ist eine synthetische. Die synthetische Methode schließt in
> sich selbstverständlich die analytische ein. Der Zusammenhang der beiden Methoden
> ist unumgänglich. Auf dieser Basis muss auch die Lehre über die Grundelemente
> der Form gebaut werden. Die Formfrage im allgemeinen muss in zwei Teile geteilt
> werden:
> 1. Die Form im engeren Sinne – Fläche und Raum.
> 2. Die Form im breiteren Sinne – Farbe und die Beziehung zur Form im engeren Sinne.
> In beiden Fällen müssen die Arbeiten von einfachsten Gestalten zu komplizierten
> planmäßig übergehen. So wird im ersten Teil der Formfrage die Fläche auf drei Grund-
> elemente zurückgeführt – Dreieck, Quadrat und Kreis –und der Raum zu den daraus
> entstehenden Raumgrundelementen – Pyramide, Kubus und Kugel« (ebd., S. 61f.).

Die drei Grundformen Kreis, Quadrat und Dreieck sind auch bei Paul Klee
zu entdecken. Er sagt, die Zusammenstellung der drei Grundformen, Viereck,
Dreieck, Kreis ergibt unter dem Gesichtspunkt der Frage nach dem Ursächlichen
folgendes Bild: wirklich, ursächlich und beides vereint.

Abb. 10: Die drei geometrischen
Grundformen nach Paul Klee
(in: Hoch/Bitterberg 1968, S. 22)

*Abb. 11: Spannungen der drei Grundformen nach Paul Klee
(in: Hoch/Bitterberg, S. 23)*

Kreis 	Dreieck 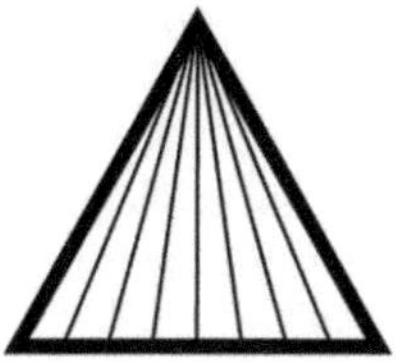	Viereck 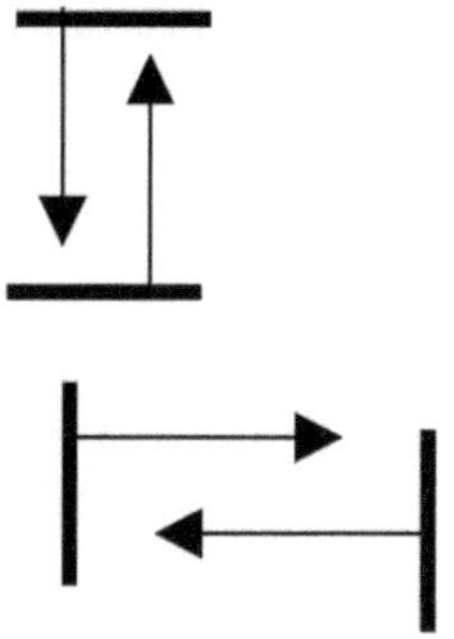
Beim Kreis ist die Frage nach dem Ursächlichen besonders leicht zu beantworten. Es ist der Kreis von der Bildung eines Zentrums abhängig, es geht seine Geschichte vom Punkt aus. Dieser Punkt strahlt nach allen Seiten und bewegt sich nach allen Seiten.	Was ist das – ein Dreieck? Es kam zustande dadurch, dass ein Punkt zu einer Linie in ein Spannungsverhältnis geriet und dem Gebot seines Eros folgend, dieses Verhältnis vollzog.	Was ist das – ein Rechteck, ein Viereck, ein Quadrat? Wie kam es zustande? Welches ist sein Ursächliches? Es konnte das Viereck zustande kommen dadurch, dass seine beiden vertikalen Grenzen in ein gegenseitiges Spannungsverhältnis eintraten.

Archetypen sind natürlich nicht nur mit geometrischen Figuren in Verbindung zu bringen. Der Begriff »Archetypus« stammt aus dem Griechischen und bedeutet soviel wie »Urbild«. In der Analytischen Psychologie ist damit eine unbewusste Energie gemeint, die in symbolischen Bildern, z. B. Träumen, Meditationen, Mythen und Märchen, erfahrbar ist. C. G. Jung hat in seiner psychiatrischen Arbeit viele Ähnlichkeiten in den Träumen, Fantasien und Bildern von Geisteskranken entdeckt, die unmöglich miteinander Kontakt haben konnten. An dieser Stelle möchte ich eines seiner bekanntesten Beispiele zitieren:

»Um 1906 begegnete ich einer merkwürdigen Phantasie eines Paranoikers, der seit vielen Jahren interniert war. Der Patient hatte seit seiner Jugend an unheilbarer Schizophrenie gelitten. Er hatte die Volksschule besucht und war als Angestellter in einem Büro tätig gewesen. Er war mit keinerlei besonderen Gaben ausgestattet, und ich selbst wusste damals nichts von Mythologie oder Archäologie; so war die Situation in keiner Weise verdächtig. Eines Tages traf ich ihn an, wie er am Fenster stand, seinen Kopf hin und her bewegte und in die Sonne blinzelte. Er bat mich, dasselbe zu tun, und versprach mir, ich würde dann etwas sehr interessantes sehen. Als ich ihn fragte, was er sähe, war er überrascht, dass ich selbst nichts sehen konnte, und sagte: ›Sie sehen doch den Sonnenpenis – wenn ich meinen Kopf hin und her bewege, so bewegt er sich ebenfalls, und das ist der Ursprung des Windes.‹ Natürlich begriff ich die sonderbare Idee ganz und gar nicht, aber ich hielt sie in einer Notiz fest. Ungefähr vier Jahre später, während meiner mythologischen Studien, entdeckte ich ein Buch von Albrecht Dietrich, dem bekannten Philologen, welches Licht auf jene Phantasie warf. Dieses Werk, 1910 veröffentlicht, behandelt einen griechischen Papyrus der Bibliothèque Nationale Paris. Dietrich glaubte in einem Teil des Textes eine Mithras-Liturgie entdeckt zu haben. Der Text ist zweifellos eine religiöse Anweisung für die Durchführrungen bestimmter Anrufungen, in denen Mithras genannt wird« (Jung 2003, S. 53f.).

In dem später von Jung entdeckten Buch über den Mithras-Kult wurde eine Röhre erwähnt, die vom Antlitz der Sonne herabgelassen wird und den Ursprung des Windes darstellt. Das Interessante ist nicht nur die Übereinstimmung mit den Aussagen des Patienten, sondern die Tatsache, dass das Buch zum Zeitpunkt, als der Patient diese Aussage machte, noch nicht veröffentlicht war. Der Patient hatte, wie gesagt, nur eine einfache Volksschulbildung, hatte kein Zugang zu den entsprechenden Büchern und war in seinem Leben nie gereist.

Neben Trieben und Affekten stellen die Archetypen die wichtigsten Bestandteile des kollektiven Unbewussten dar. Sie manifestieren sich hauptsächlich in der Bilderwelt der Mythen und in den Symbolen, welche nicht an einzelne Kulturen gebunden sind, sondern bei vielen Völkern und in vielen Kulturkreisen existieren. Sie kommen sowohl in den Halluzinationen und Wahnideen der Psychotiker als auch in den Träumen und Fantasien gesunder Menschen vor. Die Archetypen bilden die Grundlage für die Bilder und Symbole der Religionen, Märchen und Mythen sowie der Architektur und fungieren als wichtige Motive in der bildenden Kunst.

Es handelt sich dabei nicht um angeborene Vorstellungen, sondern um der Seele innewohnende Muster und Schemata, die festlegen, welche Gedanken, Vorstellungen und Fantasien auf welche Art und Weise miteinander verbunden werden und die unsere psychische Energie kanalisieren und lenken.

2.4 Das Unbewusste und die Archäologie

Moderne Architektur und ihre Gestaltung ohne Berücksichtigung von Metaphern, Ornamenten und Elementen ist wie eine Verdrängung zu werten. Dabei ist auf das Hervortreten von Verdrängungssymptomen bzw. auf Symptombildung zu achten.

Sigmund Freud suchte von Anfang an in der Archäologie nach Metaphern für die von ihm entwickelten Techniken und Theorien der Psychoanalyse. Er sagte, »dass der Psychoanalytiker, ähnlich dem Archäologen bei seinen Ausgrabungen, gezwungen sei, viele Schichten in der Psyche seines Patienten bloß zu legen, bevor er zu dem Wertvollsten, aber zugleich auch dem tiefsten Verborgenen gelangen könne« (Marinelli 1998, S. 96). In seinem Werk »Das Unbehagen in der Kultur« greift Freud auf diese archäologische Metapher zurück und zeigt die Ähnlichkeit zwischen dem psychischen Apparat und einer verschütteten Stadt auf. Diese Analogie verfolgte Freud bis zum Ende seines Schaffens. Im folgenden Zitat von 1937 wird diese deutlich:

> »Seine Arbeit [die des Analytikers, d. Verf.] der Konstruktion oder, wenn man es lieber hört, der Rekonstruktion, zeigt eine weitgehende Übereinstimmung mit der des Archäologen, der eine zerstörte und verschüttete Wohnstätte oder ein Bauwerk der Vergangenheit ausgräbt. Sie ist eigentlich damit identisch, nur dass der Analytiker unter besseren Bedingungen arbeitet, über mehr Hilfsmaterial verfügt, weil er sich um noch etwas Lebendes bemüht, nicht um ein zerstörtes Objekt, und vielleicht auch noch aus einem anderen Grunde. Aber wie der Archäologe aus stehengebliebenen Mauerresten die Wandungen des Gebäudes aufbaut, aus Vertiefungen im Boden die Anzahl und Stellung von Säulen bestimmt, aus den im Schutt gefundenen Resten die einstigen Wandverzierungen und Wandgemälde wieder herstellt, genau so geht der Psychoanalytiker vor, wenn er seine Schlüsse aus Erinnerungsbrocken, Assoziationen und aktiven Äußerungen des Analysierten zieht. Beiden bleibt das Recht zur Rekonstruktion durch Ergänzung und Zusammenfügung der erhaltenen Reste unbestritten. Auch manche Schwierigkeiten und Fehlerquellen sind für beide Fälle die nämlichen. Eine der heikelsten Aufgaben der Archäologie ist bekanntlich die Bestimmung des relativen Alters eines Fundes, und wenn ein Objekt in einer bestimmten Schicht zum Vorschein kommt, bleibt es zu entscheiden, ob es dieser Schicht angehört oder durch eine spätere Störung in die Tiefe geraten ist. Es ist leicht zu erraten, was bei den analytischen Konstruktionen diesem Zweifel entspricht« (Freud zit. nach Mertens 1996, S. 21f.).

»Freud war davon überzeugt, dass die Übertragung verbürgt, dass alles Frühere wiederbelebt werden kann. Auch wenn in dieser eine einzigartige Möglichkeit gesehen werden kann, frühere Erlebnisse erneut zu erfahren« (Mertens 1996, S. 22).

Das hat natürlich auch Kritiker des Freud'schen Gedächtnismodells auf den Plan gerufen, und es wurden Zweifel angemeldet. Statt diesen Zweifeln weiter nachzugehen, möchte ich mich kurz mit dem Übertragungsphänomen an sich befassen.

>»Übertragung ist im Grunde ein Allerweltsphänomen. In Freuds klassischer Formulierung von 1905 sind Übertragungen nämlich ›Neuauflagen, Nachbildungen von Regungen und Phantasien, die in der Psychoanalyse erweckt werden und deren Hauptcharakter darin besteht, eine frühere Person durch die des Analytikers zu ersetzen‹. Kein Kind lernt etwas, wenn es nicht in einer Übertragungsbeziehung zu seinem Lehrer steht« (Hanika/Seifert 2006, S. 111f.).

In der Psychotherapie ist die Übertragung nicht nur ein willkommenes Hilfsmittel, sondern es wird als Methode eingesetzt. Das Hauptkennzeichen der Übertragung ist die Suggestionsbereitschaft. Man begibt sich quasi in die Bereitschaft für eine solche Übertragung – alte Gefühle werden auf eine neue Person (in dem Fall den Analytiker) übertragen. Mertens (1996) sagt:

»Die Bewegungsrichtung von der Oberfläche in die Tiefe legt den Vergleich mit einer archäologischen Tätigkeit geradezu nahe; das Seelische ist räumlich konzipiert; es hat einen tiefen und dunklen Grund, und diese Tiefe hängt mit dem lebensgeschichtlichen Vergangenen, mit den Verdrängungen und mit der Schwierigkeit des Sich-Erinnerns zusammen. Tiefe suggeriert auch wertvollen Gehalt, während die trügerische Oberfläche, das ›behavior‹, letztlich nur von äußeren und gegenwärtigen Stimuli kontrolliert ist. Das Entlarven, das Durchschauen von rationalisierenden Begründungen, das Suchen nach anderen, der bewussten Selbstliebe weniger nahestehenden Motiven, aber auch die Suche nach den lebensgeschichtlichen Traumatisierungen, die nicht mehr erinnert werden können, in der Gegenwart jedoch nachwirken, wird zum zentralen Anliegen der Tiefenpsychologie, die den Menschen dazu anhalten möchte, sich nicht mit Selbsttäuschungen zufrieden zu geben und seinen eigenen Lügen nicht zu glauben« (Mertens 1996, S. 23).

Das gilt für die individuelle Persönlichkeit genauso wie für die Gesellschaft. Kunst, Kultur, Architektur etc. sind tief in unserem Unbewussten enthalten und wirken ständig darauf zurück. Das Ziel der Psychoanalyse ist es, Motive des Verhaltens einer Person zu erkennen und deren Handlungsweisen zu verstehen. Die Psychoanalyse steht damit in der Tradition der Geisteswissenschaften. Sie versucht zurückschauend das jetzige Verhalten in einen sinnvollen Zusammenhang mit vergangenen Erfahrungen zu bringen. Werden das jetzige Verhalten und die vergangene Erfahrung in einen sinnerfüllten Zusammenhang gebracht, gilt das

Verhalten als verstanden. Eine wesentliche Rolle spielen nicht die bewussten, sondern die unbewussten Motive.

Es handelt sich also um eine beschreibende Methode (Deskriptive Psychologie). Dieser Teilbereich der Psychologie widmet sich der Beschreibung und der Klassifikation der seelischen Vorgänge nach ihrer phänomenalen Eigenart. In der Psychoanalyse werden als Ursache von Störungen Konflikte angesehen, deren Lösung die psychischen Fähigkeiten einer Person über lange Zeit überforderte. Da Konflikte unangenehm sind, werden sie häufig durch einen Schutzmechanismus in der Person aus dem Bewusstsein ausgeblendet. Solche in der Folge unbewussten Konflikte sind aber weiterhin vorhanden und unterstützen die Symptome.

Die Instanzen des seelischen Apparates (Über-Ich, Ich, Es) stehen häufig in einem Spannungsverhältnis zueinander. Den Triebwünschen des Individuums stehen moralische Ansprüche der sozialen Umwelt entgegen. Gelingt es dem seelischen Apparat nicht, einen ausgewogenen Kompromiss herzustellen, können sich Abwehrmechanismen verselbstständigen. Die Folge ist die Herausbildung neurotischer Symptome, was sich auch in der Gesellschaft, in der Kultur, in der Kunst, in der Architektur etc. widerspiegelt. Erscheinungen dieser Art sind uns allgegenwärtig.

3. Wahrnehmung und Architektur

3.1 Gestaltpsychologie

»Ich glaube nur das, was ich mit eigenen Augen gesehen habe!« Schenken wir unseren Augen nicht mehr Glauben, als den Aussagen fremder Personen? Ist Wahrnehmung immer korrekt? Gibt es Täuschungen, Verzerrungen oder Illusionen? Ist alles so, wie wir es sehen?

Unsere Wahrnehmung besteht nicht nur aus der visuellen Aufnahme durch unsere Augen. Eigene Erfahrungen im sozialen Kontext des Wahrnehmenden spielen ebenfalls eine große Rolle. Wissenschaftler fanden schon in den 1920ern heraus, dass unser Gehirn weit über 50% der scheinbaren visuellen Wahrnehmung unterstützt bzw. ergänzt.

Hauptvertreter der Gestaltpsychologie waren der Überzeugung, dass psychologische Phänomene nur dann zu verstehen seien, wenn man sie als organisierte, strukturierte Ganzheiten betrachte, nicht aber, wenn man sie in ihre Grundeinheiten zerlege. Der Begriff »Gestalt« bedeutet soviel wie Form, Ganzes, Wesen oder Konfiguration. Die Gestaltpsychologie ist eine Wahrnehmungslehre, die zu erklären versucht, wie wir elementare und optische Reize in unserem Gehirn zu einem Bild oder Objekt zusammensetzen.

Gestaltpsychologie ist eine beschreibende Wissenschaft, die Fragen beantwortet, wie: Wie organisieren wir einzelne kleine Elemente zu einem größeren Ganzen? Wie erkennen wir den Unterschied zwischen Gegenständen und ihrem jeweiligen Hinter- bzw. Untergrund? Das heißt, dass der kausale Zusammenhang zwischen Reizmuster und Wahrnehmung im Fokus steht.

Wir alle haben uns sicherlich schon oft gefragt, wie es dazu kommt, dass wir Dinge als geschlossen wahrnehmen, die gar nicht geschlossen sind, oder dass wir Dinge als zusammengehörig oder ähnlich ansehen. Bestimmte figurale Gebilde werden von uns ganz selbstverständlich und spontan gesehen, obwohl sie nicht eindeutig sind. Komplizierte Gestalten werden von uns vereinfacht und vieles mehr.

Wie bereits im ersten Teil erwähnt, gehen die Gestaltpsychologen davon aus, dass visuelle Reize von uns in der jeweils einfachsten Form wahrgenommen werden. Der Wahrnehmungsprozess wird in drei Stufen eingeteilt, beginnend mit den Empfindungen. Um diesen Empfindungen einen Sinn verleihen zu können ist die nächste Stufe, nämlich das Organisieren der Wahrnehmung erforderlich. Dieses Organisieren der Wahrnehmung wird als Organisationsprozess bezeichnet und ist unterteilt in Bereichsgliederungen, Gestaltgesetze und Tiefenwahrnehmung. Was sind nun die sogenannten Gestaltgesetze?

Gestaltgesetze sollen im Bereich der Wahrnehmung erklären, welche Phänomene auf welche Weise und aus welchem Grund als Gestalt erlebt werden können. In der visuellen Wahrnehmung werden die Wahrnehmungsobjekte so erlebt, dass das Ergebnis eine möglichst einfache, einprägsame und bekannte Gestalt ergibt. Das heißt, Gestaltgesetze geben an, nach welchen Regeln einzelne Reize strukturiert und wahrgenommen werden. Das Ganze ist also mehr als die Summe seiner Teile. Auch Phänomene von Wahrnehmungstäuschungen und Verzerrungen unterliegen diesem Prinzip.

Für die Wahrnehmung von Architektur sind Gestaltgesetze, wie das Gesetz der Einfachheit oder das Gesetz der guten Gestalt besonders wichtig, denn Reizmuster werden so wahrgenommen, dass die daraus resultierende Struktur so einfach wie möglich aufgebaut ist.

Weitere große Bedeutungen haben hier auch: das Gesetz der Ähnlichkeit oder das Gesetz der Nähe. Dinge, die einander ähnlich sind, werden als zusammengehörig bzw. als Gruppe betrachtet – ein wichtiger Aspekt für Fensteranordnungen an Fassaden. Die unterschiedlichen Abstände der einzelnen Fenster zueinander bestimmen, welche der Betrachter als zusammengehörige Einheit wahrnimmt.

Im folgenden Beispiel sehen wir vier Fassaden. Unsere Aufgabe soll nun sein, herauszufinden, welche Fassade uns am besten gefällt.

Abb. 12: Vier Fassaden

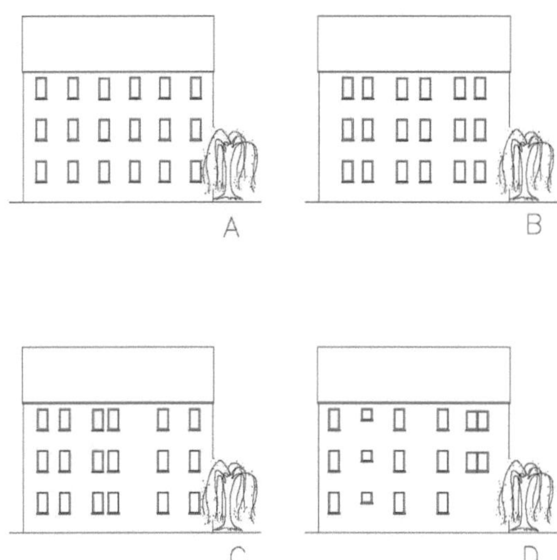

Die einzelnen Fassaden werden so erklärt:

Fassade A   Symmetrie und unklare Gruppierung der Fenster
Fassade B   Symmetrie und klare Gruppierung der Fenster
Fassade C   keine Symmetrie und klare Gruppierung der Fenster
Fassade D   keine Symmetrie und unklare Gruppierung der Fenster

Gestaltwahrnehmung und Reizkonfiguration

Die Wahrnehmung des Auges, des Ohres und der Hand setzt voraus, dass die ungeheure Fülle der gleichzeitigen und aufeinanderfolgenden Reize sich zu Einheiten organisiert, die sich voneinander und von der Umgebung genügend absetzen und im dreidimensionalen Wahrnehmungsraum verteilen (vgl. Metzger 1999).

Der Begriff Reiz ist zu definieren, als physikalische oder chemische Einwirkung von außen auf ein Rezeptorelement, wodurch sich der Zustand dieses Elements verändert, d.h. erregt wird, und zwar so, dass nervöse Prozesse entstehen, die dem zentralen Nervensystem zugeleitet werden. Im Falle eines Reflexes folgt unmittelbar eine motorische Aktivität. Im Falle der Wahrnehmung werden besondere zentrale Prozesse angestoßen, die mit bewussten Phänomenen, Perzepten, Dingen, Ereignissen, Situationen etc. in der erlebten Welt des Individuums korreliert sind. Wenn mehr als ein Rezeptor gleichzeitig stimuliert wird, sprechen wir von einer sogenannten Konfiguration oder Verteilung von Reizen. Tritt noch die Zeitdimension hinzu, so sprechen wir von Sequenzen von Reizverteilungen oder von raumzeitlichen Reizkonfigurationen (vgl. Metzger 1999). In der folgenden Tabelle ist der dreistufige Wahrnehmungsprozess zusammenfassend dargestellt:

Tab. 18: Die drei Stufen des Wahrnehmungsprozesses

Stufe I	Stufe II	Stufe III
Empfindung Repräsentation von Reizen	**Organisation** Perzeptuelle Organisation	**Identifizieren und einordnen** Rekognition
2D	3D	3D
Erste Repräsentation von Reizen als 2D – Input der Retina	Aufbau einer inneren Repräsentation des Objekts. Reicht vorerst für die Beschreibung der Umwelt aus	Wie sieht das Objekt aus? Den Perzepten werden Bedeutungen zugewiesen. Aus der Organisationsfrage wird eine Identifizierungsfrage
Bewusste Wahrnehmung (Apperzeption)	**Unbewusste Wahrnehmung (Perzeption)**	**Sowohl bewusste als auch unbewusste Wahrnehmung**
Umwandlung physikalischer Energie in neuronal kodierte Informationen, die vom Gehirn weiter verarbeitet werden können	Innere Berechnungen: (bereits erworbenes Wissens) Schätzung der Größe, der Form, der Bewegung, der Entfernung und Lokalisieren von Gegenständen	Hier sind kognitive Prozesse erforderlich: Erinnerungen, Wertvorstellungen, Überzeugungen und Einstellungen spielen dabei eine wichtige Rolle

Wenn wir noch den Unterschied zwischen dem *distalen* und dem *proximalen Reiz* klären wollen, begeben wir uns zurück in unsere Kindheit. Wir alle kennen das Phänomen der Lochkamera: eine kastenförmige Kamera mit einem feinem Loch anstelle des Objektivs. Auf der transparenten Rückwand der Kamera wird ein umgekehrtes und seitenvertauschtes Bild sichtbar.

Was wir wahrnehmen, entspricht dem distalen Reiz, d. h. dem wirklichen Objekt in der Umwelt. Der Reiz, aus dem wir unsere Informationen ableiten, ist jedoch der proximale Reiz. Wahrnehmung kann man sich als einen Prozess vorstellen, in dessen Verlauf der distale Reiz aus Informationen des proximalen Reizes erschlossen wird. Das gilt für alle Wahrnehmungsbereiche. Auch beim Hören, Tasten, Schmecken etc. besteht Wahrnehmung darin, die Informationen aus dem proximalen Reiz zu nutzen, um etwas über die Eigenschaften des distalen Reizes aussagen zu können (vgl. Zimbardo 1999).

Reizung von außen kann folgendermaßen verursacht sein:

1. von physikalischen Veränderungen in der Umgebung, wobei der Zustand des Organismus (außer dessen Rezeptoren) konstant bleibt;
2. von einer Veränderung des Körperzustandes hinsichtlich seiner Umgebung oder
3. von beiden.

Es ist natürlich erlaubt, eine Reizkonfiguration, eine Sequenz von Reizkonfigurationen oder gewisse Eigenschaften von ihnen als »Reiz« zu bezeichnen, wenn dies explizit getan wird, wie J. J. Gibson (1982) von »Gradienten« als Reizen für Tiefenphänomene spricht.

Der Aufforderungscharakter eines Objekts

Ein Esel steht zwischen zwei gleich großen und gleich weit entfernten Heuhaufen. Er verhungert schließlich, weil er sich nicht entscheiden kann, welchen er zuerst fressen soll.

Diese bekannte Parabel von Buridans Esel repräsentiert den sogenannten »Annäherungs-Annäherungs-Konflikt«. Das heißt, es handelt sich hier um den Zwang zur Entscheidung gegenüber zwei gleich attraktiven Zielen. Auf das heutige Leben bezogen, könnte es auch eine Situation sein, wenn man z.B. an einem Samstag zwei attraktive Einladungen erhält und sich nicht entscheiden kann, welche man annimmt.

Kurt Lewin spricht aber noch von zwei weiteren Konflikttypen, nämlich vom Vermeidungs-Vermeidungs-Konflikt und vom Annäherungs-Vermeidungs-Konflikt. Der erste Konflikt besteht darin, dass zwei Objekte in der Umwelt eine *negative Valenz* annehmen, und somit abstoßend auf das Individuum wirken.

Der Annäherungs-Vermeidungs-Konflikt dagegen unterscheidet sich davon insofern, dass es sich hier um ein Objekt mit *sowohl positiver als auch negativer Valenz* handelt. Die Anziehung, die ein Objekt bedingt, entspricht Lewin zu Folge positiver Valenz, Abstoßung negativer (vgl. Lück 2001, S. 141).

Der Begriff *Aufforderungscharakter* (engl. valence; Rückübersetzung: Valenz) wurde von Kurt Lewin geprägt. Er gibt mit diesem Begriff die Wertigkeit eines

Ziels im Lebensraum einer Person an. Das heißt, es handelt sich um die Summe der Kräfte, die auf eine bestimmte Umweltregion einwirken. Ist die Summe positiv, so hat die Region eine positive Valenz. Den Valenzen lassen sich nach Lewin Vektoren zuordnen, die durch Pfeile, die den Beobachter zum Objekt hin oder von ihm weg drängen, dargestellt werden können. Wie versucht man nun die Valenz, den zu einem bestimmten Verhalten auffordernden oder einladenden Charakter eines Objekts, zu erklären?

Lewins Umweltmodell sagt aus, dass angeborene oder erlernte positive bzw. negative Valenz eines Objektes oder Ereignisses dazu führen können, dass sich ihm der Mensch durch kontrolliertes Verhalten nähert oder sich von ihm entfernt. Andere Autoren sprechen wiederum von Wertcharakter, Anreiz oder Zielverlangen. Die einzelnen von Lewin angenommenen innerpersonellen Bereiche können unter verschieden großer Spannung stehen.

Besitzt ein Bereich, verglichen mit anderen, eine erhöhte Spannung, so stellt er ein gespanntes System dar und strebt nach Spannungsausgleich. Bedürfnisse und Quasibedürfnisse (nach Freud: vorübergehende Bedürfnisse) sind gespannte Systeme und bedingen eine veränderte Wahrnehmung der Umwelt. Objekte oder Ereignisse, die das Bedürfnis befriedigen oder zu einer Entspannung beitragen könnten, gewinnen einen positiven Aufforderungscharakter, wodurch sie sich gegen ihre Umgebung abzeichnen und durch zielgerichtetes Verhalten aufgesucht werden. Der motivierende Aufforderungscharakter ist umso ausgeprägter, je stärker das System gespannt ist. Also besteht hier eine Verbindung zu den frühen psychodynamischen Triebmodellen von Freud, in denen er davon ausging, dass erhöhter Druck im Dampfkessel nach Abfuhr strebt (vgl. Heckhausen 1989).

Lewin ging allerdings nicht so allgemein vor, denn für ihn ging es um zielgerichtete Handlungen. In einem positiven Kraftfeld wirken für ihn alle Kräfte auf das betreffende Ziel. Durch den *Aufforderungscharakter* des Ziels wirkt eine resultierende Kraft auf das Individuum und es existieren verschiedene Handlungspfade mit unterschiedlichen Verhaltensweisen, um dieses Ziel zu erreichen. Im negativen Kraftfeld dagegen wirken abstoßende Kräfte, die die Person vom Ziel fernhalten. Der negative Aufforderungscharakter des Zielzustandes kommt in einer resultierenden Abstoßungskraft zum Ausdruck, die auf das Individuum einwirkt.

Wir alle werden uns schwer vorstellen können, dass Valenzen physikalisch sind. Also muss eine zweite Komponente her, und zwar das Phänomenale. Damit entsteht zwar ein Dualismus – so etwas gibt es aber auch in der modernen Physik (Dualismus von Wellen und Teilchen). Betrachten wir Koffkas *phänomenalen Briefkasten* und stellen uns vor, ein Briefkasten hätte für uns nur dann Repräsentanz, wenn wir einen Brief aufgeben wollten. Das würde bedeuten, der Wert eines Objektes verändert sich sobald sich das Bedürfnis des Beobachters ändert.

Kommen wir zum Begriff *Angebot:*

> »Der Begriff des Angebots lässt sich aus dem Valenz- oder Aufforderungsbegriff herleiten. Allerdings besteht der entscheidende Unterschied darin, dass sich das Angebot von etwas nicht ändert, wenn sich das Bedürfnis des Beobachters ändert. Ob nun der Beobachter, je nach seinen Bedürfnissen, das Angebot wahrnimmt und beachtet oder auch nicht, das Angebot ist invariant und immer da, wahrgenommen zu werden« (Gibson 1982, S. 150).

Invarianz bedeutet hier soviel wie die Aufrechterhaltung einer Wahrnehmungs- oder Denkstruktur trotz äußerer Veränderung bestimmter Aspekte.

Dieses Angebot wird wahrgenommen, wenn der Briefkasten als solcher identifiziert wird. Man nimmt es wahr, ob der Briefkasten nun in Sicht oder außer Sicht ist. Dass man sich zu ihm hingezogen fühlt, wenn man einen Brief einzustecken hat, ist nicht weiter verwunderlich. Wichtig dagegen ist die Tatsache, dass er als Teil der Umwelt wahrgenommen wird, als Bestandteil der Gegend, in der man wohnt. Die Wahrnehmung seines Angebots als solche sollte daher nicht mit der besonderen Anziehungskraft, die er zeitweise haben kann, verwechselt werden (vgl. Gibson 1982).

Die Direktheit und Unmittelbarkeit des Erlebens der Valenzen versuchen die Gestaltpsychologen mit Hilfe folgender Annahme zu erklären: Auch das Ich wird als Objekt erlebt. Das heißt, dass zwischen dem phänomenalen Objekt (außen) und dem phänomenalen Ich (innen) eine Spannung auftreten kann. Wenn das Objekt in einem dynamischen Verhältnis zum Ich steht, sagt Koffka, hat es Aufforderungscharakter (vgl. Gibson 1982, S. 150f.).

Es gibt eine einfache Erklärung dafür, weshalb die Werte der Dinge scheinbar so unmittelbar und direkt wahrgenommen werden. Der Grund dafür ist, dass die Angebote der Dinge für einen Beobachter in der Reizinformation ausgewiesen werden. Sie *scheinen* nicht nur direkt wahrgenommen zu werden, sondern sie werden direkt wahrgenommen. Im Zusammenhang mit Koffkas gestaltpsychologischen Prinzipien ist der Begriff *Forderungscharakter* ebenfalls angemessen. Eine wichtige Rolle spielt jener Forderungscharakter in der modernen Werbung. Man versucht dort beispielsweise einem Werbetext durch ein entsprechendes Bild Aufforderungscharakter zu verleihen.

Der Angebotscharakter eines Objekts

In diesem Moment haben wir es uns vielleicht gerade in einem Sessel gemütlich gemacht. Das ist nicht besonders aufregend. Analysieren wir aber dieses Objekt

Sessel, dann werden wir bald erkennen, dass von diesem Gegenstand mehr als bloße Gemütlichkeit ausgeht, nämlich Handlungsanregungen wie beispielsweise Sitzen, Schlafen, Meditieren. Ich kann mich auch darauf stellen, um eine Glühlampe in der Deckenleuchte zu wechseln, oder noch abstrakter: ich kann den Sessel auch benutzen, um eine Tür zu verbarrikadieren. Das alles können wir als ein Angebot betrachten. Der Sessel besitzt also einen *Angebotscharakter*. J. J. Gibson prägte dazu den Begriff *Affordanz* (vgl. Gibson 1982). Er kommt auch aus dem Englischen und bedeutet soviel wie Angebot (engl. *affordance*).

Gibson entwickelte einen sehr einflussreichen Ansatz zur Wahrnehmung. Anstatt den Versuch zu unternehmen, die Wahrnehmung als Ergebnis der Struktur eines Organismus aufzufassen, schlug Gibson vor, man könne sie besser durch eine Analyse der unmittelbar vorgefundenen Umwelt – also des ökologischen Kontextes – verstehen. Mace (1977) charakterisiert Gibsons Ansatz als Verwirklichung des folgenden Grundsatzes: »Frage nicht danach, was jemand im Kopf hat, sondern danach, woraus das, was er im Kopf hat, gemacht ist« (Zimbardo 1999, S. 113). Im Endeffekt befasst sich Gibsons Theorie der ökologischen Optik mehr mit den Reizen, die wir wahrnehmen, als mit den Mechanismen, aufgrund derer wir wahrnehmen. Dieser Ansatz bedeutet eine radikale Abwendung von allen früheren Theorien, denn Gibsons Vorstellungen heben als wesentliches Element des Wahrnehmungsprozesses das aktive *Explorieren* der Umwelt hervor. Bewegt sich ein Beobachter in der Welt, so befindet sich das Reizmuster auf der Netzhaut in ständiger Bewegung, sowohl in der Zeit als auch im Raum. Die Theorie der ökologischen Optik versucht, die Informationen über die Umwelt, die sich den Augen eines sich bewegenden Beobachters bieten, detailliert zu bestimmen (vgl. Zimbardo 1999).

Hierin liegt ein grundlegender Unterschied zu den Gestaltpsychologen begründet, die davon ausgehen, dass die Objekte uns sagen, was wir mit ihnen tun sollen; sie haben nach Koffka einen *Forderungscharakter* und nach Lewin einen *Aufforderungscharakter*. So ist z. B. ein Sessel eine Affordanz für das Sitzen, die Tasse für das Trinken und die Schere für das Schneiden. Das Affordanzkonzept sagt aus, dass sich das Angebot von etwas nicht ändert, wenn sich das Bedürfnis des Beobachters ändert.

Die für die Angebotstheorie zentrale Frage lautet nicht, ob es die Angebote auch wirklich gibt, sondern ob im Umfeld Informationen zu ihrer Wahrnehmung ausreichend zur Verfügung stehen.

Wie kann das in der Praxis aussehen? Gibson kristallisiert in seinem Konzept vier Kriterien einer affordanzgerechten Umweltgestaltung heraus:

1. Die funktionelle Nützlichkeit: Ist die Handlung möglich? Kann ich überhaupt auf dem Sessel sitzen?
2. Die Selbsterklärungsfähigkeit: Handlungsoptionen müssen für den Nutzer

erkennbar sein. Eine Bereitstellung wahrnehmbarer Informationen ist erforderlich.

3. Die Expressivität: Emotionale Verarbeitung und Reaktion. Ruft das Objekt positive Emotionen hervor?
4. Soziale Verträglichkeit und Umweltverträglichkeit: Kann ich den Sessel in eine Sitzgruppe integrieren? Lässt er sich überhaupt transportieren? Ist er stabil? Ist der Sessel aus umweltverträglichem Material gefertigt worden?

An dieser Stelle möchte ich noch den Begriff *Anmutung* klären. Hierbei handelt es sich um ein Eindruckserlebnis meist unbestimmter Art. Der abgeleitete Begriff der *Anmutungsqualität* ist wiederum der Erlebniswert, der einem wahrgenommenen Objekt für den wahrnehmenden Beobachter anhaftet. Auch in der Charakterologie von P. Lersch (1962, S. 215ff.) finden wir solch einen Begriff, wie das *Anmutungserlebnis.* Es handelt sich hier um Gefühlsregungen, die durch die Wirkung von äußeren Objekten auf den Wahrnehmenden ausgelöst werden.

3.2 Gestaltgesetze

Die Welt würde für uns ziemlich verwirrend aussehen, wenn wir nicht in der Lage wären, die Informationen, die wir von den Millionen von Rezeptoren auf der Netzhaut erhalten, zusammenzufassen und zu ordnen. Was wir sehen würden, wäre ein Kaleidoskop unzusammenhängender Farbflecken, die vor unseren Augen herumtanzen. Diese Prozesse des Zusammenfügens der Sinneseindrücke zu kohärenten, zusammenhängenden Szenen werden unter dem Begriff der Organisation gefasst. Als Ergebnis der Organisationsprozesse entstehen beim Individuum die sogenannten Perzepte (vgl. Zimbardo 1999).

Das Gesetz der guten Gestalt oder das Prägnanzgesetz

Schauen wir uns in Abbildung 13 die fünf Figuren an, dann werden wir feststellen, dass einige Figuren gut und einige weniger gut aussehen. Wovon hängt das nun ab?

Weil eben das Ganze mehr als die Summe seiner Teile ist, unterliegen auch diese Figuren einem Organisationsprinzip, nämlich *dem Prinzip der guten Gestalt.* Die Figuren werden sowohl voneinander abgegrenzt als auch vor einem Hintergrund wahrgenommen und repräsentieren dabei eine Skala unterschiedlich »guter« Gestalten. Auch wenn sich die Figuren in der Anzahl der Seiten voneinander nicht unterscheiden, so hat doch jede einzelne Figur eine andere oder eigene Aussage zur Symmetrie, zur Regelmäßigkeit oder zur Einfachheit.

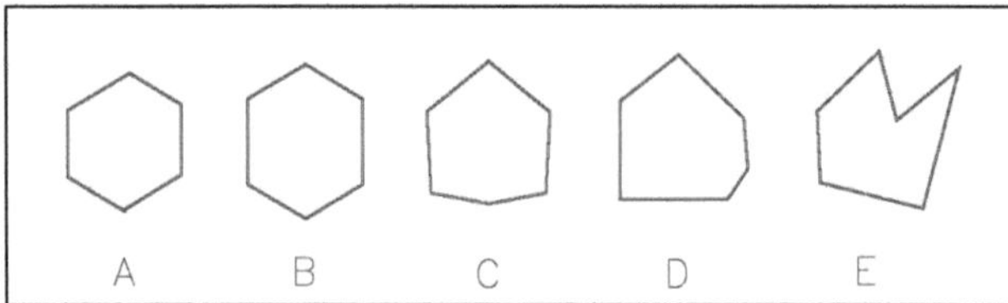

Abb. 13: Eine Skala unterschiedlich »guter« Gestalten. Welche Figur ist die beste und welche die

schlechteste Gestalt? Die Figur (A) werden wir wohl als die beste oder vertrauteste und die Figur (E) als die schlechteste Figur wahrnehmen.

Betrachtung der geometrischen Formen	
Gebäudeteil	**Geometrie**
Kirchenschiff	Quader
Dach des Kirchenschiffes	Prisma
Oberer Turm	Zylinder (Röhre)
Unterer Turm	Quader
Turmdach (Turmhaube)	Kugelabschnitt
Laterne	Kegelspitze
Fenster	als Form, nicht als Löcher

Das Gesetz der Einfachheit

Das Gesetz der guten Gestalt oder das Prägnanzgesetz wird auch als Gesetz der Einfachheit verstanden, weil wir dazu neigen, eine Figur in einfache geometrische bzw. stereometrische Teile aufzugliedern. Das bedeutet, dass Reizmuster so wahrgenommen werden, dass die daraus resultierende Struktur so einfach wie möglich aufgebaut ist.

Ein Großteil des in der Gegenwart Gebauten erscheint nüchtern-repetitiv (sich wiederholend) und dem Geist der Ökonomie und der Funktion nicht mehr mit ästhetischen Prinzipien zu folgen. Das zu Beginn der Moderne bekämpfte Ornament lässt sich aber durch reduktionistische Funktionalität und Ökonomie allein kaum ersetzen; das Weiß als solches ergibt keineswegs Stil und Ästhetik, ebenso wenig die exzessive Verwen-

Abb. 14: Dorfkirche in Leipzig-Engelsdorf

dung von Glas oder die schier endlosen Variationen der Säule, diesem unverzichtbaren Grundelement der abendländischen Bautraditionen (vgl. Schäfer 2003).

Das Gesetz der Ähnlichkeit und Nähe

Dieses Gesetz besagt, dass unter sonst gleichen Bedingungen die nächstgelegenen bzw. benachbarten Reizelemente als zusammengehörig gesehen werden. Auch werden jene Elemente als zusammengehörig wahrgenommen, die einander ähnlich sind. Auch dieses Gesetz demonstriert das Gestaltprinzip, nach dem das Ganze mehr als die Summe der Teile ist, denn aus dem Gesamtbild des Reizes ergibt sich, welche Elemente zu Figuren zusammengefasst werden und welche nicht.

Wir sehen an diesem Beispiel die Buchstabenreihen aus R und Z, nicht die Zeilen RZRZRZRZ, die sich aber durch ihre Nähe aufdrängen.

Abb. 15: Ähnlichkeit und Nähe (in: Wellhöfer 1981, S. 62)

R	Z	R	Z	R		RZRZRZRZ
R	Z	R	Z	R		
R	Z	R	Z	R		RZRZRZRZ
R	Z	R	Z	R		
R	Z	R	Z	R		RZRZRZRZ
R	Z	R	Z	R		
R	Z	R	Z	R		RZRZRZRZ

Abb. 16: Fassade eines Wohnhauses

Das Gesetz der Kontinuität
oder Das Gesetz der guten Fortsetzung

Nach diesem Gesetz neigt man dazu, Reizelemente, wie beispielsweise Punkte, die im Falle ihrer Verbindung in einer geraden oder sanft geschwungenen Kurve angeordnet sind, in einem Zusammenhang zu sehen bzw. so, dass Linien an Schnittpunkten bevorzugt im Sinne einer Fortführung ihrer bisherigen Linienführung gesehen werden. An der folgenden Abbildung soll dieses Gesetz verdeutlicht werden:

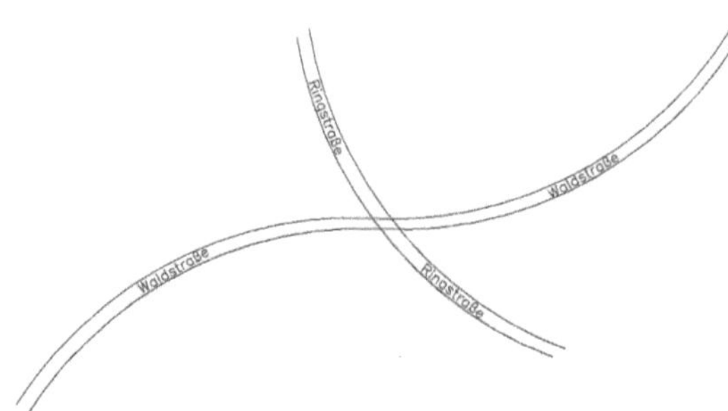

Abb. 17: Eine Straßenkreuzung

Wir gehen hier auf ein Beispiel der Stadt- und Verkehrsplanung ein. Betrachten wir einen Stadtplan, nehmen wir die Tatsache, dass sich Straßen nach einer Kreuzung weiter in eine Richtung fortsetzen nicht als Besonderheit wahr. Für uns ist es normal oder gar selbstverständlich, dass sich wie in Abbildung 17 dargestellt, eine Straße, hier die Waldstraße, nach der Kreuzung mit der Ringstraße meist unter gleichem Namen und in dieselbe Richtung verlaufend fortsetzt (vgl. Richter 2004).

Das Gesetz des Aufgehens ohne Rest

In diesem Gesetz wird deutlich, dass in unserer Wahrnehmung ein gewisses Harmoniebedürfnis verankert ist. Es fällt uns schwer, Elemente oder Teile losgelöst von anderen zu sehen. In Abbildung 18 sehen wir in A sechs gleichlange senkrechte Striche in unterschiedlichem Abstand. Wir neigen dazu, drei Säulen wahrzunehmen, wie in B dargestellt. Die Darstellung in C, zwei dünne Säulen, erzeugt ein gewisses Unbehagen, weil rechts und links ein Rest übrig bleibt (vgl. Richter 2004).

Das Gesetz der Einstellung

»Einstellungen werden oft als die gelernten Tendenzen eines Individuums definiert, auf bestimmte Zielreize – Menschen, Ideen oder Gegenstände – mit positiven oder

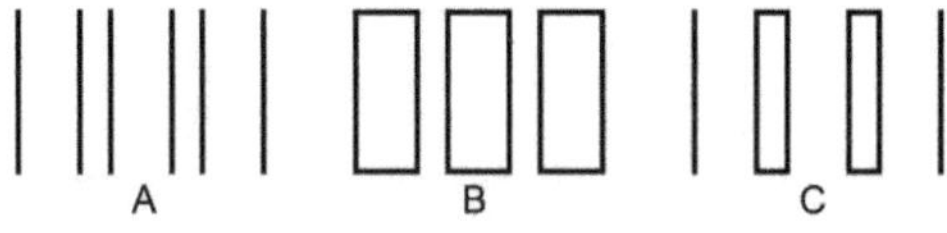

Abb. 18: A: sechs senkrechte Striche; B: drei dicke Säulen; C: zwei dünne Säulen (Richter 2004, S. 78)

negativen Bewertungen zu reagieren, mit denen wiederum bestimmte Gefühle und Überzeugungen zusammenhängen« (Zimbardo 1999, S. 215).

Das Beispiel in Abb. 19 soll verdeutlichen, dass die in unserer Umwelt liegenden Reizmuster, entsprechend unserer Einstellung, unterschiedlich wahrgenommen werden.

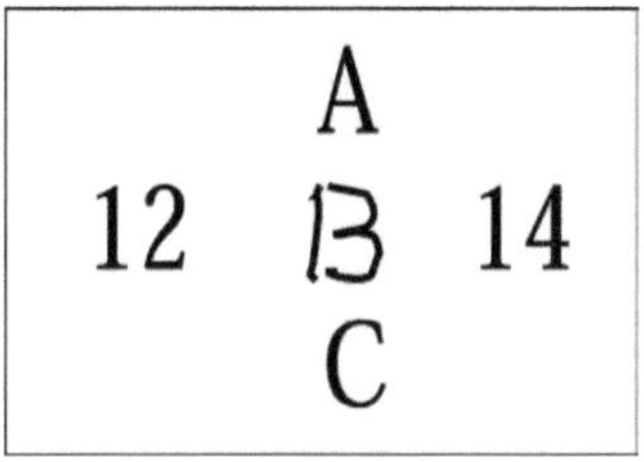

Der Effekt des Ganzen auf die Eigenschaft der Teile

In der Abb. 20 scheint dasselbe kleine Quadrat andere Eigenschaften zu besitzen, wenn es einen Teil der länglichen, senkrechten Figur auf der linken Seite abgibt, als wenn es im Zusammenhang mit den drei identischen, diagonal angeordneten Quadraten gesehen wird (vgl. Kreitler 1989, S. 88).

Abb. 19: Die in der Mitte liegende Zahl nehmen wir waagerecht gelesen als 13 und senkrecht gelesen als B wahr (Richter 2004, S. 78).

Das Prinzip der Geschlossenheit

»Linien, die eine Fläche einschließen (Abb. 21) sowie Linien, die eine gute und kontinuierliche Kontur formen [...], werden als unabhängige Einheiten oder als autonome Untereinheiten einer umfangreichen, größeren Figur wahrgenommen« (Kreitler 1980, S. 89).

Trotz des Überschneidens der Linien nehmen wir zwei vereinte Formen wahr: ein Kreis und ein Quadrat, von denen jedes eine Fläche umschließt.

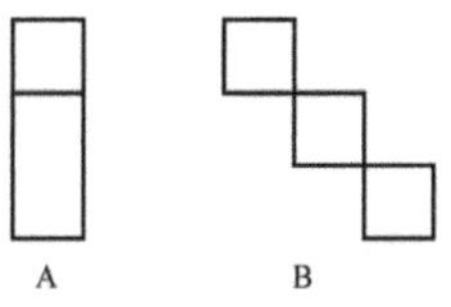

Abb. 20: Der Effekt des Ganzen auf die Eigenschaft der Teile. Das obere Quadrat scheint in A anders zu sein als in B (in: Kreitler 1980, S. 89).

Das Prinzip zur guten Gestalt

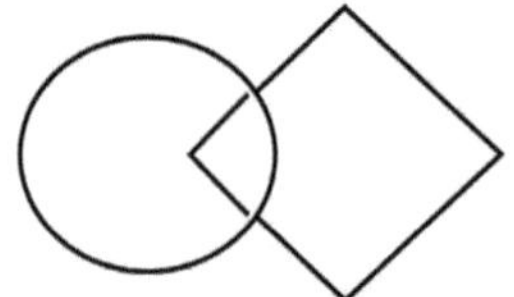

Abb. 21: Das Prinzip der Geschlossenheit (in: Kreitler 1980, S. 90)

Abb. 22: Das Prinzip des Drucks zur guten Gestalt, dargestellt als Dreieck (in: Kreitler 1989, S. 91)

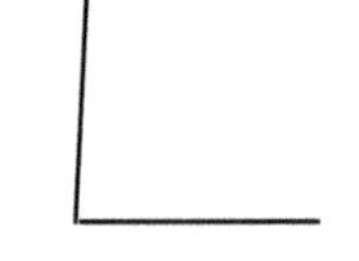

Abb. 23: Das Prinzip des Drucks zur guten Gestalt, dargestellt als Winkel (in: Kreitler 1989, S. 91)

Wenn die existierenden Reize keine Organisation in klare, deutliche gute Gestalten zulassen, manifestieren die Betrachter dennoch eine kräftige Neigung, diejenigen Merkmale, welche die Gestalt daran hindern, zur guten Gestalt zu werden, zu verändern, zu stärken, zu eliminieren oder zu übersehen. Selbst wenn der Betrachter die Unregelmäßigkeiten im Wahrnehmungsakt selbst nicht zu »verbessern« vermag, können die Formen als Deformationen von etwas angesehen werden, das offensichtlich als Norm dient und eigentlich das Konzept der guten Gestalt dieser Form ist (vgl. Kreitler 1980).

Das bedeutet, dass wir beispielsweise das »Dreieck« in Abbildung 22 als geschlossene Figur wahrnehmen. Uns interessiert in diesem Fall nicht, dass sich die drei Linien nicht berühren.

Abbildung 23 zeigt einen gleichschenkligen Winkel. Hier nehmen wir jedoch nicht wahr, dass es sich um keinen 90-Grad-Winkel handelt.

Wahrnehmungstäuschungen

Einströmende Reize werden von uns organisiert, klassifiziert, eingeordnet und interpretiert. Dabei kann es aber zu Verzerrungen und Täuschungen kommen.

Die folgenden Abbildungen sollen das verdeutlichen. Wir stellen fest, dass wir unsere Umwelt nicht ganz objektiv registrieren. Vielmehr handelt es sich um einen aktiven Prozess, der durch Lernvorgänge mit beeinflusst wird. Im Laufe unserer Entwicklung haben wir gelernt, die Umweltreize so zu strukturieren, wie sie sich für unsere Anpassung an die Lebensumwelt als günstig erweisen.

In der Abbildung 24 ist die Ponzo'sche Figur dargestellt. Die Täuschung hierbei besteht darin, dass wir die scheitelnahe Strecke größer wahrnehmen, als die gleiche scheitelferne. Die Ursache für diese Wahrnehmung ist eine fehlangewandte Korrektur der Größenkonstanz (vgl. Geisler 1978).

In der nächsten Abbildung 25, sehen wir ein Quadrat, das als Trapez erscheint (vgl. Geisler 1978).

Eine der bekanntesten Täuschungen ist die Müller-Lyer'sche Täuschung. In Abbildung 26 sehen wir zwei senkrechte Linien mit verschiedenen Pfeilsymbolen an deren Enden. Die linke senkrechte Linie erscheint uns länger als die rechte. Die Ursache dafür ist ebenfalls eine fehlangewandte Korrektur der Größenkonstanz, welche für eine stabile Objektwahrnehmung sorgt (vgl. Richter 2004).

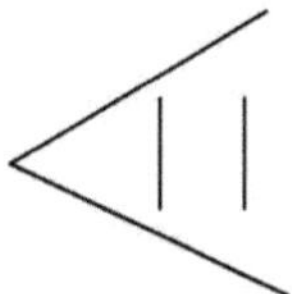

Abb. 24: Ponzo'sche Täuschung (in: Geisler 1978, S. 27)

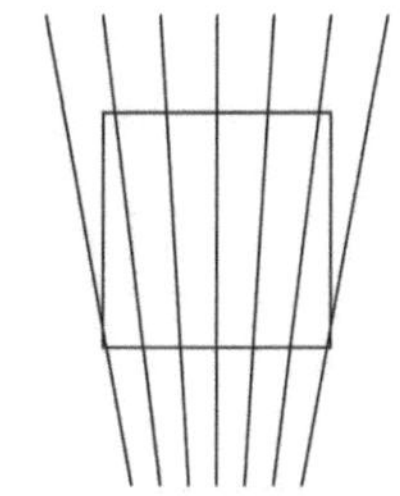

Abb. 25: Quadrat als Trapez (in: Geisler 1978, S. 26)

3.3 Prinzipien der Wahrnehmung

Die Information der Oberfläche

Es geht nicht darum, zu erklären, wie es dazu kommt, dass unsere Sinnesorgane uns bestimmte visuelle Eindrücke zur Verfügung stellen, sondern die Aufgabe unserer Wahrnehmung besteht darin, zuverlässige, lebensnotwendige und vor allem überlebenswichtige Informationen über unsere Umwelt einzuholen.

Zur Beschreibung der Umwelt hat Gibson die Trias »Medium, Substanzen, Oberflächen« eingeführt (vgl. Gibson 1982). Das Medium wird von den Substanzen der Umwelt durch Oberflächen getrennt. Sofern Substanzen beständig sind, sind auch ihre Oberflächen beständig. Alle Oberflächen haben eine bestimmte Flächenordnung, und auch diese hat die Tendenz zur Beständigkeit. Die Beständigkeit der Flächenordnung

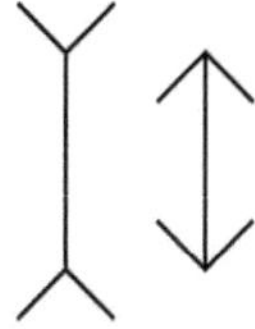

Abb. 26: Müller-Lyer'sche Täuschung (in: Wellhöfer 1981, S. 640)

hängt vom Widerstand der Substanz gegenüber Veränderungen ab. Geht eine Substanz in den gasförmigen Zustand über, so ist sie nicht länger stofflich, und die Oberfläche samt ihrer Anordnung hört auf zu existieren. Diese Feststellungen eröffnen einen neuen Weg bei der Beschreibung der Umwelt.

Für unsere Zwecke ist diese Art der Beschreibung der gängigen Definition in den Begriffen von Raum, Zeit, Materie und materiellen Körpern, einschließlich deren Formen und Bewegungen, überlegen. Sie ist neuartig, allerdings nur in dem Sinne, dass sie nie explizit formuliert worden ist. Alles bisher Gesagte war Praktikern – Landvermessern, Baumeistern, Umweltgestaltern – seit Langem bekannt, blieb allerdings unausgesprochen. Es ist stillschweigendes Wissen.

Unsere Art der Beschreibung ist der bisherigen deshalb überlegen, weil sie die angemessenste ist, wenn es um die Erforschung von Wahrnehmung und Verhalten als Funktion des von der Umwelt Angebotenen geht; mit anderen Worten, weil sie der Psychologie angemessen ist. Warum sind nun der Trias von Medium, Substanzen und Oberflächen gerade die Oberflächen so wichtig? Es ist die Oberfläche, an der am meisten geschieht. Es ist die Oberfläche, nicht die innere Substanz, an der Licht reflektiert oder absorbiert wird, die mit den Lebewesen in Berührung kommt, an der chemische Reaktionen vorherrschend ablaufen, an der die Verdampfungen oder die Diffusion von Substanzen in das Medium stattfindet. Und es ist die Oberfläche, an der die Vibrationen in das Medium übertragen werden.

Der Informationsgehalt von Oberflächen ist es, der den Individuen eine besondere Interaktion zwischen Objekt und Subjekt bietet. Es handelt sich um Informationen über beständige Merkmale, wie Farbe, Form, Struktur und auch veränderliche Merkmale, wie die Beziehungen von Objekten zueinander. Reizinformationen der Oberflächen sind nach Gibson tatsächlich außerhalb existent und müssen nicht erst durch den Wahrnehmenden konstruiert werden.

Gibson spricht von den sogenannten »Ökologischen Gesetzen der Oberflächen«. Es handelt sich allerdings nur um Vorschläge solcher Gesetze ohne jeglichen Anspruch auf Vollständigkeit. Auf jeden Fall kann die folgende Zusammenstellung dazu dienen, einen gewissen Diskussionsrahmen abzustecken. Außerdem ist zu erwähnen, dass diese Gesetze nicht unabhängig voneinander gelten und nur als Gesamtheit zu betrachten sind (vgl. Gibson 1982).

1. Alle beständigen Substanzen haben Oberflächen, und alle Oberflächen haben eine Flächenordnung:

Dieses Gesetz erklärt, warum die ebene Oberfläche der Erde, der Erdboden, den Lebewesen als tragende Unterlage dienen kann. Diese Lebewesen können deshalb auf der Erde herumkrabbeln, auf ihr herumgehen oder -laufen, weil sie fest ist. Das Gesetz über die Flächenordnung lässt sich aber auch auf solche Oberflächen wie Wände und andere, der Fortbewegung im Wege stehende Hindernisse anwenden, nämlich auf Oberflächen, mit denen ein Lebewesen zusammenstoßen würde, wenn es nicht unverzüglich stehen bliebe. Oberflächen können sowohl parallel als auch senkrecht zur Richtung der Schwerkraft angeordnet sein, sodass sie Lebewesen sowohl umgeben als auch tragen können. Eine Oberfläche kann sogar von Wänden so gehalten werden, dass sie sich über ihnen befinden. Lebewesen können dadurch also ein Dach über ihren Kopf und einen Boden unter ihren Füßen erhalten. Ein Medium kann von Oberflächen mehr oder weniger umschlossen sein. Eine Höhle, ein Tierbau oder ein Zimmer sind Beispiele für solche Umschließungen.

2. Jede Oberfläche setzt einer Verformung einen Widerstand entgegen, der von der Viskosität der Substanz abhängig ist:

Das zweite Gesetz befasst sich mit den unterschiedlichen Festigkeiten von Oberflächen. Es besagt, dass sich Substanzen im Grade ihres Widerstandes gegen Verformung unterscheiden, dass heißt, die Skala reicht über plastisch und halbfest bis hin zu flüssig. Wird diese Variable durch den Widerstand gemessen, den eine Substanz dem Fließen entgegensetzt, nennt man sie Viskosität. Je flüssiger oder fließender die Substanz ist, umso leichter lässt sich die Oberfläche durchdringen und umso veränderlicher ist die Flächenanordnung. Aus diesem Gesetz ergibt sich, dass ein Morast oder Sumpf schweren Lebewesen keinen Halt beim Stehen oder Gehen bietet und dass ein Teich oder ein See sie überhaupt nicht trägt. Was Hindernisse angeht, so besagt das zweite Gesetz, dass die Oberflächen nicht starrer Substanzen nachgiebig sind oder beiseite gedrückt werden können, was bei Oberflächen starrer Substanzen nicht der Fall ist. Für flüssige Substanzen gilt nach diesem Gesetz, dass ihre Oberflächen extrem vielgestaltig sind. Sie können gegossen, verschüttet, gespritzt, gestrichen, gemalt, getupft werden.

3. Jede Oberfläche setzt dem Auseinanderfallen einen Widerstand entgegen, der von der Kohäsionskraft der Substanz abhängig ist:

In diesem Gesetz werden die Unterschiede in der Zerbrechlichkeit von Oberflächen behandelt. Das heißt, unter der Einwirkung einer Kraft wird sich die Oberfläche einer zähen, elastischen Substanz dehnen, aber zusammenhängend bleiben. Die Oberfläche einer starren Substanz hingegen, wird auseinanderbrechen und den Zusammenhalt verlieren.

4. Jede Oberfläche besitzt eine eigene und eine charakteristische Textur, die von der Zusammensetzung der Substanz abhängig ist. Sie hat sowohl eine Flächenanordnungstextur als auch eine Pigmenttextur:

Die Textur einer Oberfläche hat zwei Hauptmerkmale. Erstens ist eine natürliche Substanz nur selten homogen, sondern mehr oder weniger ein Aggregat aus verschiedenen homogenen Substanzen, und zweitens ist diese Substanz selten amorph, sondern mehr oder weniger ein Aggregat aus Kristallen, Brocken oder Stücken des betreffenden Stoffes. Deshalb ist auch die Oberfläche einer natürlichen Substanz weder homogen noch amorph, sie hat sowohl eine chemische als auch eine physikalische Textur. Sind die chemischen und physikalischen Einheiten einer Oberfläche klein, so ist die Textur fein, sind sie groß dann ist die Textur grob.

5. Jede Oberfläche hat eine charakteristische Form, eine Flächenanordnung im Großen:

Dieses Gesetz befasst sich mit der Flächenanordnung in der Umwelt in einem relativ großen Maßstab. Das können Umschließungen, wie beispielsweise Höhlen, Tunnel, Zimmer oder auch Objekte der Stereometrie, wie Würfel, Quader, Kegel oder Pyramiden, die sich voneinander unterscheiden, sein.

Festzustellen ist, dass sich alle diese geometrischen Körper in drei Komponenten zerlegen lassen und zwar in Flächen, Kanten, Ecken und Spitzen. Bei den Objekten der Umwelt haben diese Komponenten bestimmte Bedeutungen: die Kanten stellen quasi Schneidewerkzeuge dar oder die Spitzen Bohrwerkzeuge. Die verschieden geformten Umschließungen bieten z. B. die Möglichkeit darin zu wohnen.

6. Eine Oberfläche kann stark oder schwach beleuchtet sein, im Licht oder im Schatten liegen:

Dieses Gesetz drückt aus, dass das Licht, das auf eine Oberfläche fällt, stark oder schwach sein kann und dass eine gewisse Beleuchtung aber immer vorhanden ist, auch in der Nacht. Ein wichtiger Aspekt ist, dass der Beleuchtungszustand einer beliebigen Oberfläche täglich zwischen Belichtung und Beschattung wechselt.

7. Eine beleuchtete Oberfläche kann einen größeren oder einen geringeren Teil der auf sie fallenden Beleuchtung absorbieren:

Hier wird ausgesagt, dass eine Oberfläche in Abhängigkeit von der chemischen Zusammensetzung der Substanz einen größeren oder kleineren Teil der auf sie fallenden Beleuchtung bzw. Belichtung absorbiert. Einige Substanzen (z. B. Kohle) absorbieren viel, andere Substanzen (z. B. Kalk) absorbieren wenig.

8. Eine Oberfläche hat ein charakteristisches Reflexionsvermögen, das von der Substanz abhängig ist:

Dieses Gesetz besagt, dass der Teil des Lichts, der, statt von der Oberfläche geschluckt zu werden, ins Medium zurückgeworfen wird, charakteristisch für die Substanz ist. Es handelt sich hier um das Verhältnis von reflektiertem zum einfallenden Licht. Dieses Verhältnis wird als das Reflektionsvermögen einer Oberfläche bezeichnet (z. B. Kohle 5% und Schnee 80%).

9. Eine Oberfläche besitzt, in Abhängigkeit von ihrer Substanz, eine charakteristische Verteilung der Reflexionsgrade bei verschiedenen Lichtwellenlängen. Diese Eigenschaft der Oberfläche nennen wir ihre Farbe und zwar in dem Sinne, dass verschiedene Verteilungen verschiedene Farben bilden:

In diesem Gesetz wird behauptet, dass eine Oberfläche eine charakteristische Verteilung der Reflektionsgrade der verschiedenen Wellenlängen des einfallenden Lichtes aufweist und dass aus diesen Verteilungen verschiedene chromatische Farben resultieren. Zu unterscheiden sind hier chromatische (Farbton) und achromatische Farben (Schwarz, Weiß, Grau). Oberflächenfarben sind für Mensch und Tier von großer Bedeutung. Denken wir an die Farben der Pflanzenwelt, des Wassers, des Sonnenuntergangs, des Regenbogens oder des Feuers.

Diese Oberflächenfarben geben auch an, ob eine Frucht reif oder unreif ist oder ob es sich um ein Blatt oder eine Blüte handelt. Im Zusammenhang mit den Texturen helfen die Farben zwischen Pelz, Gefieder und Haut zu unterscheiden.

Zusammengefasst kann man sagen, dass wir in einer Umwelt leben, die aus Substanzen, einem Medium und Oberflächen besteht: aus Substanzen, die mehr oder weniger stofflich sind, aus der gasförmigen Atmosphäre als Medium und aus Oberflächen, die die Substanzen vom Medium trennen (Gesetze: vgl. Gibson 1982). Wir leben also nicht im Raum!

Das Ordnungsprinzip

»Die Regelmäßigkeit gehört zum Wesen des Bauens. Heinrich Tessenow sagte: ›Die Ordnung ist mehr oder weniger immer armselig. Mit unserem Bemühen, die Welt zu ordnen, bekennen wir, dass wir nicht die Kraft haben, die Welt in ihrer Ganzheit zu fassen und dass wir uns mit gewissen Grobheiten bescheiden wollen. Das gewerbliche Arbeiten, das Bauen unserer Straßen und Brücken und Häuser und Möbel usw. ist immer in besonderem Maße ein grobes Arbeiten und so ist ihm die Ordnung besonders gemäß oder notwendig‹« (Tessenow zit. nach Meiss 1994, S. 44).

Regelmäßige geometrische Ordnung steht zeitweilig nicht hoch im Kurs. Leicht spricht man von Einförmigkeit, Starre, Monotonie, Unmenschlichkeit etc. Dennoch ist die Regelmäßigkeit allgegenwärtig: der Herzschlag, die Atmung, das Tropfen eines Wasserhahns, das Ticken einer Uhr, die Abfolge von Tag und Nacht, der Rhythmus der Jahreszeiten. Wir können uns dieser Regelmäßigkeit nicht entziehen. Erst wenn sich der Pulsschlag verändert, beginnen wir ihn zu messen, da sein Gleichmaß gefährdet ist. Die Regelmäßigkeit ist in uns – ein geheimer Rhythmus regelt unser Leben (vgl. Meiss 1994).

Abb. 27: Gruppe von Drei-ecken, Gruppe von Kreisen und Gruppe von Dreiecken und Kreisen (in: Meiss 1994, S. 45)

Das Auge neigt dazu, gleichartige Typen zu gruppieren. Selbst wenn die Elemente paarweise verglichen erhebliche Unterschiede aufweisen, stellen wir fest, dass die strukturelle Ähnlichkeit überwiegt. Die rhythmische Wiederholung ist ein sehr einfaches Kompositionsprinzip, das auf Anhieb ein Kohärenzempfinden auslöst. Alle Arten von Wiederholungen können sich im Übrigen addieren, ein Ganzes untergliedern oder auch einfach eine Reihe ohne deutlich erkennbare übergreifende Form bilden (vgl. Meiss 1994).

Kein organisiertes System kann ohne Ordnung bestehen, ganz gleich ob es sich um eine physische oder geistige Funktion handelt. So wie eine Maschine oder ein Orchester oder eine Fußballmannschaft nichts leisten kann, ohne dass alle Teile aufeinander abgestimmt sind und zusammenarbeiten, so kann auch das Werk eines Künstlers oder eines Architekten seine Funktion nicht erfüllen und seine Botschaft nicht vermitteln, wenn es keine geordnete Struktur erkennen lässt.

Ordnung ist auf jeder Ebene der Komplexität möglich, ob es sich um so einfache Statuen wie die auf den Osterinseln oder um die komplizierten Skulpturen Berninis handelt, ob wir an ein Bauernhaus oder an eine Kirche von Borromini denken. Ist aber keine Ordnung zu erkennen, lässt sich unmöglich sagen, was das Werk auszudrücken versucht (vgl. Arnheim 1980).

Schauen wir auf eine hochkomplexe Fassade, die wir mit unserem Sehwinkel nicht vollständig erfassen können, stellen wir fest, dass uns das keineswegs irritiert. Das liegt daran, dass unser schweifender Blick durch die Regelmäßigkeit von Elementen, Öffnungen oder Figuren unterstützt wird. Unsere Wahrnehmung wird deshalb nicht überfordert, weil die ständigen Wiederholungen für uns quasi eine Entlastung darstellen.

Die Ausdrucksform in ihrer Gesamtheit wird dabei nicht gestört. Selbst klassizistische Fassaden mit üppigen barocken Überformungen überfordern uns wegen ihrer Ordnung nicht. Im Gegenteil, diese Gebäude haben eine positive Ausstrahlung. Nützlichkeit und Schönheit werden miteinander verbunden und bieten in ihrer Gliederung Ausdruck und Anmutung. Das gilt nicht nur für Gebäude, sondern gleichermaßen für Innenräume und Möbel.

Diese besondere Ausprägung solch einer Textur wird in der folgenden Abbildung dargestellt. Alle Bestandteile sind von gleicher oder ähnlicher Wichtigkeit, aber im Gegensatz zur homogenen Struktur gibt es eine bevorzugte Richtung.

Stimulation und Wahrnehmung

Ronald Siegel, ein amerikanischer Psychologie-Professor und Halluzinationsexperte, legte sich in einem Selbstversuch für mehrere Stunden in einen völlig finsteren Salzwassertank, der praktisch keinerlei sensorische Empfindungen mehr zuließ.

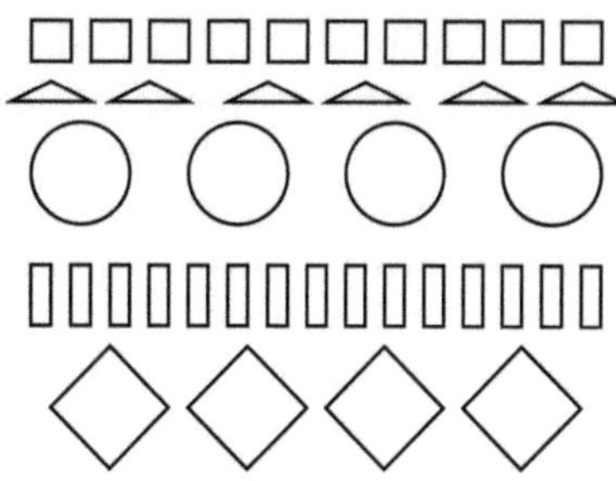

Abb. 28: Eine Textur (in: Meiss 1994, S. 53)

Schon nach wenigen Stunden tauchten erste Halluzinationen auf, zunächst kleine Objekte und sonderbare Formen mit leuchtenden Rändern. Später füllten Wolkenkratzer aus Licht sein Blickfeld mit einer futuristischen Architektur, einem Tunnel entströmte pulsierendes blaues Licht, schließlich sah er einen lachenden Buddha vor sich.

Dieses Phänomen der Unterstimulation nennen wir Deprivation. Es handelt sich um einen seelischen Entbehrungszustand in dem triebgesteuerte oder erlernte Bedürfnisse infolge einer Mangel-, Verlust- oder Entzugssituation nicht oder nur unzulänglich befriedigt werden können. Das Individuum versucht zuerst diesen Zustand durch eigene Aktivität zu beenden, reagiert auf länger dauernde Deprivation jedoch mit zunehmend depressivem Verhalten oder Halluzinationen.

Was haben diese Erscheinungen mit unserer gebauten Umwelt zu tun? Wir verlassen die physische Umwelt der Objekte, Orte und Institutionen und wenden uns einer anderen Quelle zu, nämlich der, der Reiz-Energien oder Stimulationen. Der Begriff der Stimulation bezieht sich hier auf die Qualitäten und Dimensionen der Umwelt.

Stimulationen aus der unmittelbaren Umwelt wirken sich enorm auf Wahrnehmung, Motivation, Leistung und Wohlergehen aus. Das gilt sowohl für Unter- als auch für Überstimulation.

Warum sind bestimmte Umwelten langweilig, andere anregend? Worauf beruht die Dimension mit den Gegenpolen Anregung und Monotonie? Antje Flade beantwortet das folgendermaßen. Die Dimension beruht auf zweierlei: der vorhandenen Reizfülle oder Reizarmut, das heißt, dem Ausmaß der sensorischen Stimulation in einer Situation, und der Informationsrate. Diese sensorische Stimulation bezieht sich dabei in erster Linie auf die visuelle und akustische Sinnesmodalität. Dass der Mensch es ohne eine solche Stimulation nicht lange aushält, ohne dabei »verrückt« zu werden, hat man in empirischen Untersuchungen nachgewiesen. Tierversuche sprechen dafür, dass reizarme Umwelten sich nachteilig auf die Intelligenzentwicklung auswirken. Ratten in reizarmen Umwelten lernen bestimmte Aufgaben langsamer, finden sich schlechter in Labyrinthen zurecht und haben ein geringeres Hirngewicht. Untersuchungen von Kindern, die fern der Zivilisation aufgewachsen sind, haben ergeben, dass ein Zusammenhang zwischen der intellektuellen Leistungsfähigkeit und dem Grad der Isolation besteht (vgl. Flade 1987).

Jedes Individuum braucht Stimulation, um sich wohlfühlen zu können. Allerdings kommt es auf die Dosis an. Stimulation unter der persönlichen Behaglichkeitszone wird als langweilig bis sehr unangenehm erlebt. Die Grenze zwischen Stimulation und Überstimulation ist fließend und kann von Mensch zu Mensch verschieden sein. Überstimulation ist für alle Menschen unangenehm und belastend.

Umweltbelastung und psychosomatische Probleme stehen in einem engen Zusammenhang. Menschen reagieren auf Überstimulation mit Rückzugsbedürfnis oder Aggression, körperlichen Erregungssymptomen wie Erröten, Herzklopfen oder Schweißausbrüchen, Zittrigkeit oder Verwirrtheit. Wenn Menschen überstimuliert sind sinken ihre Leistungen, sie können oft nicht mehr klar denken, reagieren emotional oder irrational. Dauert der belastende Zustand an, werden sie krankheitsanfällig und neigen zu Neurosen oder Depressionen. Krankheitserscheinungen im Bereich des Körpers, die eng mit seelischen und sozialen Belastungen verknüpft sind, verbreiten sich in der heutigen Zeit enorm. Auch Störungen wie nervöse Herz- oder Magenbeschwerden, Schlafstörungen, Schmerzsyndrome oder allgemeines körperliches Unwohlsein, Müdigkeit und Zerschlagenheit sind Ergebnisse psychosomatischer Störungen.

4. Erleben und Architektur

Ganz so düster wie von Nietzsche sollte der Stil des Barocks jedoch nicht gesehen werden. Es ist der Stil der Neuzeit, der außerhalb der Baukunst vor allem auch Malerei, Skulptur, Musik und Literatur prägte. Der Stil im Allgemeinen, ist ein wichtiges Instrument der Kunstgeschichte. Stile sind langfristig bestehende Konventionen in der Darstellung und Bevorzugung.

Wer hat wohl Verzierungen, Schnörkel und Verspieltheiten an den verschiedenen Bauteilen jener zeitgenössischen Architektur erfunden? Waren es die Baumeister, Maler oder Bildhauer? Sicher nicht, denn vieles folgte dem Vorbild der Natur, wie das folgende Beispiel verdeutlichen soll.

Die erste Erfindung eines solchen Kapitells wurde – wie erzählt wird – auf folgende Weise gemacht:

Eine Bürgerstochter aus Korinth, bereits heiratsfähig wurde krank und starb; nach ihrem Leichenbegräbnis sammelte die Amme die Spielsachen, an denen sich das Mädchen bei Lebzeiten ergötzt hatte, legte sie zusammen in einen Korb, trug diese zu dem Grabmal, stellte ihn oben darauf und deckte ihn, damit sich die Sachen länger als unter freiem Himmel erhielten, mit einer Dachplatte zu. Jener Korb war nur zufällig über eine Akanthoswurzel (Bärenklau) gesetzt worden; da trieb die vom Gewicht gedrückte in der Mitte befindliche Wurzel um die Frühlingszeit Blätter und Stängel, und ihre Stängel, an den Seiten des Korbes emporwachsend und von den Ecken der Dachplatte durch den Druck der Last hinausgedrückt, wurden gezwungen, nach außen hin Schneckenwindungen zu bilden.

Da bemerkte Kallimachos (ein Bildhauer aus Athen), der wegen der Gewähltheit und Feinheit seiner Arbeiten in Marmor von den Athenern Katatechnos (der Kunstvolle) genannt wurde, im Vorübergehen an diesem Grabmale jenen Korb und die ringsum hervorsprießenden zarten Blätter. Entzückt über die Art und Neuheit der Form, machte er nach diesem Vorbild bei den Korinthern Säulen, stellte die zusammenstimmenden Maßverhältnisse derselben fest, und von da an, entzifferte er die Gesetze für die Errichtung von Bauwerken korinthischer Ordnung (vgl. Vitruv 2004, Viertes Buch).

Diese korinthischen Formen von hohem ästhetischem Wert, ob als Säulen, Pilaster oder Kapitelle, finden wir noch heute an einer Vielzahl von Gebäuden wieder. Die Architekten der letzten beiden Jahrhunderte griffen immer wieder auf solche Formen zurück. Unsere bauliche Umwelt ist enorm durch Klassizismus und Historismus geprägt.

4.1 Bauaufgaben und Anforderungen an die Architektur

Bevor wir zur Entstehung von Baustil und Symbolik kommen, möchte ich ein paar Ausführungen zu den Bauaufgaben und den Anforderungen an die Architektur machen, unterteilt in Bauaufgaben des Mittelalters, Bauaufgaben der Neuzeit (Renaissance und Barock) und Bauaufgaben des 19. Jahrhunderts (vgl. Kruft 2004).

Bauaufgaben des Mittelalters:
- Religion: Kirche (Pfarrkirche), Kathedrale, Friedhof, Kloster
- Erziehung und Gesundheit: Schule, Universität, Hospital
- Regierung: Pfalz, Burg, Befestigungen (Mauer, Tor)
- Verkehr: Bahnhof, Straßen
- Tausch: Speicher
- Produktion: Bauernhof, Bürgerhaus mit Werkstatt
- Wohnen: Hütte, Siedlung, Wohnturm

Bauaufgaben der Neuzeit (Renaissance und Barock):
- Religion: Kirche, Friedhof, Kloster
- Kulturinstitution: Theater, Bibliothek, Galerie
- Erziehung und Gesundheit: Schule, Universität, Hospital
- Regierung: Schloss, Garten, Zeughaus, Gefängnis, Rathaus
- Verkehr: Straßen, Brücken
- Tausch: Speicher, Börse, Kaufhaus
- Produktion: Bauernhof, Manufaktur (Fabrik)
- Wohnen: Bauernhof, Bürgerhaus mit Werkstatt, Mietshaus, Villa, Schloss

Bauaufgaben des 19. Jahrhunderts:
- Religion: Kirche, Friedhof, Mausoleum, Denkmal
- Kulturinstitution: Theater, Oper, Museum, Bibliothek (Kino)

> Erziehung und Gesundheit: Schule, Universität, Sportstadion, Krankenhaus, Bäder, Kurhäuser
> Regierung: Parlament, Rathaus (Schloss), Justizpalast, Gefängnis
> Verwaltung: Bürohaus, Verwaltungsbau, Ministerien
> Verkehr: Bahnhof, Straßen, Brücken Tunnel
> Tausch: Börse, Bank, Kaufhaus, Lagerhaus, Ausstellungshalle, Galerie
> Produktion: Fabrik, Maschinen, Industrieanlagen, Farm
> Wohnen: Einfamilienhaus (Cottage), Mietshaus, Villa, Bauernhof

Ein stetiges Anwachsen der öffentlichen und privaten Bauaufgaben in den einzelnen Epochen ist nicht zu übersehen. Das breite Feld der Architektur lässt sich in folgende Kriterien unterteilen (vgl. Schäfer 2003):

1. nach dem vorherrschenden Baustil und der jeweiligen Kunst- und Kulturepoche;
2. nach Zwecken und Funktion der Gebäude, z. B. Sakral- oder Profanbau oder Militärbauten und Festungen wie im Zeitalter des Barock;
3. nach den vorherrschenden Baumaterialien (Holz und Stein, Beton und Glas, Lehm, Metall, Kunststoff etc.);
4. nach den vorherrschenden Formen der Raumauffassung und der Verteilung von Körperform und Masse;
5. nach Lage und Verbundenheit des Gebäudes mit anderen Gebäuden und Siedlungsflächen (Einordnen von Gebäuden, Straßen und Plätzen, Dominanz von Gebäuden etc.).

Anforderungen an die Architektur: Zu diesem Thema hat Olaf Weber (1995, S. 306ff.) in seinem Buch »Die Funktion der Form«, 20 Thesen formuliert, die Auskunft darüber geben sollen, welche Anforderungen an die Architektur gestellt werden. Diese Thesen sollen jedoch nicht dogmatisch übernommen werden, sondern lediglich ein Angebot zur Architektur darstellen.

Einige dieser Thesen möchte ich übernehmen und darstellen.

Das Ziel des Bauens ist eine Gebrauchs- und Kulturwerterhöhung des Raumes. Beispiele dafür sind: Physischer Schutz; Kulturelle Orientierung; Fördern von kulturellen und sozialen Emanzipationsprozessen; soziale Effizienz des Raumes erhöhen; Vermeidung von Drang zu modischem, schnellem Verschleiß, Effekthascherei und leerer Dekoration. Das Schaffen einer humanen Umwelt, eingebunden in die Kreisläufe der Natur, soll im Vordergrund stehen.

Architektur entsteht aus der Transformation raumbildender Initiativen in die Kultur der Stadt oder des Dorfes, zum Beispiel: intensive Qualifizierung der bereits bebauten Fläche; zerstörungsfreier Umbau bestehender Gebäude; Vermeidung von Kreation neuer Baumassen; Wiederverwendung von Gebäudeteilen; modernisierter Altbau statt angepasster Neubau.

Das Bauen sollte als Fortschreiben der Kulturgeschichte einer Stadt oder eines Dorfes verstanden werden.

Das Gesicht eines Ortes ist zu bewahren und nicht kommerziellen Interessen zu opfern. Humanes Bauen ist ein Handeln mit der Natur: das heißt, Schaffung von größerer Naturnähe; Einbinden der Gebäude in den Naturkreislauf (Wärmedämmung, Sonnenenergie etc.); Schaffung von Verwertungsketten; die Verbesserung des Mikroklimas beispielsweise durch Dachbegrünung; versickerungsfähige Bodenbeläge statt Asphalt etc.

Das Bauen soll ein lebendiges Reagieren auf eine lebendige Umwelt sein.

In den typologischen Figuren sind wertvolle bauliche Erfahrungen konserviert: Das bedeutet vor allem, auf gültige Erfahrungen und bewährte Lösungen achten, also eine Balance zwischen den praktischen, technischen und ästhetischen Anforderungen halten und das Wesen einer Bauaufgabe und das Charakteristische der lokalen Gegebenheiten erkennen.

Teillösungen sind zugunsten ganzheitlicher Konzepte zu eliminieren, kollektive und historische Erfahrungen sind in den Mittelpunkt zu stellen.

Ganzheitliches Entwerfen soll die widersprüchlichen Anforderungen zu einem Kulturprodukt synthetisieren und alle Sinne ansprechen: Architektur sollte als synästhetischer Prozess verstanden werden (Empfinden und Erleben von Raum, Handhabung und Nützlichkeit); Wertgefüge zwischen dem Praktischen und Ästhetischen nicht sozial festgeschrieben, Luxusbedürfnisse hinsichtlich Raumvolumen, Ausstattung und Schmuck begrenzt werden.

Gestaltungsangebote sollten als ein offener Prozess verstanden werden, d.h. Kommunikation und Interaktion zwischen Nutzer und Architekten aufzubauen bzw. aufrechtzuerhalten.

Bauwerke sind Angebote: Es soll nicht nur umhüllte Leere, sondern auch Freiräume zur alternativen Aneignung geschaffen werden.

Durch eine Verbesserung des Wohnumfeldes kann z.B. erreicht werden, dass sich besseres Sozialgefüge entwickelt. Die Gestaltung von halböffentlichem Raum, der zusätzliche Aneignung durch Kommunikation zulässt, kann zur Überwindung von Distanzen beitragen, indem kommunikationsfördernde Voraussetzungen, durch z.B. die Überschaubarkeit des Wohnquartiers, Übergangszonen zwischen Privatheit und Öffentlichkeit oder einfach das Aufstellen von Bänken geschaffen werden.

Weitere Thesen sind:

Auch Nutzer sind Architekten: Deshalb gilt es, die Ansprüche und Möglichkeiten der Nutzer zu respektieren und qualifizieren; die kulturpädagogische

Funktion des Architekten herauszustellen und nicht dem Publikumsgeschmack nachlaufen.

Bauwirtschaft und Bautechnik sollten bescheidene Diener der Baukultur sein: Die bautechnischen und wirtschaftlichen Faktoren sollen zwar ihre Spuren hinterlassen können, doch das Gebäude nicht entgegen der öffentlichen Interessen, vor allem nicht entgegen der Kultur, prägen.

Zeichen und Anzeichen sollten ästhetisch zusammenwirken: Das heißt, Präsentieren und Repräsentieren mit und durch Formen.

Die Form soll informieren, orientieren und unterhalten: ästhetische, strukturelle, funktionelle und historische Bezüge sollen vermittelt werden.

Die Aussagen sollen zum Grundcharakter des Bauwerks hinführen: Gestaltung soll die Bedeutung und den Sinn der Form in einen Zusammenhang bringen.

Gestalten ist nicht nur ordnen; Gestalten ist das Formulieren von architektonischen Aussagen mit baulichen Mitteln und das Herstellen von kommunikativen Zusammenhängen. Die Menschen nutzen die baulichen Formen zur Speicherung und zur Weitergabe von sozialen Erfahrungen. D.h. mit den Formen können Inhalte, Assoziationen, Emotionen oder Werte übermittelt werden.

4.2   Raumsymbolik

Die Menschen brauchen Formen zu einem materiellen oder immateriellen Zweck, zu ihrem seelischen und geistigen Aufbau und zum Kampf um ihre leibliche Existenz. Sie leben durch Formen, ihr Leben kann sich nur in Formen vollziehen. Die Welt der Formen ist für die Menschen kein Luxus, sie dient nicht ihrem Vergnügen, sie entspringt nicht einem Spieltrieb: einfache Lebensnot, Seelennot, Erkenntnisnot fordert die Welt der Formen. Aber diese Formen sind nicht unsere Geschöpfe, sie leben auch ohne uns in der Natur. Sie leben nach ihren eigenen Gesetzen, über die wir keinerlei Macht haben. Wenn wir die Formen, die wir brauchen, aus der Natur herausnehmen und weiterentwickeln wollen, so kann das nur in den Grenzen der Gesetze dieser Formen selbst geschehen.

Man kann versucht sein zu fragen: Welche Formen brauchen die Menschen; welche Formen brauchen sie zu ihrer seelischen und geistigen Ernährung? Nun, eben dies ist der Antrieb der Menschen zur Züchtung der Formen, dass sie diejenigen Formen fänden, die eine vollkommene geistige und seelische Ernährung versprechen, die ihren Lebenstrieb sättigen und sie in Harmonie setzen mit der Natur, mit Gott und mit sich selbst. Und da die Menschen nur durch die Formen leben, suchen sie also darin nur sich selbst (vgl. Häring 1934).

Bilder haben in der Menschheitsgeschichte schon immer eine große Rolle gespielt, allerdings zu keiner Zeit vor uns strömten so viele unterschiedliche Bilder auf die Menschen ein wie heute. Kinder werden von klein auf von Bildern umgeben. Kinder lieben Bilder – sie sind auf Spielzeugen, auf Kleidungsstücken und auf sonstigen Gegenständen der Kinderwelt zu sehen. Auch Erwachsene lieben Bilder. Das Bild hat eine besondere Funktion. Es dient als Blickfang, Reizmittel und prägt das Unbewusste. Was immer Menschen verkaufen wollen, modische Kleidung, Haushaltgeräte, Heimelektronik, Bücher oder auch politische und andere Ideen, alles wird mit Bildern garniert verabreicht. Der moderne Mensch als ein audio-visuelles Wesen ist somit besonders anfällig für diese Art von Reizüberflutung geworden. Das Ergebnis ist oft der Verlust der Sensibilität. Der Mensch läuft Gefahr abgestumpft zu werden. Er verliert die Fähigkeit über sein Denken zu reflektieren. Hintergründige Realität wird nicht mehr wahrgenommen, das heißt, er verliert seine metakognitiven Kompetenzen.

Uns ist bekannt, dass Bilder umso einflussreicher sind, je mehr sie mit emotionaler Energie geladen sind. Damit ist die emotionale und assoziative Neben- oder Mitbedeutung als Begleitvorstellung gemeint – die Konnotation.

Die eigentliche Bedeutung des Bildes wird nicht ausgeschöpft. Wer aber z.B. vor dem Bild eines Hauses die Wirklichkeit »Haus« erlebt oder spürt, erfährt dann auch etwas von der Ursehnsucht des Menschen nach einem Zuhausesein, nach Geborgensein.

M. Hirsch weist in seinem Buch »Das Haus« zu Recht darauf hin, dass das Haus eine Metapher der eigenen Person ist. Er stützt sich dabei auf das von Leuner entwickelte katathyme Bilderleben, eine Tagtraumtechnik, die dem Hausmotiv eine herausragende Rolle zukommen lässt (vgl. Hirsch 2006, S. 47).

> »Beim Gang durch das imaginierte Haus werden sowohl allgemeine Klischees verwendet (die Küche als Ort der Oralität, das Schlafzimmer natürlich als dem der Sexualität, der Keller ist der Ort der Vorratshaltung, aber auch, wie der Dachboden, der Aufbewahrungsort für abgelegte, d.h. verdrängte Dinge der Vergangenheit) als auch auf individuelle Besonderheiten geachtet, namentlich auf den Charakter der Zimmer, ob es chaotisch, schmutzig oder aufgeräumt, appetitlich imaginiert wird, den Charakter des Wohnzimmers, warm oder kühl, gemütlich oder unwohnlich, all das lässt tief blicken, lässt Rückschlüsse auch auf unbewusste Kräfte zu [...]« (Hirsch 2006, S. 48).

Als geistige Wesen verwenden Menschen Symbole, um ihre Lebensräume zu markieren, zu gestalten und zu erleben. Es handelt sich um einen Aneignungsprozess; wir reden von symbolischer Orts- und Raumbezogenheit des Menschen.

Symbolische Ortsbezogenheit oder symbolische Raumgestaltung weist auf die Fähigkeit des Menschen hin, Objekte und Phänomene seiner Umwelt auf dem Wege der Symbolisierung in die soziale Welt zu transportieren und sie so zu Bezugspunkten menschlichen Erkennens, Empfindens und Verhaltens zu machen.

Alle Zeichen, ob Signal, Merkmal oder Symbol, können bei der Wahrnehmung Veränderungen im Individuum bewirken. Allerdings sind Merkmal und Signal eher Zeichen mit mittelbarer Bedeutung, das heißt, sie wirken bewusst. Symbole dagegen sind Bedeutungsträger mit unmittelbarer Bedeutung. Sie wirken im Unbewussten und können nicht bewusst abgewehrt oder abgewertet werden. Den Symbolen wohnt quasi eine suggestive Komponente inne. Das gilt für sakrale und profane Bereiche gleichermaßen. Das Symbol informiert uns bildlich über eine Idee, es ist ein Informationsträger mit einer gewissen Autonomie.

Symbolen werden Funktionen und Zuschreibungen wie die Darstellung von Macht und Repräsentation; materielle Potenz; Moral und Werte; biografische Ereignisse und Familienskulpturen zugeschrieben. Aber auch die Übersetzung sozialer und religiöser Systeme wird symbolisiert.

Abb. 29: Alte Börse zu Leipzig mit den allegorischen Figuren Apoll, Merkur, Minerva und Venus

Schauen wir uns das Versammlungshaus Leipziger Kaufleute aus dem späten 17. Jahrhundert an. Dieses Gebäude, im Barockstil errichtet und auch als »Alte Börse« bekannt, trägt eine Menge von Symbolen. Die Opulenz dieser symmetrischen Fassade wurde durch eine üppige Verzierung erreicht. Die zweiarmige Freitreppe und die umsäumende Balustrade im Dachbereich mit ihren vier allegorischen Figuren machen das Bauwerk zu einem visuellen Erlebnis.

Der Sinnbildgehalt der Darstellung von Apollo, Merkur, Minerva und Venus ist offensichtlich. Bei der Auswahl der mythologischen Gottheiten ist man nicht uneigennützig vorgegangen: Das Anliegen war die Symbolisierung von Schutz für Handwerk Handel und Gewerbe. Wir sehen links Merkur, den Gott des Handels und Gewerbes und rechts Minerva, die altitalische Göttin als Beschützerin des Handwerks. Die Rückfront zieren Venus und Apoll.

Die Erscheinungen, die in der Bewusstseinsebene vorerst sichtbar werden, sind Symptom und Komplex. Das Symptom kann als Stauungsphänomen eines gestörten Energieablaufes definiert werden und sich sowohl somatisch als auch psychisch zu erkennen geben. Es ist ein Alarmsignal, das anzeigt, dass etwas Wesentliches in der bewussten Einstellung nicht stimmt oder ungenügend ist, und dass also eine Bewusstseinserweiterung stattfinden sollte, d.h. die Behebung einer Stauung, wobei man aber im Voraus nicht in der Lage ist, anzugeben, wo diese Stauungsstelle liegt und welcher Weg zu ihr führt. Komplexe definiert Jung als abgesprengte seelische Persönlichkeitsteile, Gruppen von psychischen Inhalten, die sich vom Bewusstsein abgetrennt haben, willkürlich und autonom funktionieren, also ein Sonderdasein in der dunklen Sphäre des Unbewussten führen, von wo aus sie jederzeit bewusste Leistungen hemmen oder fördern können (vgl. Jacobi 1967).

Wir können sagen, dass ein Komplex quasi eine Umfassung, Umschließung oder Umschlingung von unbewussten Inhalten ist. Komplexe sind nicht nur negativ zu sehen. Es gibt auch

Abb. 30: Venustempel im Wörlitzer Park

Komplexe mit förderndem Einfluss. Verena Kast meint: Da jedes affektvolle Erlebnis zum Komplex wird, müssten auch freudige Erlebnisse zu einem Komplex werden. Freude kann als Stimmung, als Gefühl, aber auch als Affekt erlebt werden. Wir haben die Tendenz, die Affekte, die uns eher beflügeln, die uns lebendiger machen, zu vernachlässigen. Wir sprechen ständig von Angst, Wut und Trauer, aber es gibt Situationen, die nicht Angst, sondern Freude auslösen, und auch das kann komplexhaft sein (vgl. Kast 1999).

Im Zentrum des Monopterus steht ein Abguss der altitalischen Göttin Venus, der Göttin des Frühlings und der Gärten – ein beliebtes Symbol in der barocken und klassizistischen Gartenarchitektur.

Symbole in der Architektur sind nicht zufällig, sie sind gewollt und haben eine Funktion. Sie sollen assoziierend wirken und eben die erwähnten Komplexe aktivieren. Symbole können konkrete Zeichen für abstrakte oder nicht sichtbare Begriffe sein. Auch der heutige Mensch mit seiner modernen Technik ist kaum vor Kälte, Hunger und Angst gefeit. Die Ängste unserer Vorahnen wurden zwar vom modernen Leben verdrängt oder besser gesagt, kompensiert, doch bei Weitem nicht aufgehoben. Die kleinsten Ereignisse lassen sie wieder zum Vorschein kommen. Der Mensch hat ein Ziel, und zwar das Leben. Er richtet seine Emotionen auf alles, was Leben spendet und auf alles, was der Aufrechterhaltung des Lebens dient. Diese Intention drückt er seit Menschengedenken in Symbolen aus.

Architektur ist nicht nur ein hochkomplexes, sondern auch ein sehr ambivalentes Unternehmen. Vitruv drückte sich vor etwa 2000 Jahren so aus:

»Diese Bauten müssen aber so ausgeführt werden, dass dabei der Festigkeit, Zweckmäßigkeit und Schönheit Rechnung getragen wird. Auf Festigkeit wird man Rücksicht genommen haben, wenn die Unterbauten bis zu einer festen Grundschicht hinabgetrieben werden, und aus jeder Gattung von Baumaterial sorgfältige und von Habsucht freie Auswahl geschieht. Der Zweckmäßigkeit aber wird Rechnung getragen sein: wenn die Anlagen der Räume fehlerfrei und ohne Hemmnis für den Gebrauch, und ihre Verwendung nach ihrer Art im Einzelnen der Himmelsgegend angepasst und entsprechend ist. Auf Schönheit aber wird Rücksicht genommen sein, wenn der Anblick des Werkes angemessen und gefällig ist und wenn die Maße der Glieder die richtigen symmetrischen Verhältnisse haben« (Vitruv 2004, S. 27f.).

Am folgenden Beispiel (Abbildung 31) können wir erkennen, dass noch eine weitere Komponente zur Festigkeit, Zweckmäßigkeit und Schönheit hinzugefügt werden kann, nämlich das Bildhafte. Das Symbolische in der Architektur hat viele Gesichter, z.B. ein Universitätsgebäude in der Gestalt eines Buches. Hierbei handelt es sich um ein Symbol, das für einen besonderen Zweck geschaffen wurde. Die Funktion eines Universitätsgebäudes soll hier bildhaft veranschaulicht werden. Ein spezielles, ortstypisches Symbol für Leipzig. Dieses Symbol soll in einer einfachen Weise seinen Zweck anzeigen bzw. als ikonografisches Zeichen eine lokale Unverwechselbarkeit erzeugen (vgl. Richter 2004).

Abb. 31: Ehemaliges Universitätshochhaus Leipzig (erbaut von 1968 bis 1972)

Das Hochhaus hat die Form eines Buches, das in Richtung Osten aufgeschlagen ist. Das Gebäude befindet sich mitten auf dem Campus der Universität Leipzig. In den späten 90er Jahren wurde die Uni jedoch ausquartiert. Heute ist unter anderen der MDR in diesem Gebäude beherbergt.

Dieses aufgezeigte Beispiel des Universitätshochhauses lässt sich als soziokulturelle Dimension einordnen. Verfolgen wir den Faden des Symbolischen weiter, dann kommen wir zu den individuellen und sozialpsychologischen Dimensionen. Sozialpsychologisch betrachtet, kann bei Raumsymbolik zwischen individueller Perspektive und sozialer Identität unterschieden werden. Auf der individuellen Ebene sind sehr spezifische, an die persönliche Lebensgeschichte und Assoziationen gebundene Objekt-Bedeutungs-Relationen erkennbar. Auf der anderen Seite stehen die Betrachtung der Gruppenzugehörigkeit sowie deren räumlich-dingliche Korrelate und Statussymbole. In diesem Zusammenhang spielt die Auswahl von Kleidung, die Bevorzugung bestimmter Mode oder die Benutzung öffentlich sichtbarer Produkte eine große Rolle (vgl. Richter 2004).

Zur Befriedigung lebensnotwendiger Bedürfnisse schafft der Mensch Räume und Baukörper. Seit den frühen Stufen der menschlichen Gesellschaft lässt er sich bei der Errichtung seiner Bauwerke nicht nur von Nützlichkeit und Zweckmäßigkeit leiten, sondern er verknüpft in starkem Maße auch seine geistig-ästhetischen Ideen und Ansprüche. Allerdings spielt oftmals die Symbolik der Macht eine vorrangige Rolle.

»Ich bin der Geist, der stets verneint!
Und das mit Recht; denn alles, was entsteht,
Ist wert, dass es zugrunde geht;
Drum besser wär's, dass nichts entstünde.
So ist denn alles, was Ihr Sünde,
Zerstörung, kurz das Böse nennt,
Mein eigentliches Element«
(Goethe 1999, Vers 1340).

Die Anonymität, das Volk als Machtkolonne, die nationale Bewegung, das Verschwinden des Einzelnen in der Menge – das alles drückt sich in der NS-Architektur aus. Die nationale Idee ist felsenfest gegründet. Architektur wurde zum Inbegriff arischer Manifestation eines 1000-jährigen Reiches. Die größte Tat des Jahrhunderts sollte sich in Eisen, Beton und Stein widerspiegeln. Bedingungslose Ergebenheit und widerspruchslose Symbolik kennzeichnen die neoklassizistischen Gebäude des Dritten Reichs.

Schmucklose Oberflächen aus Granit oder Muschelkalk bestimmen die Fassade. Bauplastische Gliederungselemente sind weitestgehend zurückgedrängt, auf Farbe wurde gänzlich verzichtet. Strenge strukturschaffende Formen wie Pfeiler, Pilaster, Gesimse und schlichte Verdachungen waren zugelassen. Bevorzugt wurden Formen, die einen monumentalen Herrschaftsausdruck demonstrierten. Die Rezeption, das heißt, die Auswahl und Übernahme historischer Bautypen und Architekturmotive erfolgten nicht nach ästhetischen Gesichtspunkten, nationalsozialistische Machtdemonstration und eine pervertierte Weltanschauung standen im Vordergrund.

Tempel einer neuen arischen Religion sollten sie sein, die man nur mit Ehrfurcht betreten durfte. Die Wandstärken sollten das Wehrhafte dieser Diktatur symbolisieren. Monumentale Schlichtheit und graue Steinsichtigkeit vermitteln Härte, Distanziertheit und einseitige Kommunikation. Geschossübergreifende, hohe und schmale Fenster vermitteln einen absolutistischen Machtanspruch. Die Arkaden sollten die herausragende Würde und den Wert des arischen Menschen symbolisieren. Der Größenwahn äußerte sich vor allem auch in der Baumasse der Gebäude. Einheit und Geschlossenheit, Kraft, Größe und Dauer wurden suggeriert.

Es ist der Sinn des Gebäudes der im Vordergrund der Wahrnehmung steht und nicht die Bedeutung. Abstraktion, Konvention, Unsicherheit und Emotionen, kurz gesagt, die *Konnotation* ist hier die Grammatik der architektonischen Sprache.

Wilhelm Reich formulierte: »Der Weg des Faschismus ist der Weg des Maschinellen, Toten, Erstarrten, Hoffnungslosen. Der Weg des Lebendigen ist grundsätzlich anders, schwieriger, gefährlicher, ehrlicher und hoffnungsvoll« (Reich

2005, Umschlagseite). Genau das drückt sich eben in der Monumentalarchitektur des Dritten Reiches aus.

4.3 Denotation und Konnotation

Unsere gewohnte Raumvorstellung mit ihren Objekten, Markierungen und Distanzen ist nicht angeboren, sie ist ein Produkt eines langwierigen Sozialisations- und Lernprozesses, eines komplexen Vorganges, bei dem verschiedene Hirnregionen beteiligt sind. Diese Prozesse funktionieren nach sogenannten Schemata. Es sind Erwartenshaltungen oder Einstellungen, die unser Handeln und Denken unbewusst in ganz bestimmter Weise beeinflussen. Es geschieht quasi alles unter einem bestimmten Blickwinkel. Ein Beispiel dafür sind die unterschiedlichen Antworten bzw. Wegerklärungen einer Hausfrau, eines Autofahrers oder eines Pfarrers auf die Frage nach dem Bahnhof.

Schemata sind also begriffliche Rahmen von Wissen über Gegenstände, Menschen und Situationen. Sie sind Wissenspakete über komplexe Verallgemeinerungen unserer Erfahrung mit Strukturen in der Umwelt.

Skripte dagegen sind Eintragungen oder Speicherungen im Langzeitgedächtnis. Sie setzen Ereignisse in Bezug zu einer spezifischen Situation oder zu einem bestimmten Kontext. Ein Beispiel: Betreten einer Gaststätte, Platz nehmen, auswählen, bestellen, essen, bezahlen, Gaststätte verlassen. Das im Skript gespeicherte Wissen dient der Orientierung in häufig auftretenden Situationen. Skripte sind Kombinationen aus sozial abgeleiteten Vorschriften. Was gehört sich und wird akzeptiert? Skripte in unterschiedlichen Kulturkreisen sind dann auch meist verschieden. Der menschliche Organismus lebt in ständiger Wechselwirkung mit seiner Umwelt (Mensch-Umwelt-Interaktion). Zwei grundsätzliche Prozesse sind dafür bestimmend:

1. die Informationsverarbeitung (Kognition): Die Informationen werden in entsprechenden Gedächtnisstrukturen abgelegt (wenn nötig, mehrmals vervielfältigt). Auf diese Weise besitzt jeder von uns einzigartige Informationspakete von verschiedenen Bereichen der Umwelt. Die subjektiven Widerspiegelungen der äußeren Objekte. Die Umwandlung von Umweltwahrnehmung und die Verknüpfung mit schon gespeichertem Wissen sind die ersten Stufen höheren geistigen Wissens.

2. die Bildung von Schemata: Die Objekte erzeugen Bilder, sogenannte Schemata, die jederzeit überprüft und überarbeitet werden können. Diese Bilder haben auch die Funktion, dem neuen Input einen Sinn, einen bekannten Bezugspunkt zu geben. Sobald dieser Prozess in Gang gekommen ist, wird jede neue Wahrnehmung zu einem Akt von Begriffsbildung, der dem bereits hergestellten Bezug

folgt. Die Umwelt (die natürliche, die soziale und die gebaute) findet eine individuelle, einzigartige Darstellung im Nervensystem jedes Einzelnen, der sie wahrnimmt.

Der architektonische Inhalt besteht aus vielen Dimensionen oder Schichten, und sein Ausdruck hat etwas mit Sprache zu tun. Die beiden zentralen Begriffe sind hier Denotation und Konnotation. Diese Begriffe werden auch als »Bedeutung« und »Sinn« übersetzt. Konnotationen leben von einem »Sinnüberschuss« des Sprachmaterials, den weder Wörterbuch noch Grammatik enthalten.

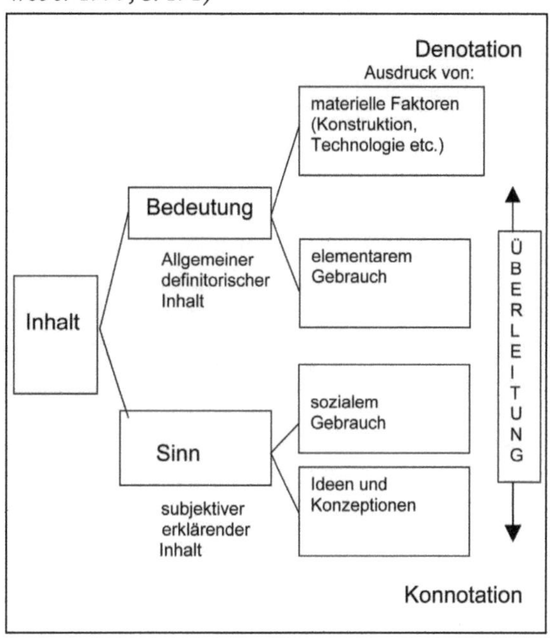

Abb. 32: Der Inhalt der architektonischen Form (in: Weber 1995, S. 191)

Denotationen sind konkrete und sichere, allgemeingültige und rationale, relativ objektive und sachlich funktionale Attribute. Konnotationen dagegen sind abstrakt und unsicher, subjektiv und emotional oder ästhetische Anmutungsqualitäten.

Das folgende Schema von Weber (1995) soll den Inhalt der architektonischen Form veranschaulichen.

Die Zeichensprache in der Architektur

Der Mensch lebt nicht instinktgerecht in seiner Umwelt, deshalb muss er selbst für Orientierung und Kommunikation sorgen. Infolge eines Kulturprozesses hat er Zeichen und Symbole wie die Sprache hervorgebracht, das wichtigste Zeichensystem überhaupt. Ein Zeichen kann ein Signal sein, das beim Empfänger eine Reaktion hervorruft. Ein Zeichen ist ein Symbol, wenn es Ähnlichkeit mit dem Bezeichneten hat oder wenn ein Zusammenhang zwischen Form und Inhalt besteht. Ein Zeichen präsentiert sich und repräsentiert etwas anderes. Es ist etwas Wahrnehmbares, das in Kommunikationshandlungen etwas nicht Wahrnehmbares vertritt. Es ist ein Signal, das eine Bedeutung trägt und lässt ein Bild in uns entstehen. Dazu gehören Metapher, Gleichnis, Allegorie, Emblem etc.

Wie können nun Zeichen und Symbole des Gebauten deren Funktion wirkungsvoll unterstützen, und was wird von den Menschen und in welcher Bedeutung wahrgenommen? Die als Zeichen abstrahierten Elemente der Architektur (Treppe, Fenster, Tor, Säule etc.) können ganz bewusst eingesetzt werden. Architektur, die sich nicht solcher Zeichen bedient, gibt es nicht. Triumphbögen, opulente Kuppeln in der sakralen Architektur, Türme im Rathausbau, große Aufmarschplätze sind Boten solch einer Zeichensprache.

Ein Zeichen präsentiert sich und repräsentiert, d.h. es verweist gleichzeitig auf etwas anderes als sich selbst. Dies geschieht über drei Typen assoziativer Brücken. Wie kommen diese Assoziationen zustande? Eine Form kann auf drei Wegen auf etwas anderes als sich selbst verweisen. Es gibt drei Arten von Assoziationen: 1. die logische Verknüpfung; 2. die Ähnlichkeit und 3. die Konvention (vgl. Richter 2004).

K. Lynch (2001) stellt fest, dass Merkzeichen als außerhalb des Betrachters befindliche Bezugspunkte angesehen werden und dass sie in allen Größenordnungen auftreten können.

> »Bei den Personen, die mit der Stadt gut vertraut waren, konnte man eine Neigung beobachten, sich zur Orientierung weitgehend auf ein System von Merkzeichen zu verlassen und eher auf Einmaligkeit und Spezialisierung als auf Kontinuität zu achten.
>
> Da die Benutzung eines Merkzeichens voraussetzt, dass aus einer Fülle von Möglichkeiten ein Element ausgesondert wird, ist das Hauptcharakteristikum dieser Kategorie Einmaligkeit bzw. ein in diesem Zusammenhang einzigartiger oder merkwürdiger Anblick.
>
> Merkzeichen werden leichter erkannt und mit größerer Wahrscheinlichkeit als bedeutungsvoll angesehen, wenn ihre Form klar und einfach ist; wenn sie in einen starken Kontrast zum Hintergrund stehen oder wenn die räumlichen Situation besonders auffallend ist« (Lynch 2001, S. 98f.).

Einen einmaligen, kontrastreichen und bedeutungsvollen Anblick bietet beispielsweise das Völkerschlachtdenkmal in Leipzig und die Kategorie der Einmaligkeit ist auch beim »Uni-Riesen« (Abb. 31) – mit seiner Form eines Buches – erfüllt. Ob Tempel oder Tore, Türme oder Kuppeln, keine Stadt kann auf solche Merk- oder Wahrzeichen verzichten.

Tab. 20: Drei Arten von Assoziationen

Logische Verknüpfung	Ähnlichkeit	Konvention
Wenn »A« dann »B«; Aus der Wegführung wird die Lage des Schlosses gefolgert; Die Enge der Treppe deutet auf einen Nebenaufgang; Die schmale Fensterform verweist auf Sanitärbereiche	Ikonisches Zeichen; Verweist auf etwas Analoges; Historisch und psychisch abhängige Größe; Kann sich inter- o. intraindividuell unterscheiden	Konventionelles Zeichen; Fehldeutungen möglich; Häufig steht ein Symbol als Zeichen für mehr als nur eine Sache; Ein Stern als Himmelskörper oder vier Sterne für ein Hotel

Ein Wahrzeichen ist ein bedeutendes Beispiel für ein Merkmal oder ein Zeichen einer Stadt. Denken wir an den Eiffelturm in Paris: Hier handelt es sich um ein Zeichen, welches sich präsentiert und die Stadt Paris repräsentiert. Das gilt für viele Städte gleichermaßen, egal ob es sich um die Freiheitsstatue in New York handelt oder um das Brandenburger Tor in Berlin. Wahrzeichen sind allerdings nicht nur hoch oder monumental, es können auch kleine Skulpturen sein, wie z.B. die Bremer Stadtmusikanten oder die Meerjungfrau in Kopenhagen.

Der Sinnbildgehalt einer Kirche ist enorm hoch. Ideen und Konzeptionen stehen im Vordergrund. Die sakrale Architektur hat ein eigenes Vokabular. Die Stadtkirche oder die Kathedrale ist zum einem das Wahrzeichen einer Stadt und zum anderen der Ort der Transzendenz und Kontemplation. Die Steilheit ihrer Wände, das Vertikale aller Bauglieder deutet auf einen Formwillen hin, der von Frömmigkeit und Mystik geprägt ist. Kirche und Kathedrale können auch Symbole der Macht sein. Architektur dient dem Nützlichen und dem Schönen, das gilt auch für Gotteshäuser.

Die lichterfüllten Innenräume, die stringenten Formen und Kompositionen, die Vollkommenheit der Ausstattung und die sinnbildlichen Darstellungen rufen beim Betrachter Konnotationen, d.h. subjektive und emotionale Begleitvorstellungen hervor.

An dieser Stelle ein kurzer Exkurs in die biologische Psychologie. Was geschieht in uns beim Betreten einer Kirche? Der Blick nach oben – was löst er aus? Wenn wir es zulassen, erleben wir einen raschen Entspannungszustand. Die biopsychologische Erklärung: Durch die Veränderung der Augenstellung, Stellung der Augäpfel nach oben, wird ein physiologischer Schaltmechanismus, im Sinne eines bedingten Reflexes ausgelöst. Ähnlich wie bei der Hypnose oder beim

Abb. 33: Kirche St. Petri in Wörlitz

Autogenen Training, stellt sich alsbald ein entspannter Zustand ein, der durch Verminderung der Atemgeschwindigkeit, Senkung des Herzschlages, Blutdrucksenkung, Minderung des Stoffwechselumsatzes und Änderung der Hormonkonzentration gekennzeichnet ist. Es handelt sich hierbei um physiologische Vorgänge, die messbar sind. Diese »leichte Hypnose« führt außerdem zu einer leicht erhöhten Suggestibilität – das innere Erleben, das Denken und die Wahrnehmung verändern sich.

Das folgende Beispiel (Abbildung 33) zeigt eine Stadtkirche im Stil des Historismus. Die Gestaltung wird bestimmt durch Technik und Ingenieurkunst, durch kulturelle Eigenheiten, durch regionale Einbindung sowie durch die wirtschaftliche Potenz des damaligen Hochkapitalismus. Bei diesem Bauwerk handelt es sich nicht um zeitgenössische Ausdrucksformen, sondern um eine Rezeption aus der mittel- und westeuropäischen Gotik. Einflüsse aus England und Flandern sind unverkennbar.

Die neugotische Kirche St. Petri in Wörlitz, unmittelbar am Stadtpark gelegen, ist ein beeindruckendes Beispiel des Sakralbaus im 19. Jahrhundert.

4.4   Stadt und Architektur

Die heutigen Großstädte sind Artefakte der industriellen Revolution. Die radikale Erweiterung und explosionsartige Entwicklung der Städte führte zu einer rasanten Verstädterung und der Entstehung von Großstädten. Das 19. Jahrhundert war kennzeichnend für diese neue Qualität. Das enorme Wachstum der Bevölkerung, die Konzentration von Industrie und kapitalintensiver Maschinenproduktion, die beschleunigten Produktionsprozesse, die Logistik, die Zunahme an Verkehr veränderten die Städte grundlegend. Öffentliche und private Bauaufgaben und -spekulationen trugen zu einer tiefgreifenden Veränderung des Stadtbildes bei. Städte aller Kulturen sind Ergebnisse gesellschaftlicher und ökonomischer Prozesse. Das heißt aber auch, dass Städte, egal welcher Epoche, ihre *eigene Identität, ihre eigene Struktur und ihre eigene Bedeutung* haben.

Es gab bisher wenige Untersuchungen darüber, wie die bebaute Umwelt der Städte überhaupt wahrgenommen wird. Kevin Lynch griff in seinem Buch »Das Bild der Stadt« (2001) erstmals die Rolle der räumlichen Umwelt einer Stadt, die Interaktion zwischen Beobachter und Stadt auf. Nach seiner Meinung ist die Stadtlandschaft etwas, das man sehen, im Gedächtnis behalten und an dem man sich erfreuen kann. Wichtig für den Beobachter ist ein visuell einfach erfassbares Bild, das nach verschiedenen Kriterien systematisiert und geordnet werden kann und sich somit als Erinnerung einprägt.

Lynch testete mit kleinen, nicht systematisch ausgesuchten Beispielen die visuellen Qualitäten der Stadtzentren von Boston, New Jersey City und Los Angeles. Dazu wurde in jeder Stadt eine Auswahl von Bewohnern zu ihrer Stadt befragt. Sie sollten anhand von Beschreibungen und Skizzen ihre Stadt erklären. Aufgrund übereinstimmender Aussagen wurden nun Merkmale bestimmt, welche die Stadt typisieren, anhand derer sich der Betrachter orientiert, welche eine Stadt unverwechselbar machen und somit das Stadtbildprägen. Die Untersuchung ergab, dass sich diese Wesensmerkmale in die folgenden fünf Bereiche einteilen lassen: Wege, Grenzlinien, Bereiche, Brennpunkte und Merkzeichen. Diese fünf Elemente sind nach Lynch Bestandteil der sogenannten kognitiven Karte.

In der folgenden Tabelle werden Zusammenhänge zwischen den einzelnen Elementen, dem Stadtbild mit Beispielen und den Gestaltgesetzen dargestellt.

An diesem Punkt stellt sich die Frage, auf welche Art und Weise kognitive Karten vom Menschen gespeichert werden und wie sie eigentlich zustande kommen. Dazu müssen wir wissen, wie unser Kurz- und Langzeitgedächtnis funktionieren.

Das Kurzzeitgedächtnis (KZG) wird auch als Arbeitsgedächtnis bezeichnet, weil die Informationen dort bearbeitet, durchdacht und strukturiert werden. Das KZG ist sowohl für die Einprägung neuer Gedächtnisinhalte als auch für das Abrufen bereits vorhandener Erinnerungen verantwortlich. Physikalisch ausgedrückt könnte man folgenden Vergleich anführen: Ein Teil eines komplizierten elektrischen Schaltkreises wird kurzzeitig mit höherer Spannung versorgt, um bestimmte Steuerelemente, wie z. B. Relais, zu aktivieren.

Das Kurzzeitgedächtnis ist quasi eine Zwischenstation für Informationen, die im Langzeitgedächtnis (LZG) gespeichert werden sollen oder aus diesem wieder abgerufen werden. Es befähigt uns z. B., während wir ein Gespräch führen, andere

Tab. 21: Das Stadtbild und seine Elemente (vgl. Lynch 2001, S. 60ff.)

	Elemente	Stadtbild	Beispiele	Gestaltgesetze
01.	Wege	Kanäle, durch die sich Menschen bewegen	Straßen; Spazierwege; Eisenbahnlinien; Wasserwege	Gesetz der Kontinuität
02.	Grenzlinien	Linearelemente, die nicht als Wege benutzt werden	Grenzen zwischen zwei Gebieten; Küsten; Eisenbahnstrecken; Mauern	Schein-konturen
03.	Bereiche	Mittlere bis große Abschnitte einer Stadt. Sie werden als zweidimensionale Gebiete wahrgenommen, in die der Mensch hineingeht	Abschnitte einer Stadt; Gliederungen einer Stadt	Gesetz der Nähe
04.	Brennpunkte	Strategische Punkte einer Stadt. Es können Ziel- und Anfangspunkte sein oder intensiv genutzte Zentralpunkte	Knotenpunkte; Kreuzungen; Konzentrationspunkte	Gesetz des gemeinsamen Schicksals
05.	Merkzeichen	Äußere Merkmale einer Stadt; Merkmale, die aus der Menge herausstechen	Türme; Schilder; Tore; Denkmäler	Gesetz der guten Gestalt oder Prägnanz

Denkinhalte parallel weiterzuentwickeln und diese dann später in das Gespräch einzubringen. Jedoch gehen die Inhalte des KZG sehr schnell (nach etwa 20 Sekunden) verloren, wenn sie nicht ständig wiederholt und so im Bewusstsein gehalten werden.

Außerdem trägt das Kurzzeitgedächtnis dazu bei, unsere psychologische Präsenz aufrechtzuerhalten. Es erzeugt einen Kontext für neue Ereignisse und verbindet voneinander getrennte Episoden zu einer fortlaufenden Geschichte. Man kann also sagen, das Kurzzeitgedächtnis ist eine kurzfristige besondere

Konzentration auf bestimmte Elemente. Es handelt sich dabei um eine besonders intensive, nur einem begrenzten Umweltbereich zugeordnete Form der Aufmerksamkeit.

Das Kurzzeitgedächtnis ist nicht als Ort, sondern als ein Prozess zu definieren, denn die Voraussetzung für die Erledigung der vielfältigen Aufgaben der Kognition ist, eine große Anzahl unterschiedlicher Elemente in schneller Folge zu schalten.

Das Langzeitgedächtnis dagegen ist der Speicher für alle Erfahrungen, Informationen, Emotionen, Fertigkeiten, Wörter, Begriffsklassen, Regeln und Urteile, die man sich über das sensorische Gedächtnis und das Kurzzeitgedächtnis angeeignet hat. Unsere Fähigkeiten, etwas zu erinnern, werden dann optimal sein, wenn es eine gute Übereinstimmung gibt zwischen den Umständen, unter denen man eine Information *enkodiert*, und den Umständen, unter denen man versucht sie abzurufen *(dekodiert)*. Für das Behalten (Merken) spielen emotionale Faktoren eine außerordentlich wichtige Rolle: Emotional positive Inhalte werden meist länger behalten als emotional negative (vgl. Zimbardo 1999).

Stellen wir uns vor, wir ziehen in eine neue Stadt um. Zunächst befürchten wir doch, dass wir uns niemals zurechtfinden werden. Doch nach einigen Tagen oder auch Wochen stellen wir fest, dass sich ganz automatisch eine neue mentale Karte aufgebaut hat, die uns das Zurechtfinden in der neuen Umgebung erleichtert. Umweltinformationen, wie Gebäude, Straßen, Plätze etc. wurden gespeichert, wie nach der Art eines Karteikastensystems. Wollen wir zu einem bestimmten Ziel gelangen, brauchen wir die notwendigen Informationen nur noch abzurufen und das erfolgt wiederum wie eine Art Kartenlesen. Es handelt sich also um eine Rückkopplung von Informationen. Kognitive Karten sind keine feststehenden Gebilde, sie stellen vielmehr einen Wissensspeicher des physikalischen Raumes dar, der es uns ermöglicht, auch mit geschlossenen Augen unser Ziel zu finden. Der Prozess des kognitiven Kartierens wird also in zwei Schritte unterteilt: das Enkodieren und das Dekodieren. In der folgenden Tabelle ist dieser Prozess anschaulich dargestellt.

Tab. 22: Prozess des kognitiven Kartierens

1. Enkodieren	2. Dekodieren
Kartenherstellung Umweltinformationen werden im Langzeitgedächtnis LZG nach einer Art Karteikastensystem gespeichert.	Kartenlesen Entscheidung bzw. Festlegen folgender Punkte: Ziel; Perspektive; Maßstab; Symbol.

Welchen Charakter besitzen nun die sogenannten kognitiven Karten? Es handelt sich hier um eine andere Form des visuellen Denkens, nämlich um eine gespeicherte, kognitive Repräsentation des physikalischen Raumes.

Diese kognitiven Landkarten ermöglichen es, dass wir uns auch mit geschlossenen Augen in unserer Wohnung zurechtfinden, auch wenn die gewohnte Strecke vielleicht gesperrt ist.

Nach einem Umzug in eine neue Stadt, muss eine solche kognitive Landkarte von der neuen Lebensumwelt erst wieder hergestellt werden. Zunächst befürchtet man, sich niemals wieder zurechtzufinden. Nach einigen Tagen oder Wochen hat sich diese mentale Landkarte jedoch schon weit ausgebaut.

Eine unbekannte Straße zu finden ist auch leichter, wenn man sich den Weg vorher auf einem Stadtplan anschaut und sich dann bildlich vorstellt, diesen Weg zu nehmen.

Beim Kartenherstellen und -lesen sind vier Fragen besonders wichtig:

1. Was soll abgebildet werden (Ziel)?
2. Welcher Blickwinkel oder welche Perspektive soll gewählt werden?
3. Welcher Maßstab soll für die Abbildung genommen werden?
4. Woraus soll die Abbildung bestehen (Symbole)?

Zur Kartenherstellung stehen uns verschiedene Möglichkeiten zur Verfügung: Fotos, Bücher, Straßenpläne, eigene Erfahrungen mit der räumlichen Umwelt etc.

Kevin Lynch stellt die These auf, dass die Wahrnehmungsinhalte der städtischen Umgebung mehr oder weniger starke Lust- bzw. Unlustquellen seien (vgl. Lynch 2001). Diese These trägt er unter dem Begriff »Orientierung« vor. Er meint, dass Orientierung innerhalb einer Umgebung ein ausgeprägtes Bewusstsein gefühlsmäßiger Sicherheit schaffe, während das Gegenteil, der Verlust von Orientierung, dass Verirren, ein Gefühl von Angst hervorrufen könne. Die »Ablesbarkeit« sei es, die die Orientierung in der Stadt stark beeinflusse. Eigenschaften, wie Einmaligkeit, Klarheit der Form, Kontinuität, Dominanz, Klarheit der Verbindungsglieder, Richtungsdifferenzierung etc. entscheiden diese letztlich. In der folgenden Tabelle erhalten wir eine Analyse gut lesbarer und wenig gut lesbarer Städte. Die Frage ist: Welche Elemente und Eigenschaften im Sinne von Lynch sind in einem Fall besonders ausgeprägt oder fehlen im anderen Fall?

4.6 Das Hochhaus

Die kulturelle Umsetzung angeborener Dispositionen konnte schon in vielen Kulturen beobachtet werden. Es wurden u. a. symbolische Formen in der Baukunst gewählt, die auf Macht, Zeugungskraft und materielle Potenz verweisen sollten.

Tab. 23: Die Lesbarkeit einer Stadt, dargestellt in zwei Beispielen

Innenstadt Beispiel	DRESDEN	MAGDEBURG
Teil a	Gut lesbar	Wenig gut lesbar
Einmaligkeit	Einmaligkeit: gegeben; eine Vielzahl von umschlossenen Plätzen; Kontrast von Oberflächen, Form und Vielfalt; prächtige Gebäude; Einmaligkeit	Einmaligkeit: nicht gegeben; keine umschlossenen Plätze; mangelnde Vielfalt; wenig herausragende Gebäude; wenig Kontrast
Klarheit der Form	Formen sind im geometrischen Sinne kompliziert, jedoch sind die einzelnen historischen Gebäude »zerlegbar«, siehe Beispiel Kirche in Leipzig-Engelsdorf	Klare und einfache Formen im geometrischen Sinn
Kontinuität	Gleichartigkeit von Oberflächen sind gegeben z.B. durch den Einsatz von gemeinsamen Baumaterial; nahes Beieinander von Gebäudegruppen	Gleichartigkeit von Oberflächen sind gegeben z.B. durch den Einsatz von gemeinsamem Baumaterial; Wiederholung von rhythmischen Zwischenräumen (Ecke-Straße-Ecke)
Dominanz	Dominanz ist durch Dimension, Intensität und Interesse gegeben	Infolge der strengen geometrischen Bebauungen (Neubauten) gerät der Stadtkern in Dimension, Intensität und Interesse in den Hintergrund
Klarheit der Verbindungsglieder	erfüllt	erfüllt
Richtungs-differenzierung	Asymmetrien, Steigungen und Kurven bestimmen das Stadtbild	Stadtkern ist durch Symmetrien, Geraden und Ebenen gekennzeichnet

Innenstadt Beispiel Teil b	DRESDEN	MAGDEBURG
	Gut lesbar	Wenig gut lesbar
Umfang des Sichtbereiches	Blickfelder, Aussichten, Panoramen sowie Durchsichten sind umfangreich vorhanden	Sichtbereiche bis auf wenige Ausnahmen nicht vorhanden
Bewegungs-bewusstsein	Gestaltungsmittel, wie Kurven, Wegdurchdringungen, Steigungen etc. sind sinnvoll integriert, so dass der Betrachter Richtungen und Entfernungen besser einschätzen kann	Gestaltungsmittel die das Bewegungs-bewusstsein fördern, fehlen weitestgehend; dem Besucher fällt es schwer, Richtungen und Entfernungen real einzuschätzen

Figuren mit übergroßem Phallus finden wir in Europa seit der Jungsteinzeit als Symbol der Potenz. Der Phalluskult ist ein charakteristisches Merkmal vieler Religionen. Der Turm zu Babel ist ein Beispiel aus der semitischen Kultur. Weitere symbolische Kultstätten sind im antiken Griechenland bekannt, sie dienten der Verehrung des Gottes Dionysos. Im mittelalterlichen San Gimignano (Toskana) wetteiferten die Bürger miteinander um Ansehen, indem sie sich gegenseitig in der Höhe der Türme ihrer Wohnhäuser übertrumpften. Bekannt ist diese Stadt durch ihre sogenannten Geschlechtertürmen aus dem 12. bis 14. Jahrhundert. Ansonsten hielt sich die christlich-abendländisch geprägte Gesellschaft eher bedeckt hinsichtlich des Phalluskultes. Die Genitalien des gekreuzigten Jesus sind auf allen Bildern und Skulpturen bedeckt dargestellt. Genitalien wurden ins Dunkle und Schmutzige verbannt. Selbst moderne westliche Zivilisationen tun sich schwer damit, das mittelalterliche Denken zu durchbrechen. Öffentliche Präsentationen von Aktbildern männlicher Genitalien sind verpönt und werden gesetzlich sanktioniert.

J. Jacobi (1967) beschreibt in ihrer Arbeit »Die Bewegungsformen der Libido«: Das Energiegesetz besagt, dass die Energie fähig ist, sich zu verlagern, infolge eines natürlichen Gefälles vom einen Glied eines Gegensatzpaares zum anderen hinüberzufließen. Das heißt z.B., dass die Energiebesetzung des Unbewussten in dem Maße zunimmt, in dem das Bewusstsein an Energie verliert. Die Energie kann ferner durch einen gerichteten Willensakt von einem Gegensatz zum anderen hinübergeleitet, also in ihrer Erscheinungs- und Wirkungsweise verwandelt werden, was sich z.B. in der Freud'schen Terminologie als »Sublimierung«

bezeichnen ließe, mit der Einschränkung, dass es in Freuds Auffassung immer »sexuelle Energie« ist, die solcherart verwandelt wird.

Das bedeutet, dort wo Verbote herrschen, muss sich die Energie, die nicht abfließen kann, andere Wege suchen. Darunter sind gesellschaftlich erlaubte Wege zu verstehen. Bei diesem Vorgang, Sublimation genannt, wird die psychosexuelle Energie (Libido) neutralisiert und für differenziertere soziale oder kulturelle Leistungen verwendet. Der Phalluskult der modernen westlichen Industriegesellschaft findet sich also in anderen Sphären der Gesellschaft wieder: Architektur, Automobile, Verkehrsbauten etc., aber auch Kriegstechnik und Weltraumfahrt sind Ziele dieser Sublimierung. Die Gefährlichkeit dieser destruktiven Entwicklung ist den meisten Menschen bekannt.

Eine Assoziation von Wolkenkratzer und Phallus drängt sich damit zwangsläufig auf. Häuser von gigantischer Höhe sind das Markenzeichen aufstrebender Industrienationen des 20. Jahrhunderts. Materielle Potenz, Machtkonzentration und Drohgebärden sollen von diesen architektonischen Skulpturen auf nonverbaler Ebene ausgedrückt werden. Dass diese Art von Erhabenheit besonders verletzlich sein kann, wurde spätestens mit den Anschlägen des 11. Septembers auf die Türme des World Trade Centers sichtbar. Wurde diese Demütigung vielleicht als die Kastration einer Weltmacht empfunden?

Nationen anderer Erdteile haben diese Baukultur bereits kopiert und befinden sich untereinander im Wettbewerb. Wolkenkratzer des dritten Jahrtausends werden entworfen und gebaut. »Noch gigantischer und noch höher« lautet die Devise. Nicht Bauaufgaben und Funktionalität bestimmen das Handeln, sondern auch hier stehen Machtstreben und Ausdruck von Macht im Vordergrund.

4.7 Horizontalität von Gebäuden

Obwohl Dimensionen in der Vertikalen uns wesentlich eindrucksvoller erscheinen als gleiche in der Horizontalen, sollten wir die Wirkung ausgeprägter horizontaler Gebäude nicht unterschätzen. Solche Gebäude liegen so flach auf der Erde, dass sie mitunter an »ruhende Tiere erinnern« (Arnheim 1980, S. 52). Die meisten Gebäude stehen jedoch. Diese Wirkung lässt sich selbst dann erreichen, wenn die Gesamtbreite die Höhe übertrifft. Renaissancebauten sind in dieser Hinsicht oft wahre Meisterwerke. So stärkt z. B. eine symmetrische Fassade die vertikale Dimension ganz beträchtlich, indem sie eine Mittelachse schafft (vgl. ebd.).

Ein anschauliches Beispiel dafür ist das, Ende des 19. Jahrhunderts im Neorenaissance-Stil errichtete Reichsgericht zu Leipzig.

Außerdem stellt R. Arnheim fest:

»So ist zum Beispiel in den Fassaden der überaus vertikalen gotischen Kirchen das Erdgeschoss häufig mittels großer Portale vom oberen Teil des Baues abgesetzt. Damit ist für genügend Horizontalität gesorgt, in der die Unabhängigkeit von der Erde zum Ausdruck kommt. Das entgegengesetzte Problem ergibt sich für Gebäude, die sich vorrangig in der Horizontalen ausdehnen. Hier wird die ›Zugehörigkeit zur Erde‹ nicht mit einem Eindringen im rechten Winkel, sondern mit einer Parallelität erreicht, die eine ruhige Harmonie schafft« (ebd.).

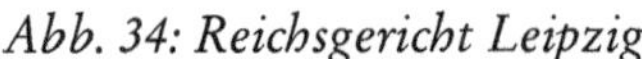

Abb. 34: Reichsgericht Leipzig

Das Reichsgericht Leipzig stellt ein monumentales Staatsgebäude im Stil der Neorenaissance dar, das im späten 19. Jahrhundert errichtet wurde. Das historistische Gebäude beherbergt heute das Bundesverwaltungsgericht.

Im Klassizismus, besonders im Historismus, kommt neben der vermeintlichen Harmonie auch noch die »Schwere« hinzu. Der aufstrebende Kapitalismus, mit seinen neuen Baumaterialien und Technologien, vermittelte Macht und Herrlichkeit. Die wilhelminische Zeit brachte Bauwerke mit überhöhtem, teilweise maßlosem Repräsentationsbedürfnis hervor. Schwer anmutende Fassaden, länger als 120 Meter, Statuen höher als fünf Meter, schwere Kassettendecken im Inneren, Türklinken hoch oben angeordnet. Die Menschen sollten eingeschüchtert werden, sie sollten sich klein fühlen. Erlebnisse von Minderwertigkeit und Minimalismus sollten zu einer geduckten und widerstandslosen Haltung führen.

Riskind (1984) nimmt an, dass das Wohlbefinden einer Person immer dann gefördert werde, wenn die Körperhaltung kongruent zur Valenz eines momentanen Ereignisses steht, beispielsweise eine aufrechte Haltung im Falle eines Erfolgs oder eine gebeugte Haltung im Falle eines Misserfolgs.

S. Stepper (1992) konnte nachweisen, dass die Körperhaltung das Gefühl von »Stolz auf die eigene Leistung« beeinflussen kann. Es wurde folgender Versuch durchgeführt: zwei Gruppen von Versuchspersonen wurden zur Lösung einer Aufgabe aufgefordert.

Die eine Gruppe wurde an Tischen mit geringer Höhe und die andere an Tischen mit normaler Höhe platziert. Die einen saßen in gebückter und die anderen in aufrechter Haltung. Die aufrecht sitzenden Teilnehmer berichteten anschließend mehr Stolz auf ihren Erfolg in einer Aufgabe als jene in gebückter Haltung.

4.8   Das Ornament

Eine Unterscheidung zwischen dem strukturell Notwendigen und dem bloßen Ornament wird erforderlich, wenn wir zwei Auffassungen vom Wesen der Architektur berücksichtigen. Die pragmatischere Auffassung setzt die Funktion von Gebäuden einfach mit den physischen Erfordernissen eines Obdachs gleich. Aus dieser Sicht scheint der Unterschied zwischen dem, was zum Errichten einer stabilen Behausung gebraucht wird, und all dem anderen, das diesen Grundelementen hinzugefügt wird, einigermaßen klar umrissen. Einem Psychologen mag jedoch der Hinweis erlaubt sein, dass der Unterschied zwischen physischen und geistig-seelischen Bedürfnissen nicht so selbstverständlich ist, wie man vielleicht auf den ersten Blick meinen könnte. Jedes körperliche Bedürfnis des Menschen drückt sich als geistig-seelisches Verlangen aus. Selbst der Wunsch, zu überleben, Hunger und Durst zu löschen, ist ein geistig-seelischer Anspruch, der sich im Zuge der Evolution im Hinblick auf den Erhalt der Art entwickelt hat. Ein Lebewesen, das diese Sehnsüchte nicht spürte, würde innerhalb von Stunden eines friedlichen Hungertodes sterben. So sind also die vom Architekten zu befriedigenden Bedürfnisse ausschließlich geistig-seelischer Natur (vgl. Arnheim 1980).

Die Ornamentik an Bauwerken wird sowohl in der Kunstgeschichte als auch in der Wahrnehmungspsychologie näher beleuchtet. Die Faszination einer solchen dekorativen Verzierung machen zum einen die geometrische Grundform und Einfachheit und zum anderen die Komplexität aus. Das Ornament kann die Form des Gegenstandes gliedern und betonen, es kann sich neutral zu ihm verhalten oder es kann ihn überwuchern. Ornamente sind in unserer Umgebung allgegenwärtig. Wir finden sie auf Tapeten, auf Stoffen, auf Tonkrügen und Porzellan, in Räumen und an Bauwerken.

4.9 Eindimensionale Ästhetik

Sullivans Satz – die Form habe der Funktion zu folgen – zu ernst genommen, bedeutet Eindimensionalität in der Architektur und damit auch in der Ästhetik der gebauten Umwelt.

Marcuse schrieb:

> »Die abstoßende Verschmelzung von Ästhetik und Wirklichkeit widerlegt die Philosophien, die die ›poetische‹ Einbildung der wissenschaftlichen und empirischen Vernunft entgegensetzen. Der technische Fortschritt ist von einer zunehmenden Rationalisierung [...] begleitet« (Marcuse 2005, S. 259).

Abb. 35: Westgiebel der Thomaskirche zu Leipzig. Ein Beispiel aufwendiger spätgotischer Ornamentik

Der heutige Funktionalismus in der Architektur spiegelt diese Eindimensionalität der gesamten gesellschaftlichen Entwicklungsrichtung wider. Eine Verselbständigung der technischen Mittel gegenüber den gesellschaftlichen Zielsetzungen ist zu erkennen.

Der Verlust historisch gewachsener Ausdrucksformen und kulturell-regionaler Eigenheiten führen zu dieser Entwicklung. Kunstphilosophische Zusammenhänge werden zerstört, Schönheit wird der Nützlichkeit geopfert. Rezeptionen vorangegangener Baustile werden formal verweigert. Das Interesse an historischer Ästhetik hat heute meist einen verdinglichten, fetischistischen Charakter (Marx spricht vom sogenannten Fetischcharakter der Waren, der die Entfremdung des Arbeiters von seinem Produkt und damit die Verdinglichung der gesellschaftlichen Verhältnisse widerspiegelt). Das heißt, nicht die Schönheit des Gegenstandes, sondern der Wert auf dem Kunstmarkt steht im Vordergrund.

Die einseitige Strukturierung der physischen Umgebung auf gesellschaftliche Funktionen bietet der libidinösen Energie der Individuen immer weniger Anhaltspunkte für emotionale Ausdehnung. Die Libido wird auf die Sexualität beschränkt; die Entwicklung und Sublimierung ihrer Partialtriebe unterbleiben. Darin liegt eine entscheidende Beschneidung der psychologischen Wachstumsmöglichkeit des Individuums.

Heide Berndt formulierte in ihrem Werk »Architektur als Ideologie« (1968) zutreffend:

> »Der Unterdrückung der Partialtriebe entspricht in der heutigen Architektur der Verlust des Ornaments. Das heißt nun nicht, dass die Architektur durch beliebige Ornamente psychologisch ansprechender gemacht werden könnte. Eine Wiederbelebung des Eklektizismus stärkt nur den fetischistischen Kunstgenuss. Eine Architektur, die eine neue und psychisch hoch differenzierte Formensprache entwickeln will, muss den technischen Stand der ihr zur Verfügung stehenden Materialien berücksichtigen. Sie kann nicht aus dem angehäuften Reichtum der historisch erforschten und zugänglich gemachten Stile beliebigen Zierrat herausgreifen, um die heutigen Bauten zu schmücken, vielmehr müsste sie die Materialien, mit denen sie heute arbeitet, in satirischer Verwendung zum Leben bringen« (Berndt 1968, S. 42).

Marcuse (1967) führt in diesem Zusammenhang das Wort »Introjektion« ein. Introjektion unterstellt eine Reihe relativ spontaner Prozesse, mit denen ein Mensch das »Äußere« ins »Innere« umsetzt. Introjektion schließt das Bestehen einer inneren Dimension ein, die von äußeren Erfordernissen verschieden und ihnen gegenüber sogar antagonistisch – ein individuelles Bewusstsein und ein individuelles Unbewusstes, das unabhängig von der öffentlichen Meinung ist. Die »innere Freiheit« bezeichnet den Raum des Menschen, wo er »er selbst« werden und sein kann. Dieser innere Raum wird in der heutigen Zeit von der technologischen Wirklichkeit angegriffen und eingeengt, denn die Massenproduktion und deren Verteilung beanspruchen den ganzen Menschen. Das Ergebnis dieses Introjektionsprozesses ist nicht Anpassung, sondern eine unmittelbare Identifikation des Individuums mit seiner Gesellschaft. Diese unmittelbare, automatische Identifikation ist das Produkt einer ausgetüftelten, wissenschaftlichen Betriebsführung und Organisation. Die »innere« Dimension des Geistes wird eingeengt, doch genau dort könnte die Gegenwehr gegen die herrschenden Verhältnisse (Status quo) aufkeimen.

Was bedeutet nun Introjektion in der Architektur? Es handelt sich quasi um die unbewusste Verinnerlichung unserer gebauten Umwelt. Das heißt aber auch, dass gehasste oder gefürchtete Teile oder Züge übernommen werden. Vergegenwärtigen wir uns die Architektur des Brutalismus der 1950er und die Vulgarisierung der 1960er Jahre. Mit dieser Architektur können wir uns sicher nicht identifizieren. Diese Bauwerke wirken aber trotzdem, und lösen unbewusste Reaktionen aus. Auch in der unpersönlichen, kühlen Glaspalastarchitektur der heutigen Büro- und Einkaufstempel können wir uns nicht wiederfinden. Funktionalismus und Technokratie bestimmen unsere gebaute Umwelt. Es entstehen Uniformität, Einförmigkeit und Gleichmacherei. Eine Entwicklung, die dazu führt, dass die Lust an der Stadt verloren geht, infolge naiver Omnipotenzfantasien einiger Architekten und Stadtplaner.

Der Begriff Introjektion beschreibt sowohl in der Psychoanalyse (Freud) als auch in F. Perls Gestalttherapie ein unbewusstes Verhalten, bei dem ungeprüft Meinungen und Einstellungen von anderen Personen aufgenommen werden. Das Individuum überprüft dabei nicht, ob diese Meinungen, Einstellungen und Verhaltensweisen gut und angemessen sind. Das bedeutet, dass diese übernommenen Inhalte seelische Fremdkörper repräsentieren, die das Individuum sich niemals ganz zu eigen macht. Diese Einverleibung äußerer Werte und Standardbegriffe in die Ich-Struktur werden vom Individuum nicht mehr als Bedrohung von außen erlebt. F. Perls ist der Meinung, dass bei starker Introjektion, insbesondere bei Erwachsenen, die Gefahr der Entstehung von Depressionen, Zwangsneurosen sowie Masochismus gegeben sei.

Marcuse stellte weiter fest, dass die Bedingungen vorhanden sind, die eine gesteigerte Befriedigung der Lust erlauben würden, dass aber andererseits das Realitätsprinzip in übersteigerter Weise die Lust zunehmend hemmt. Das Realitätsprinzip hat sich in unserer Gesellschaft zum Leistungsprinzip verschoben. Dazu gehört auch, dass die Wünsche, Bedürfnisse und vor allem die sexuelle Lust mehr und mehr an die kapitalistische Warenproduktion angepasst werden und schließlich der Lustgewinn unter ökonomischen Gesichtspunkten organisiert wird, dass ferner die Triebbefriedigung selbst als Arbeit erscheint und umgekehrt die ökonomische Arbeit zur Lust wird. Die von Marx beschriebene Praxis, die »sinnlich menschliche Tätigkeit«, hat sich in einer eindimensionalen Gesellschaft ohne Opposition verkehrt (vgl. Marcuse 1967).

Unter dem Begriff Realitätsprinzip ist nach Freud Folgendes zu verstehen: Die Triebe suchen nicht mehr auf dem kürzesten Wege nach Befriedigung; der Mensch macht sich zunehmend mit der Realität sowie mit deren die unmittelbare Triebabfuhr hemmenden Gegebenheiten vertraut und schiebt Befriedigungen auf, unterdrückt sie ganz oder wandelt sie um. Die Organisation des Lustgewinns unter ökonomischen Gesichtspunkten heißt nichts anderes als: Werbung schreibt uns unsere Bedürfnisse vor und schaukelt sie hoch; Mode und Trends sorgen für nicht gewollte Präferenzen; das Bedürfnis nach Wissen, Verstehen, nach Neuem wird im Informationsterror erstickt usw.

5. Verhalten und Architektur

Es sind nicht mehr die technischen Revolutionen, die unsere Städte verändern, sondern das Entstehen von Stadtvisionen. Mediterrane Einkaufs- und Kulturzentren, Renaturierungslandschaften in ehemaligen Bergbaugebieten und Industriebrachen o. Ä. bestimmen die zeitgemäßen urbanen Veränderungen. Was heute eine Stadt ausmacht, ist unklar. Die Erwartungen an eine Stadt werden nicht mehr erfüllt; ihre eigentliche Funktion ist in den Hintergrund getreten. Stadtumbauten im letzten Jahrzehnt wirken wie ein untauglicher Versuch gegen die Verflüchtigung der Urbanität anzukämpfen. Kurzlebige Stadtvisionen mit Trendcharakter sind eher die Regel als die Ausnahme. Verloren gegangen sind vor allem Markt und Handel, Verwaltung und Politik, das geistig-kulturelle Zentrum, die zentrale Repräsentation und die Abgrenzung zum Land.

Industrie siedelt sich nur noch nach steuerlichen Gesichtspunkten an der Peripherie einer Stadt an; gewachsene Traditionen werden ignoriert. Städte sind nicht mehr Verkehrsknotenpunkte, sondern Opfer von Infrastrukturausbauten. Die Städte werden gezwungen mit anderen Städten in Konkurrenz zu treten, um Investoren und finanzkräftige Bürger anzulocken. Gesichtspunkte des internationalisierten Marktes stehen im Vordergrund. Funktionale Aushöhlung und die Konkurrenz der »grünen Wiese« lässt die Innenstädte veröden. Die Schließung von Industriebetrieben zieht eine Wanderungsbewegung nach sich, d. h. die Einwohnerzahlen sinken enorm.

Wie anfangs schon erwähnt, werden Veränderungen in der Arbeitswelt und in den Arbeitsverhältnissen in nächster Zeit einen derartig hohen Anpassungsdruck auslösen, dass wir nicht mit halbherzigen Lösungen zurechtkommen werden. Mit der Auflösung von Normalarbeitsverhältnissen geht auch die Auflösung der Normalfamilie einher und der demografische Wandel tut sein Übriges.

Stellen wir uns die Frage nach dem Sinn der Bauformen des 20. Jahrhunderts. Welche gesellschaftlichen Inhalte drücken sich eigentlich in der Architektur aus?

Nehmen wir den historischen Ansatz, so müssen wir feststellen, dass gesellschaftliche Verhältnisse und die dazugehörigen Bauformen wandelbar sind.

Die architektonische Gestalt der europäischen Städte ist im Wesentlichen von zweierlei Strukturtendenzen bestimmt: von einer historisch überkommenen und von einer zeitgemäß funktionalen. Beide Struktursysteme unterscheiden sich nicht nur durch unterschiedlichen Gebäudebestand, sondern auch durch verschiedene Nutzungssysteme des Geländes.

Die historische Struktur ist vor allem durch die stärkere Mischung der verschiedenen Strukturelemente der städtischen Funktion innerhalb eines Areals gekennzeichnet. Die Konzentration verschiedener Nutzungsarten auf begrenztem Raum nicht industrialisierter Gesellschaften geht auf das unterentwickelte Transportwesen, auf die Einheit von Wohn- und Arbeitsstätte und auf militärische Vorkehrungen (Ummauerungen) zurück (vgl. Berndt 1968).

Die Frage nach einer zeitgemäßen und funktionalen Baustruktur lässt sich am besten mit folgendem Zitat (Berndt 1968, S. 100) beantworten: »Die den Funktionalismus kennzeichnende Trennung von Zweck und Zweckfreiem, von Funktionalem und Ästhetischem wird überwunden in der Aufgabe, (die) Stadt zu einer Gestalt zu bilden, die ›diesem Ursymbol differenzierten menschlichen Zusammenlebens‹ einzig angemessen ist.«

M. Tafuri (1977) behauptet, dass alle Architekten lange Zeit die gesellschaftliche Realität in ihren Werken unberücksichtigt gelassen haben. Er votiert gegen eine Architektur, die noch im Kapitalismus den offenen Fortschritt der Gesellschaft einplant. Die Arbeiten der modernen Architekten sollen den ökonomischen Bedingungen der Städte so Rechnung tragen, dass Bauten und Design verändert oder ersetzt werden können, sobald veränderte Bedingungen neue architektonische Lösungen erfordern. Ein Beispiel wäre der Siedlungsbau der 1920er Jahre in Deutschland.

Der Verzicht auf Gestaltung ist für einige linke Architekten ein politisches Motiv: Gewollte Sprachlosigkeit in der Architektur. Sie wollen sich von der herrschenden Ideologie der kapitalistischen Ordnung befreien, indem sie auf Ausdruck, der immer mit Merkmalen der herrschenden Kultur durchsetzt ist, verzichten. Durch die ästhetischen Manipulationen im kapitalistischen Alltag provoziert, versuchen sie, sich aus dem typischen Ausdruckssystem zu entfernen. Sie verzichten auf die Form in ihrer Funktion als verbindliches gesellschaftliches Verständigungsmittel (vgl. Weber 1995).

Weiter stellt O. Weber fest:

»Die ›Bekunstung‹ von praktischen Gegenständen und Architektur ist ein typisch warenästhetisches Verfahren, das vielfältige Erscheinungsformen hat. Die Wirklichkeit unserer Gestaltungspraxis enthält eine Fülle dieser ›Verschönerungskrusten‹, die teils individuell, teils gemeinschaftlich erfunden und den Dingen angehängt werden. Sie tauchen zum Beispiel im privaten Bereich dort auf, wo sie dem Repräsentations- und Imponiergehabe dienen. Die gesellschaftlichen Ursachen für diese Sucht liegen in dem Fetischcharakter des Eigentums und in übertriebenem Leistungs- und Konkurrenzdenken. Diese ›Bekunstungstendenzen‹ in Wohnungen, Loggien, Einfamilienhäusern und Bungalows, deren Repräsentationszeichen nicht nur die alten Macht- und Geldsymbole sind, widersprechen den Tendenzen der Partizipation der Mieter, die dazu führen können, dass sie die Gestaltung ihrer Wohnumwelt als Selbstausdruck organisieren« (Weber 1995, S. 31).

Georg Simmel untersuchte 1903 in seiner Schrift »Die Großstädte und das Geistesleben« die Auswirkung des Lebens in Großstädten auf die »Individualität«. Er ging von der wichtigen Annahme aus, dass sich eine Veränderung der Individualität, d. h. der menschlichen Subjekte, nur aus Veränderungen der objektiven Umgebung ergeben kann. Die Veränderung der Umgebung in der Großstadt im Vergleich zu anderen Siedlungsformen resultiert aus der Dominanz der Marktfunktionen, der damit verbundenen Geldrechnung und der Vergrößerung der sozialen Bezugsgruppen.

Funktionalismus bedeutet historisch gesehen (Berndt 1968, S. 10f.): »Die historische Struktur ist vor allem durch die stärkere Mischung der verschiedenen Strukturelemente der städtischen Funktion innerhalb eines Areals gekennzeichnet.« Heute aber beobachten wir eine zunehmende Entmischung der urbanen Funktion.

»Der moderne Funktionalismus versucht, die Architektur als unabhängig von historischen Gebundenheiten zu betrachten. Er gebärdet sich als ›unhistorischer‹ Stil und meldet gleichzeitig ›zeitlose‹ oder ›übergeschichtliche‹ ästhetische Ansprüche an« (Berndt 1968, S. 18).

Der heutige Baustil kann erst dann eine »übergeschichtlich« verständliche Sprache entwickeln, wenn er sich seiner gesellschaftlichen Grundlagen so bewusst ist, dass er das Allgemeinverständliche subjektiver, individueller Zustände unbefangen darstellen kann. Unterwirft er sich jedoch ohne Weiteres den jetzigen gesellschaftlichen Funktionsanforderungen, so bleibt sein Ausdrucksniveau beschränkt auf das Niveau von Kasernen, Scheunen, Silos und anderen reinen Nutzbauten, die bloß eine Hülse für einen bestimmten Zweck sind.

Vernachlässigt wird im Funktionalismus vor allen Dingen die Darstellung subjektiver Elemente des Erlebens, der Freude und des Genusses im Umgang mit Materialien, die zu nützlichen Konstruktionszwecken gebraucht werden. Die Erfüllung psychologischer Bedürfnisse muss jedoch in die Funktionalität einfließen. Wir müssen uns einfach über den sozialen und psychischen Entwicklungsstand der Menschen hochindustrialisierter und urbanisierter Gesellschaften informieren (vgl. Berndt 1968).

Es muss aber auch deutlich werden, dass eine ausdruckslose Architektur niemals neutral ist. Inhalts- und formlose Architektur bleibt nicht ohne Folgen – sie hat ihre eigene Dynamik.

> »In den Zeiten wie diesen
> studiere Hochbau nur, um zu lernen,
> wie man das Establishment schnell stürzt
> baue nichts
> außer eine Barrikade.«

Das ist die Forderung des finnischen Architekten J. P. Takala aus dem Jahre 1968 (Jormakka 2003, S. 181). Die Betonung der Funktion und der absolute Verzicht auf Harmonien wurden zur Maxime der Brutalisten. Konzepte von Kompositionen, Symmetrie, Ordnung, Modul, Proportionen und Struktur ließen sie weit hinter sich. Auch das Verhältnis des Architekten zum Bewohner wurde neu definiert: Es ist unmöglich, dass jedermann sein eigenes Haus baut. Es ist die Aufgabe der Architektur, es dem Menschen zu ermöglichen, die Wohnung zu seinem Zuhause zu machen (vgl. Jormakka 2003).

H. Marcuse ist der Meinung, dass Subkulturen, alternative Bewegungen, Utopien als bestimmte Negation dessen entstehen, was in einer konkreten Gesellschaft als unerträglich wahrgenommen wird (vgl. Marcuse 2005).

Utopien können verschiedene Ursachen oder Ursprünge haben. Es kann zum einen eine tiefe Verwurzelung in der augenblicklichen Situation sein und der Wunsch diese zu verbessern oder zu übersteigern. Zum anderen können Utopien als Anstoß zur Veränderung beitragen. Stadtutopien von der Antike bis zur Renaissance waren an der kulturellen Entwicklung ebenso beteiligt wie die sozialen Utopien.

Utopien können aber auch eine Flucht aus der Realität bedeuten, Angst, Enttäuschung und Resignation über die gegenwärtige Situation und Hoffnung auf die Zukunft widerspiegeln. Typische Beispiele sind die Stadtvorstellungen der 1960er Jahre: Städte in der Luft, Städte im Weltraum, unter dem Boden und auf dem Wasser. Zweifel an einer besseren Zukunft drängen den Menschen mental aus seinem natürlichen Lebensraum.

Der Städtebau und auch der Wohnungsbau kann nicht allein daran gemessen werden, ob er den hygienischen Mindestanforderungen entspricht und ob er den Primärbedürfnissen (Essen, Schlafen, Bewegen etc.) gerecht wird. Gerade in Umbruchsituationen ist es wichtig zu erkennen, dass gesellschaftliche Entwicklungen auch architektonische Chancen in sich bergen, denn unsere Städte sind für viele Visionen und Experimente offen. Mehrdimensionale und ganzheitliche Betrachtungsweisen von Mensch und Umwelt sind gefragt.

5.1 Der ökologische Ansatz

Das Ökosystem, in dem wir Menschen leben, enthält genau die Bedingungen, die für die Erhaltung des Individuums erforderlich sind. Im Umkehrschluss trägt der Mensch zur Erhaltung des Ökosystems bei. Menschliche Ökosysteme umfassen allerdings wesentlich mehr als nur die biologischen Lebensbedingungen. Es sind auch die engeren und weiteren räumlichen, materiellen und sozialen Beziehungen. Bestandteile des menschlichen Ökosystems sind zum einen die in der entsprechenden Kultur erzeugten materiellen Gegenstände (Häuser, Möbel, Hausrat und Werkzeuge) und zum anderen die sozialen Regeln des Zusammenlebens, einschließlich der erforderlichen Handlungsvorschriften. Dazu gehören auch soziale Partner, Gruppen und das gesamte gesellschaftliche System.

Auch die Entwicklung des Menschen findet in ökologischen Systemen statt, die innerhalb dessen verflochten sind. Die Elemente eines Systems beeinflussen sich dabei gegenseitig, wobei die Veränderungen eines Elements die Veränderung aller übrigen nach sich zieht. In der folgenden Tabelle möchte ich das ökologische System aus entwicklungspsychologischer Sicht darstellen (vgl. Bronfenbrenner 1981).

Tab. 24: Das ökologische System aus entwicklungspsychologischer Sicht (in: Bronfenbrenner 1981, S. 199ff.)

System	Beschreibung	Beispiele
Mikrosystem	Unter diesem System versteht man den unmittelbaren Bereich, in dem das Individuum lebt. Es handelt sich dabei um konkrete Settings. Komponenten der physikalischen Anordnung: Personen, Rollen, Beziehungen und die ausgeübten Tätigkeiten, einschl. materieller Bedingungen, z.B. Wohnverhältnisse	Wohnung, Kinderzimmer, Eltern, Lehrer, peer groups
Mesosystem	Das Mesosystem besteht aus zwei oder mehreren Settings, denen das sich entwickelnde Individuum angehört. Zwischen solchen Settings entstehen Korrelationen, die ein eigenes, für die Entwicklung relevantes System bilden	peer groups, das Zuhause, Schule, Kirche, Sportverein
Exosystem	Dieses System umfasst ein oder mehrere Settings, die das Individuum noch nicht als handelnde Person aufgenommen haben, es aber indirekt beeinflussen und umgekehrt indirekt durch das Individuum beeinflusst werden (z.B. das Vorschulkind, das die Schule seiner älteren Geschwistern besucht oder die Hausfrau, die das berufliche Umfeld ihres Mannes kennen lernt	Schulbehörde, staatliche Verwaltung, Massenmedien, etc.
Makro-system	Das Makrosystem bezieht sich auf Übereinstimmungen in den Systemen niedrigerer Ordnung (Mikro-, Meso-, Exosystem), die auf der Ebene der Gesamtkultur oder Subkultur bestehen und denen Überzeugungssysteme zugrunde liegen	Normen, Werte, Gesetze, Ideologien, Moralurteile, Weltanschauung etc.

In dieser Tabelle werden das Zusammenspiel zwischen Systemen sowie der Übergang von Menschen von einem System in ein anderes dargestellt. Mit diesem Ansatz werden die unterschiedlichen Rahmenbedingungen, innerhalb derer menschliche Entwicklung stattfindet, untersucht. Außerdem arbeitet Bronfenbrenner (1981) unter anderem heraus, dass es wichtig für die Entwicklung ist, dass die verschiedenen Systeme eines Menschen miteinander vereinbar sind und dass Erfahrungen und Verhaltensweisen, die ein Mensch in einem System erlernt hat, auch in anderen Systemen anwendbar sind.

Zum Begriff Ökosystem gesellt sich nun noch der Begriff des »Settings«. Er ist definiert, als der Ort mit spezifischen physikalischen Eigenschaften, in dem die Menschen in bestimmter Weise in bestimmten Rollen und in bestimmten Zeitabschnitten aktiv sind. Beispiele dafür können Kindergärten, Klassenräume, Hörsäle, Volksfeste, Theater, Restaurants etc. sein. Es handelt sich also um Bereiche wie Milieu, Umfeld, Umgebung, Gegebenheit, Situation und Arrangement.

Wechselwirkungen zwischen Mensch und Umwelt sollten so vollkommen wie möglich sein. Ein Architekt etwa, der einen Kindergarten plant, sollte seinem Entwurf entwicklungspsychologische Einsichten zugrunde legen, z.B. jene von J. Piaget beschriebene Phase der Entwicklung des räumlichen Denkens beim Kinde (vgl. Piaget 1993, S. 23ff.).

Ein Architekt, der ein Caféhaus entwirft, wird bei der Konzeption dieses Milieus intuitiv oder rational auch Faktoren der sozialräumlichen Distanzregulation, des Crowding (Beengungsstress), Over-Crowding usw. berücksichtigen, um die eigentümliche Balance zwischen Intimität und Öffentlichkeit zu erreichen, ohne die die Atmosphäre des Cafés nicht entsteht (vgl. Hartloff 1993).

Roger G. Barker wollte eine »psychologische Ökologie« begründen, und beobachtete mit seinem Feldforschungsteam »Verhaltensströme« vor allem bei Kindern über ganze Tage hinweg. Dabei zeigten sich eklatante Verhaltensunterschiede beim Überwechseln von einem Kontext zum anderen: Ein Kind verhält sich in einer Unterrichtsstunde wesentlich anders als beim Einkaufen im Lebensmittelgeschäft usw. Intra- und interindividuelle Verhaltens-Variabilität scheinen weniger durch Motive, Ziele, Eigenschaften als durch überindividuell-systemare »Kontexte« determiniert zu sein. Für diese prägte Barker den Begriff des Behavior Settings (vgl. Kruse 1996).

Das bedeutet, dass in Barkers Feldtheorie, die historisch auf die Gestaltpsychologie zurückgeht, die Auffassung vertreten wird, dass das Verhalten eines Lebewesens durch die Bedingung des Feldes oder Lebensraums, in dem es erfolgt, bestimmt wird.

Barker ist der Ansicht, dass die traditionellen Ansätze ungeeignet sind, um die Gesetzmäßigkeiten der Umwelt ausreichend zu erfassen. Er lehnt herkömmliche Methoden wie Tests, standardisierte Interviews oder Fragebögen ab. Seiner Ansicht nach kann durch jene Vorgaben die Realität nie ausreichend erfasst werden.

Er greift in seiner ökologischen Psychologie vorrangig auf die narrativen (erzählenden oder beschreibenden) Methoden zurück. Es handelt sich also um die sogenannte »Deskriptive Psychologie« mit einer mehrdimensionalen und praktischen Ausrichtung. Wie schon erwähnt, widmet sie sich der Beschreibung und Klassifikation der seelischen Vorgänge nach ihrer phänomenalen Eigenart.

Dieses Denkmodell ist aus der Architekturpsychologie nicht mehr wegzudenken. Es ist quasi eine Weiterführung des Funktionalismus. Unter dem Begriff Funktionalismus verstehen wir Gestaltungsprinzipien der modernen Architektur. Die Erscheinungsform eines Bauwerks oder eines Gebrauchsgegenstandes wird aus seiner Funktion abgeleitet, das bedeutet, alle Teile eines Bauwerks oder eines Produkts werden ihrem Zweck entsprechend gestaltet. Form und Funktion sollen eine Einheit bilden. Der Funktionalismus trug zur Überwindung des Eklektizismus wesentlich bei und hat die moderne Architektur entscheidend beeinflusst. Institutionen wie der »Deutsche Werkbund«, die niederländische Gruppe »de Stijl« und das »staatliche Bauhaus« zeugen davon.

Ein Behavior Setting ist durch Raum und Zeit begrenzt und verfügt über eine Struktur.

Es werden bestimmte Verhaltensformen hervorgerufen, die aus physischen, sozialen und kulturellen Eigenschaften entstehen. Bei diesem Ansatz steht weniger das individuelle Verhalten des Menschen im Vordergrund, sondern das sogenannte Muster des Verhaltens. Das Behavior-Setting-Konzept ist eine dynamische und ganzheitliche Betrachtungsweise.

Tab. 25: Das Behavior-Setting-Konzept (vgl. Hartloff 1993, S. 80f.)
(Tabelle in: Richter 2005, S. 39)

Standing patterns of Behavior	Ein interindividuell konstantes (kollektives) Verhaltensmuster, welches an bestimmte Kontexte gebunden ist.
Milieu	Der mit den Verhaltensmustern einhergehende soziale und materielle Kontext (Ort, Zeit, Mensch, Objekt).
Synomorphie	Es besteht eine Angemessenheit zwischen Milieu und den zu erwartenden Verhaltensmustern. Die entstehenden stabilen Verknüpfungen werden als Synomorphe bezeichnet.
Behavior Setting	Ein oder mehrere Synomorphe bilden schließlich ein Behavior Setting (vom Sonntagsfrühstück im Familienkreis über eine Party, einen Laden bis hin zu größeren Systemen, wie Institutionen oder Gemeinden).
Behavior Setting-Programm	Die synchronisiert ablaufenden Verhaltensmuster und damit geordneten Abfolgen von Ereignissen innerhalb eines Behavior Settings ähneln einem (selbsterhaltenden) Programm.

Ein Behavior Setting existiert in den strukturellen Grundlagen für sein Programm. Es handelt sich damit um eine spezifische Form von Organisation. Behavior Settings, z.B. Restaurants, Lebensmittelmärkte, Bahnstationen etc., werden durch eine konstruktive Zielhandlung geschaffen, müssen dann als Organisation wachsen, funktionieren, sich bewähren, anpassen, wandeln, eventuell auch wieder »eingehen«.

Das Behavior Setting ist als ein offenes System mit der sich ständig wandelnden Umgebung durch vielfältige Austauschbeziehungen verbunden. Es ist also kein feststehendes System. Es ist ein veränderliches Konstrukt mit Selbstregulation und strebt nach einem optimalen Niveau. Wird das optimale Niveau des Behavior Settings durch irgendwelche Umstände z.B. durch eine Störung bedroht, kann das im Extremfall zu einer »Abschaltung« führen. Es können aber auch einzelne Elemente korrigiert werden, das heißt, Teilnehmer (Personen, Objekte etc.) können ausgetauscht werden (vgl. Kruse 1996).

Abb. 36: Behavior-Setting-Progamm (in: Richter 2004, S. 41)

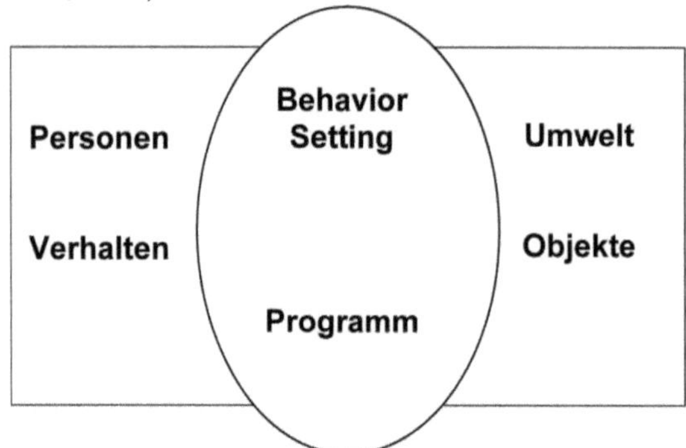

Im folgenden Beispiel möchte ich zwei italienische Restaurants (»Caprese« und »La Dolce Vita«) hinsichtlich ihrer Beliebtheit miteinander vergleichen. Die beiden Restaurants weisen einen hohen Grad an Gemeinsamkeit auf.

Personen: Gäste: »Otto Normalverbraucher«; freundliches, italienisches Personal. Verhalten: Essen gehen als abendfüllendes Programm; am Samstagabend müssen Plätze bestellt werden. Umwelt: eine mittelgroße Stadt; City-Lage; ein Gebäude des Historismus; Freisitze im Hof/Garten vorhanden; verkehrsberuhigte Zone; ausreichend Parkplätze. Objekte: 40 Plätze; mediterrane Küche; Vielfalt von Speisen und Getränken; gutes Weinangebot; moderate Preise; bequeme Sitzmöbel; Tischschmuck und Wanddekoration (Bilder toskanischer Landschaften).

Die unterscheidenden Merkmale sind: Im Restaurant »Caprese« ist Samstagabend, ähnlich wie an allen anderen Abenden, ohne Vorbestellung kaum ein Platz zu erhalten. Im Restaurant »La Dolce Vita« dagegen, bekommt man immer einen Platz. In der Woche ist es oft sogar ganz leer.

Woran liegt es, dass das »La Dolce Vita« zu wenig Gäste hat? Warum wird in diesem Restaurant kein optimales Niveau erreicht? Warum kann sich das Behavior-Setting-Programm nicht selbst regulieren? Liegt eine Störung vor, kann sie behoben werden oder droht gar eine »Abschaltung«?

Eine Behavior-Setting-Analyse hat ergeben, dass dem Architekten bzw. dem Restaurantbetreiber die sozialräumliche Distanzregulation nicht gelungen ist. Die Verkehrsflächen für Gäste und Personal wurden zu groß dimensioniert. Das heißt konkret, dass die Tische einen durchschnittlichen Abstand von drei Metern voneinander haben. Der Abstand der Tische ist zu groß, dadurch wird nicht die gewünschte »Atmosphäre« erzeugt. Die Raumbeanspruchung im Behavior Setting »Restaurant« ist eine andere als beispielsweise im Schalterbereich einer Bank oder Post. Stressreiche oder negativ erlebte Situationen brauchen mehr Raum als positiv erlebte Situationen.

Wie schon erwähnt, lassen sich nach Hall (1996), soziale Distanzen, je nachdem, welche Gefühle man zur entsprechenden Zeit zueinander hegt, in intim, persönlich, sozial und öffentlich einteilen: die intime Distanz (15–45 cm), die persönliche Distanz (45–120 cm), die soziale Distanz (120–400 cm) und die öffentliche Distanz (400–800 cm).

Das Thema Distanzregulation benötigt viel Fingerspitzengefühl. In unserem Beispiel »La Dolce Vita« ist wohl die soziale Distanz – nahe Phase (Entfernung 120–220 cm) angemessen. Die Kopfgröße wird normal wahrgenommen. Bei 220 cm erweitert sich die Fläche des scharfen Sehens auf die Nase und auf Teile beider Augen, oder es werden der ganze Mund, ein Auge und die Nase scharf gesehen. Einzelheiten der Hautoberfläche und der Haare werden klar wahrgenommen.

5.2   Der Drei-Ebenen-Ansatz

Psychoanalyse und Behaviorismus sind aufgrund ihrer Anwendung in der theoretischen Praxis die folgenreichsten psychologischen Theorien der ersten Hälfte des 20. Jahrhunderts. Das Menschenbild, das sich aus diesen Ansätzen herleitet, zeigt jedoch erhebliche Schwächen, sodass damit das Selbstverständnis der meisten Menschen nur unzureichend erfasst wird. Die Humanistische Psychologie dagegen, die sogenannte Dritte Kraft, wendet sich gegen diese Ansätze. Ihr Ziel ist die Entwicklung der Persönlichkeit hinsichtlich Selbstwahrnehmung, Selbstverwirklichung und Selbsterfüllung, Erfahrung von Verantwortlichkeit und Sinnhaftigkeit.

C. R. Rogers geht davon aus, dass der Mensch weder ein Triebwesen noch eine Maschine ist, die lediglich mechanisch auf Umweltreize reagiert. Der Mensch ist von Natur aus gut. Egoistisch und feindselig wird er nur durch negative und frustrierende Lebenserfahrungen. Sind seine Erfahrungen günstig, ist der Mensch fähig, ein ausgeglichenes und produktives Leben zu führen und anderen gegenüber ein verantwortliches und liebevolles Verhalten zu entwickeln. Das zugrunde liegende Menschenbild basiert also auf der Annahme, dass der Mensch in einem ständigen Veränderungsprozess steht und die Fähigkeit besitzt, sich konstruktiv zu entwickeln und eigenverantwortlich zu entscheiden. In diesem psychischen Wachstumsprozess entfaltet der Mensch Fähigkeiten, die es ihm ermöglichen, mehr Vertrauen in sich selbst zu gewinnen, Bewertungen selbstverantwortlich vorzunehmen, zunehmend offen für Erfahrungen und Veränderungen zu werden.

Erinnern wir uns an die Maslow'sche Bedürfnishierarchie, in der Bedürfnisse der Selbstaktualisierung (Selbstverwirklichung) ganz weit oben stehen. Eine sich selbst verwirklichende Person ist selbstaufmerksam, akzeptiert sich selbst und ist kreativ, spontan und offen für Veränderungen. Humanistische Theorien sind als holistisch, dispositionell, phänomenologisch und existentialistisch einzuordnen. Außerdem sind sie entschieden optimistisch, was die Natur des Menschen betrifft.

Diese Theorien sind holistisch, weil sie die einzelnen Handlungen der Menschen immer durch Bezugnahme auf dessen Gesamtpersönlichkeit erklären, und sie sind dispositionell, weil sie sich auf die angeborenen Qualitäten einer Person konzentrieren, die einen bedeutenden Einfluss darauf haben, welche Richtung das Verhalten nehmen wird. Diese humanistischen Theorien sind ebenso phänomenologisch, denn sie betonen den Bezugsrahmen des Individuums, die subjektive Wirklichkeitsauffassung einer Person und nicht die objektive oder Beobachterperspektive (vgl. Zimbardo 1999).

Folgen wir dieser Beschreibung, so können wir den Menschen als eine biopsychosoziale Einheit betrachten, in der sich folgende drei Ebenen ableiten lassen: die Genom-Ebene, die Gedächtnis-Ebene und die Ebene der physischen Umgebung (vgl. Hollitscher 1969). Das Genom lässt sich als phylogenetischer Speicher verstehen, d.h. als stammesgeschichtlich angelegter und überdauernder Träger unserer organischen Form. Das Gedächtnis wiederum ist als ein ontogenetischer Speicher zu verstehen, der nur das Einzelwesen betrifft und Träger für die interne psychische Organisation ist. Die physische Umwelt, insbesondere die gebaute Umwelt, eben alle durch den Menschen geschaffenen und gestalteten Räume und Objekte, sind als ein externaler und kultureller Speicher zu verstehen.

Alfred Lang (1990) drückt sich folgendermaßen aus:

> »Gebaute Strukturen und gestaltete Objekte (also z.B. Wohnanlagen und die Dinge darin und darum herum) sowie alle anderen nichtflüchtigen Zeichensysteme (insbesondere Schrift und Bild) sind externalisierte, und damit kollektive Erkenntnis- und Handlungsstrukturen. Denn sie speichern und repräsentieren (ähnlich wie die Stammeserfahrung im Genom und die individuelle Erfahrung im persönlichen Gedächtnis) den Niederschlag der Tätigkeit einer Gruppe derart, dass die weiteren Tätigkeiten dieser Gruppe bzw. ihrer Nachfolgergruppen daraus mitbestimmt werden. Solche Repräsentationen enthalten immer Informationen sowohl über die Umwelt (d.h. die das Subjekt umgebene Welt) wie über die Möglichkeiten des Umgangs mit ihr; sie sind also durchaus mehr als Abbilder, nämlich immer auch Anleitungen; sie sind generativ. Die Bedeutung gespeicherter Repräsentationen (Genom, Individualgedächtnis, Gebautes und Geschriebenes) kann nicht hoch genug eingeschätzt werden, weil sie die Autonomie der sie hervorbringenden ›Subjekte‹ und ihre Verbände begründen. [...]
>
> Der Organismus, wie er im Genom angelegt und in einer konkreten Umwelt manifestiert wird, kann ebenso gut als Zellverband angesehen werden; die Person kann als eine Organisation von Informationen (›psychische Organisation‹, getragen durch das Hirn als spezialisiertes Organ) und die Gesellschaft als ein Personalverband begriffen werden«
> (Lang 1990, S. 254).

Die folgende Tabelle soll die drei Speicher veranschaulichen.

Tab. 26: Drei Speicher (vgl. Lang 1990)

Biologischer Speicher	Psychischer Speicher	Kollektiver Speicher
Leben	Person	Gesellschaft
Das Genom	Das Gedächtnis	Das Gebaute
Phylogenese	Ontogenese	Kultur
stammesgeschichtlich angelegter, überdauernder Träger unserer organischen Form	Betrifft das Einzelwesen; Speicher und Träger für die interne psychische Organisation	Externaler, kultureller und kollektiver Speicher; ein geordnetes, materielles System

Die Mensch-Umwelt-Interaktion »Wohnen« z.B. stellt durch die Aufnahme und Weiterführung einer kulturellen Tradition und ihr spezielles Handeln eine jeweils bestimmte physische und soziale Umwelt her, erhält sie und erneuert sie fortlaufend. Diese Umwelt ist ein System von bedeutenden und wirksamen Strukturen und Ereignissen.

An dieser Stelle müssen wir wiederholt feststellen, dass wir mit dem Konzept »Wohnbedürfnis« niemals auskommen können. Überzogene Wohnwünsche, das Hochschaukeln von Wohnbedürfnissen, extreme Architekturideologien, inhumane Pseudo-Wohnideale, Modemanipulationen etc. wären die Antwort.

Deshalb schlägt Lang das folgende differenzierte Rahmenkonzept der Regulation vor, in dem er sagt:

> »Ich glaube, mit drei Regulatorsystemen auskommen zu können, die sich etwa in folgende Ordnung bringen lassen: ein Regulator hat mit der jeweils aktuellen Handlungsbereitschaft des Individuums zu tun: *Aktivationskonzept*. Ein zweites mit der künftigen Handlungskompetenz: *Entwicklungskonzept*, und zwar gerichtet auf das Individuum oder die regulierende Gruppe selbst, wie auch auf die Umwelt. Ein drittes mit dem Bezug zur weiteren Umwelt: *Interaktionskonzept*« (Lang 1990, S. 263f.).

Tab. 27: Tabellarische Darstellung der »Drei-Ebenen-Regulation« nach A. Lang

Aktivation	Interaktion	Entwicklung
Jede Wohntätigkeit kann den aktuellen Aktivationszustand potentiell ändern (bipolar)	Der Grad des Involviertseins mit der Umwelt, insbesondere mit anderen Menschen (bipolar)	Betrachtet die Mensch-Umwelt- Beziehung in der zeitlichen Spannung oder Veränderung
Aktivationszustand: erhöhend (erregende) oder senkend (dämpfend)	Sicherheit (Autonomie) oder Interaktion (hohe Integration); Einflussnahme in beide Richtungen	Nicht bipolar, jedoch eine zusätzliche dynamische Komponente
Einige Beispiele zu den drei Ebenen der Regulation		
die ruhige Ecke	Territorialität	Persönlichkeit
das geschlossene Zimmer	Dichte und Enge	Selbstkonzept
leise eintönige Musik	Privatheit und Öffentlichkeit	Selbstbild
harmonisch, möbliertes Zimmer	Individualität und Konformität	Selbstdarstellung
das vertraute Inventar von Objekten und Symbolen, die mich in meine Welt einbinden		Kultivation (Selbstpflege)
		Ortsbindung und Ortsidentität

Greifen wir auf die psychologische Architektur- und Wohnberatung zurück, dann stellen wir fest, dass sich auf diesem Gebiet eine Vielzahl möglicher Felder repräsentiert. Ermittlung von Wohnbedürfnissen (natürlich als ganzheitlicher Prozess), Planen und Gestalten von Wohnraum, Schaffen stressfreier Wohnumwelten, Formen- und Farbberatungen, Wohnzufriedenheitsuntersuchungen etc. sind einige dieser Felder. In diesem Zusammenhang möchte ich die individuellen Bedürfnisse der Persönlichkeit und zwar im Sinne der Persönlichkeitspsychologie (Differenziellen Psychologie) anreißen.

Die Persönlichkeitspsychologie ist eine verhaltenswissenschaftliche Disziplin, die individuelles Verhalten quantitativ untersucht. Es werden individuelle Differenzen im Verhalten und Erleben erfasst. Dabei kommen statistische Techniken, wie zum Beispiel die Faktorenanalyse, zum Einsatz. Die erforderlichen Daten werden durch Fragebögen, Tests und Experimente ermittelt. Die Persönlichkeitspsychologie beruht auf geprüften Erfahrungen und vergleicht verhaltensrelevante individuelle Besonderheiten von Personen innerhalb einer bestimmten Bezugspopulation (Personengruppe). Der Grund dafür ist, dass individuelle Besonderheiten nur durch einen Vergleich mit anderen Menschen erkennbar und auswertbar werden.

Das wissenschaftliche Ziel dieser Disziplin ist, eine schlüssige Persönlichkeitstheorie als logisch strukturiertes und einheitliches System von Sätzen und Regeln zu schaffen. Leider muss angemerkt werden, dass die Persönlichkeitspsychologen schnell an ihre Grenzen gelangen, weil so vielfältig und individuell, wie Menschen nun einmal sind, so vielfältig und individuell sind auch ihre Eigenarten und Verhaltensweisen.

Es erscheint unsinnig, beispielsweise eine Wohnung speziell für Extravertierte oder Introvertierte bauen zu wollen. Wenn allerdings das Erforschen von Hintergründen bestimmter Nutzerwünsche im Mittelpunkt steht, sind die Erkenntnisse der Differenziellen Psychologie von erheblicher Bedeutung.

E. Geisler (1978) drückt sich vorsichtig aus:

>»Wenn sich herausstellen sollte, dass gesicherte Zusammenhänge zwischen bestimmten Inhalten oder Ausprägungen von Nutzerwünschen und bestimmten Persönlichkeitsdimensionen bestehen, könnte man daran denken, Persönlichkeitstests zum Beispiel bei der Wohnberatung einzusetzen. Zweifellos ist man davon aber noch weit entfernt. Bedeutsam sind die genannten Erkenntnisse für die Interpretation von Umweltwirkungen. Es könnte sich beispielsweise herausstellen, dass bestimmte Persönlichkeiten besonders anfällig für krankmachende Umwelteinwirkungen sind« (Geisler 1978, S. 30).

5.3   Der gelebte Raum und seine Aneignung

Menschen reagieren unterschiedlich auf die anonyme Umwelt der Massenarchitektur.

Zwei anschauliche Formen symbolischer Aneignung haben sich besonders herausgehoben.

Die eine Form sind die Graffiti, mit denen unpersönliche, vor allem monotone Wände von Wohnblocks, öffentlichen Gebäuden wie auch von Verkehrsmitteln dekoriert werden. Graffiti erklären in exemplarischer Weise den Charakter der Aneignung von Umwelt. Ganz bestimmte Mauern und ganz bestimmte Waggons der S- oder U-Bahn werden mit Symbolen herausgehoben und unverwechselbar gekennzeichnet. Jene Dekorationen, meist für alle sichtbar, nehmen wir unerwartet, als plötzlich auftretende grelle »Bilder«, quasi als einen visuellen Flash war.

Das bedeutet, dass nicht nur die Betonwand eine Unverwechselbarkeit erhält, sondern auch der anonyme Bahnfahrer, der sich als Kenner des Graffitikünstlers heraushebt.

Die zweite, nicht seltene Form der Aneignung ist die Zerstörung. Das kann zum einen die Zerstörung der Natur und zum anderen die Zerstörung einer Kultur durch Krieg und Eroberung sein. In diesen Kontext lässt sich aber auch die »sinnlose Zerstörung« von Kulturgütern einordnen, bekannt unter dem Begriff »Vandalismus«. Diese Form destruktiven Verhaltens gegenüber der gebauten Umwelt ist mindestens im städtischen Raum allgegenwärtig. Fließende Übergänge zu anderen Formen der Negation des Bestehenden lassen sich z. B. durch das Schänden von Gräbern erkennen – das Umstürzen oder Beschmieren von Grabsteinen, als eine symbolische Manifestation des Antisemitismus (vgl. Kruse 1996).

Hier sind zunächst einige Blicke auf die verschiedenen Aspekte des »Raumes« zu richten. Subjektiv gesehen ist Raum nicht nur Länge x Breite x Höhe. Vielmehr ist unter ihm die Räumlichkeit des menschlichen Lebens zu verstehen, in dem sich das Wahrnehmen, das Erleben und das Verhalten aber auch das Denken, Fühlen und Wollen manifestieren. Raum ist »gelebter Raum«, in dem eine Mensch-Umwelt-Interaktion stattfindet. Raum ist eine Grundkategorie für fast alle Disziplinen, denken wir bloß an Architektur, Philosophie, Soziologie, Anthropologie usw.

Die Architektur ist eine raumschaffende Disziplin. Sie schafft Innen- und Außenräume, gestaltet sie und verschränkt sie miteinander. Sie gestaltet den Zwischenraum, schafft Raum und nimmt Raum; sie schafft Raumkonzepte und vieles mehr.

Die Soziologie dagegen befasst sich mit Konzepten wie: Territorialität und Privatheit; Individualität und Konformität; Ortsverbundenheit und Ortsidentität; Wohnumgebung, Wohnrevier, Nachbarschaft usw.

Die Anthropologie befasst sich, wie schon erwähnt mit den sozialen Distanzen und ihren Klassifikationen (vgl. Hall 1976). Es geht um die Fähigkeit, mehrfache Zonen der gegenseitigen Beziehungen und Aktivitäten, der Verhältnisse und der mit jeder einzelnen davon assoziierten Gefühle zu erkennen.

Die Philosophie bezieht seit der Wende vom 19. zum 20. Jahrhundert entwickelte Raumbegriffe der Lebensphilosophie und der Phänomenologie mit ein. Das bedeutet, dass die Raumauffassung der Architektur, die Wahrnehmungspsychologie und die Verhaltens- und Sozialwissenschaften Bestandteil der Betrachtungen werden. Das ist wiederum die eigentliche Grundlage für ganzheitliche Modelle, die sich beispielsweise in der Architekturpsychologie wiederfinden.

Bollnow formulierte in seinem Werk »Mensch und Raum« (2000) folgenden Leitfaden für die Bestimmungen des Raumes:

1. Raum ist das Umgreifende, in dem alles seinen Platz, seinen Ort oder seine Stelle hat.
2. Raum ist der Spielraum, den der Mensch braucht, um sich frei zu bewegen.
3. Raum in seiner frühesten sprachlichen Bedeutung ist die durch Rodung im Wald geschaffene Lichtung als Platz menschlicher Siedlung. Der Raum ist also ursprünglich Hohlraum.
4. Raum ist weiterhin der nicht beengende, aber doch grundsätzlich geschlossene Raum; er ist keineswegs von der Natur aus unendlich.
5. Selbst beim sogenannten freien Raum handelt es sich nicht um eine abstrakte Unendlichkeit, sondern um die Möglichkeit eines ungehinderten Vorstoßens.
6. Raum wird also zum Entfaltungsraum menschlichen Lebens, der nach den subjektiv-relativen Bestimmungen der Enge und Weite gemessen wird.
7. Im Raumnehmen und Raumgeben handelt es sich um das rivalisierende Verhältnis im menschlichen Entfaltungsdrang. In ihrem Raumbedarf stoßen die Menschen aufeinander und müssen sich den Raum teilen.
8. Raum als Spielraum gibt es auch zwischen den Dingen. Raum ist aber auch hier der Spielraum der Bewegung, der Zwischenraum zwischen den Dingen. Er ist nur Raum, insofern er leer ist, d.h. er reicht nur bis an die Oberfläche der Dinge, aber dringt nicht in diese ein.
9. Raum wird durch menschliche Ordnung geschaffen.
10. Einräumen und Aufräumen sind Formen der Organisation des menschlichen Lebensbereichs in dem Raum für eine zweckmäßige Tätigkeit geschaffen wird.

Dieser sogenannte gelebte Raum lässt sich nach Bollnow (2000) folgendermaßen strukturieren: in den *orientierten Raum* und in den *gestimmten Raum*. Der orientierte Raum lässt sich noch einmal in den Wahrnehmungs- und in den Handlungsraum untergliedern. Der orientierte Raum ist der Raum unseres alltäglichen Daseins. Es ist der Raum, in dem wir tätig sind, arbeiten, ausruhen, mit Dingen umgehen, sie betrachten oder gebrauchen, in dem wir uns bewegen und Entfernungen zurücklegen. Unsere Wege und Bewegungen sind zielgerichtet, sie gehen aus von einem Hier und enden bei einem Dort. Das Hier ist der Ort, an dem ich mich als wahrnehmendes und handelndes Wesen befinde. Dort, wo sich das Individuum befindet (unabhängig vom Standpunkt), dort ist das Zentrum (vgl. Kruse 1996).

Den *gestimmten Raum* erleben wir nicht in seinen Einzelheiten, wie z.B. in Formen, Farben und Größenverhältnissen, sondern in seinem Ausdrucksgehalt. Seine Anmutungsqualitäten und seine Atmosphäre wirken in einer Ganzheit auf uns, wie z.B. eine Kirche, ein Theater, ein Boulevard, ein Marktplatz, ein gemütliches Zimmer etc. Im Gegensatz zum orientierten Raum, ist der gestimmte Raum nicht zentriert und richtungslos. Die Personen stehen nicht im Zentrum, sie wechseln ihre Standpunkte, ohne dass sich die gestimmte Atmosphäre ändert.

Die eigene Gestimmtheit wird oftmals als Gestimmtheit des Raumes erlebt. Dem heiteren Menschen erscheint seine Umwelt heiter, dem bedrückten entsprechend bedrückend. Redewendungen, wie »Mir fällt die Decke auf den Kopf« oder »Der Himmel bricht über mir zusammen« sind genügend bekannt. Für die Beschreibung eines Raumes müssen oft Begriffe menschlicher Stimmung herhalten: Der Raum ist kalt, unpersönlich, heiter, strahlend etc.

Der gestimmte Raum ist auch Bewegungsraum. Die Art der Bewegung entspricht den verschiedenen Anmutungsqualitäten des Raumes. Die Bewegungen unterliegen keiner Zweckbestimmtheit. Einem gestimmten Raum können auch Ortsbindung und Ortsidentität entspringen, was ein raumbezogenes Identitätserleben beinhaltet.

Die folgende Tabelle soll die Struktur des gelebten Raumes verdeutlichen:

Tab. 28: Struktur des gelebten Raumes

Der gelebte Raum		
Der orientierte Raum Ein Raum unseres alltäglichen Daseins		**Der gestimmte Raum** Ein stimmungsbezogener Raum
Beispiele		Beispiele
Wohnraum, Arbeitsraum, Verkehrsraum, Zwischenraum (z.B. Innenhof, Terrasse, Balkon)		Ein Kirchenraum, eine belebte Straße, ein Theater, ein gemütliches Zimmer
Wahrnehmungsraum Die Umwelt repräsentiert sich in uns durch Sinneskanäle: visuell, auditativ, olfaktorisch, haptisch, kinästhetisch	**Handlungsraum** Ausgangspunkt sind Orte, Gegenstände und Personen. Er ist Mittel und Ziel von Handlungen: (Aufforderungscharakter)	**Wird nicht weiter unterteilt** Von diesem Raum geht mehr oder weniger ein Eindruckserlebnis aus. Die Personen stehen nicht im Zentrum. Dieser Raum verfügt über Anmutungsqualitäten.

Wir nehmen unsere Umwelt individuell sehr unterschiedlich wahr. Meist bevorzugen wir sogar nur einen bestimmten Sinneskanal und zwar jenen, der den größten Einfluss auf unsere Gefühls- und Denkstrukturen hat.

Ein bestimmter Geruch als eine *olfaktorische Information,* kann eine Vielzahl von Gedanken und Gefühlen hervorrufen. Der beste Beweis ist der Erfolg der Parfümindustrie mit ihren verlockenden Düften, die in uns Assoziationen hervorrufen. Über den *visuellen Sinneskanal* dagegen, erhalten wir Informationen über Farbe und Form, Größe und Struktur, Dimension und Bewegung, Regelmäßigkeit und Unregelmäßigkeit etc. Das *auditive Repräsentationssystem* stellt uns Informationen zur Tonqualität, Lautstärke und Melodie zur Verfügung. Die Akustik ist besonders interessant für die gebaute Umwelt. Der *haptische Sinneskanal* (Tast- und Berührungssinn) versorgt uns mit Informationen über Form und Oberflächenstruktur, über Oberflächentemperatur sowie über physikalische Qualitäten (feucht, trocken, hart, weich etc.). Durch den *kinästhetischen Sinneskanal* (Bewegungsempfindung) erhalten wir Informationen über Position und Bewegung von Personen und Gegenständen und deren Intensität (schnell, langsam, kontinuierlich, vibrierend etc.).

Wie sollen wir nun mit diesen komplexen Sachverhalt umgehen? Die Vielfalt der modernen Alltagswelt erfordert ein genaues Studium der räumlichen und sozialen Situation. Oberflächliche Rezepte können gewaltig schiefgehen. Raumgestaltung darf den Nutzer nicht zu einem (beliebigen) Verhalten zwingen. Unerwünschte Raumkonzepte erzeugen entsprechende Reaktionen und psychischen Widerstand. Ein Beispiel ist der »Trampelpfad«, hier ist dem Landschaftsarchitekten die Konditionierung der Nutzer nicht gelungen. Der Wille zum kürzesten Weg hat sich durchgesetzt. Das Ergebnis kann aber auch die Zerstörung von Bepflanzungen und Zäunen sein.

5.4 Bewertung von gebauter Umwelt

Es gibt verschiedene Verfahren zur Erfassung kognitiver Daten. Interview und Fragebogen sind die bekanntesten Methoden, die im Abschnitt Datenerhebung zur Wohnzufriedenheit (Teil I, S. 84ff.) ausführlich dargestellt sind. Ein weiteres, besonders häufig eingesetztes Verfahren ist das »semantische Differenzial«. Anstelle direkter Befragungen versucht dieses Verfahren indirekt über die Erfassung der Assoziationen des Befragten kognitive Daten zu gewinnen. So können beispielsweise Wirkungen der Umwelt auf das Erleben der Nutzer gemessen und verglichen werden. Diese Untersuchungsmethode arbeitet mit einer Reihe gegensätzlich zugeordneter Eigenschaftspaare, die in Voruntersuchungen für den betreffenden Umweltausschnitt als relevant angesehen werden.

Der Befragte soll sich bei jeder Polarität zunächst entscheiden, welche der gegensätzlichen Eigenschaften für die Umweltwirkung eher zutrifft und dann den jeweiligen Ausprägungsgrad des Zutreffens durch Ankreuzen des entsprechenden Skalenwertes angeben. Die Mittelwerte der Ergebnisse können grafisch verbunden werden. Die so entstandenen Profile werden dann auf ihre Ähnlichkeit bzw. Unterschiedlichkeit untersucht (vgl. Geisler 1978).

Abb. 37: Semantisches Differenzial zur Raumbewertung (in: Geisler 1978, S. 110)

Teil a

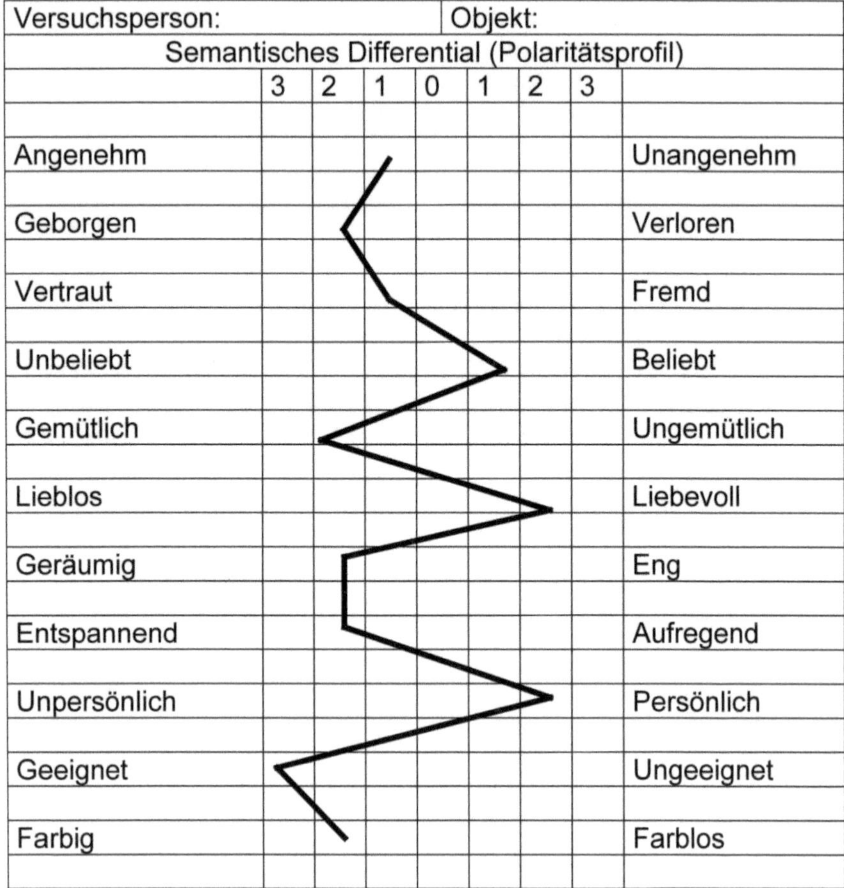

Teil b

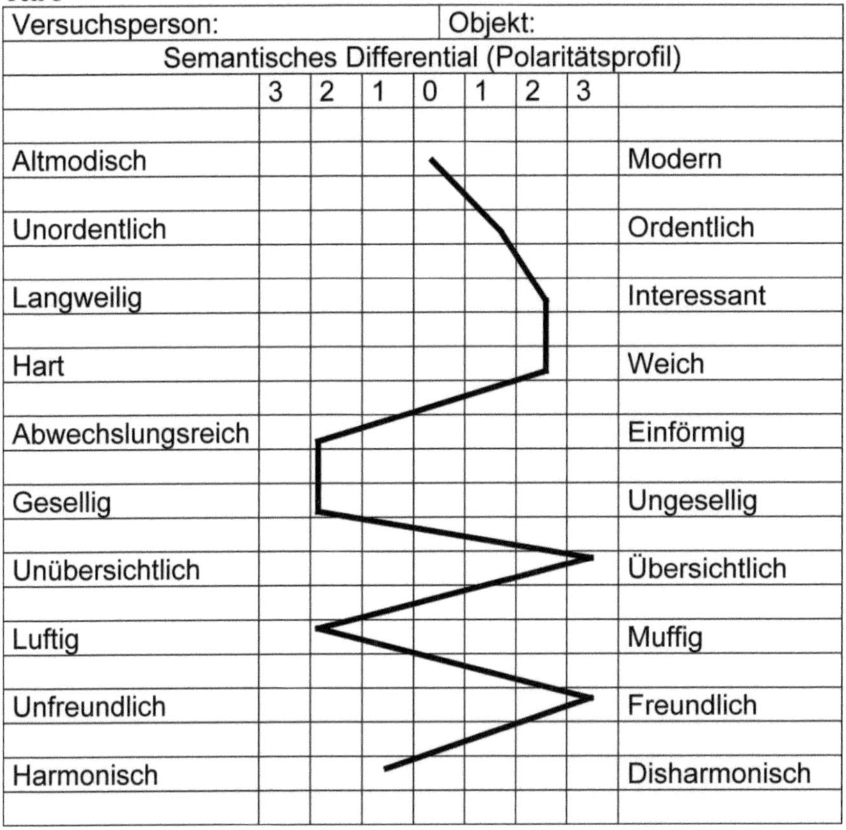

Versuchsperson:							Objekt:
Semantisches Differential (Polaritätsprofil)							
	3	2	1	0	1	2	3	
Altmodisch								Modern
Unordentlich								Ordentlich
Langweilig								Interessant
Hart								Weich
Abwechslungsreich								Einförmig
Gesellig								Ungesellig
Unübersichtlich								Übersichtlich
Luftig								Muffig
Unfreundlich								Freundlich
Harmonisch								Disharmonisch

6.   Utopien, Visionen, Experimente

Seit der sich weltweit durchsetzenden Hegemonie der bürgerlicher Gesellschaft (als deren Beginn symbolischerweise 1789 angenommen wird) manifestiert sich die Entfremdung von der Arbeit vor allem in zwei logisch zusammenhängenden Zügen: zum einen in der Tendenz einer immer weiter fortschreitenden Isolierung, Individualisierung, Fragmentierung und zum anderen in der Tendenz äußerlich erzwungener Vollvergesellschaftung in immer größeren Einheiten. Da der Zusammenhang beider nur selten thematisiert wird (z. B. bei Karl Marx, August Bebel, Ernst Bloch, Jean-Paul Sartre), wird bei den meisten Modellen und Utopien einer der beiden Aspekte so gut wie immer vernachlässigt. Gleiches gilt auch für die alternativen Lebensmodelle und Stadtutopien (vgl. Kruse 1996).

Soziale Experimente gab es allerdings auch schon in der frühen Neuzeit. Damalige Modelle und Ideen für sozial orientierte Wohnungen und Arbeitsstätten stammten selten von Landesherren, Baumeistern oder Architekten. Fast immer waren es Ideen von Bürgern, Kaufleuten oder Fabrikanten, also von Laien.

> »Die Barmherzigkeit, die in Almosen und Schenkungen zum Ausdruck kam, sollte eine ständige geübte Form sein, die Sünden des diesseitigen Lebens abzubüßen. Verstanden als eine Pflicht, die mit Machtausübung einherging, eine Verpflichtung auch für alle, die einen einträglichen Beruf ausüben, insbesondere den Geldhandel, auf dem das Stigma moralischer Zweifelhaftigkeit lastete ...« (Geremek 1991, S. 2)

Jacob Fugger der Reiche gründete 1516 mit seinen Brüdern die älteste Sozialsiedlung der Welt für bedürftige oder schuldlos in Not geratene Augsburger Bürger und Einwohner. Die sogenannte Fuggerei besteht aus zweigeschossigen Häuserzeilen, die eine in sich geschlossene Einheit bilden. Jedes der 53 Häuser enthält zwei übereinander gelegene Wohnungen mit separaten Zugängen, sodass stets zwei Hauseingangstüren nebeneinander liegen. Hausgärten dienen der persönlichen Freiheit und Unabhängigkeit. Die etwa 60 Quadratmeter großen Wohnungen sind in Stube, Kammer, Küche und Schlafzimmer aufgeteilt.

Die Fuggerei ist eine »Stadt in der Stadt« mit einer Kirche, einer Mauer, einem Brunnen und drei Toren. Bis heute wird die Sozialsiedlung fast ausschließlich aus dem Stiftungsvermögen, aus Forstwirtschaft und Immobilienbesitz, finanziert. Die Sozialsiedlung wird durch die Fürstlich und Gräflich Fuggersche Stiftungs-Administration verwaltet (vgl. Koch 2000).

Ganz anders sah es im 17. Jahrhundert aus, welches einerseits vom 30-jährigen Krieg und andererseits von Migration geprägt war. Die Errichtung von Exulantensiedlungen war eine Herausforderung für diese Zeit. Hier sahen die Landesherren ihre wirtschaftliche Chance, die sich durch die Aufnahme von Exulanten ergab. Nicht das soziale Engagement, sondern reiner Nutzen standen im Mittelpunkt. Den Neuansiedlern wurde für eine gewisse Zeit Steuerfreiheit zugesichert, außerdem wurde ihnen das Schlagen von Bauholz erlaubt. Diese sogenannten Investitionshilfen trugen dazu bei, dass sich die Exulanten alsbald assimilieren konnten.

Das 19. Jahrhundert war das Zeitalter der »Massen«. Im Zeitraum von 1830 bis zum Ersten Weltkrieg wurde mehr gebaut als in allen vorangegangenen Generationen. Es war wieder Zeit für Visionen und Experimente.

Robert Owen, ein britischer Unternehmer, Sozialreformer und Mitbesitzer und Leiter einer Baumwollspinnerei in Schottland, verbesserte die materielle und soziale Lage der Fabrikarbeiter unter anderem dadurch, dass er für die Arbeiter Wohnsiedlungen errichten ließ. Er verringerte die tägliche Arbeitszeit, verbot Kinderarbeit unter zehn Jahren und schuf eine Kranken- und Rentenkasse. In Läden wurden Waren beinahe zum Selbstkostenpreis verkauft. Außerdem wurden in den vorbildhaften Wohnsiedlungen eigene Schulen gegründet. Diese veränderten äußeren Lebensbedingungen der Arbeiter und Bewohner führten zu einer enormen Verbesserung ihrer Lebensqualität.

Anfang des 20. Jahrhunderts etablierten sich bald sogenannte Gartenstadtmodelle, wie z. B. Dresden-Hellerau. Gartenstädte sollten keine cityabhängigen Vorstädte sein, sondern eigenständige, durchgrünte Städte in ländlicher Umgebung. Die Idee geht auf den Briten Ebenezer Howard zurück. Sein Konzept war, eine eigenständige, von Grünanlagen durchsetzte Siedlung in der Nähe übervölkerter Städte zu schaffen. Übermäßiges Wachstum der Großstädte und die Landflucht sollten dadurch verhindert werden. Gesunde Wohnungen, niedrige Bauweise und der Zugang zum eigenen Garten waren das Ziel. Fernab von Bodenspekulation galten genossenschaftliche Prinzipien, das heißt Gemeineigentum an Grund und Boden. Die Mieten konnten dauerhaft niedrig bleiben, weil nach einem Kostendeckungsprinzip gewirtschaftet wurde. Die Wohnung konnte den Mietern nicht gekündigt werden.

Nach dem Ersten Weltkrieg gab es in Deutschland in vielen Bereichen der Gesellschaft ein außerordentliches Bemühen um Reformen, wie beispielsweise auch innerhalb der Bauhaus-Bewegung. Das Programm des »staatlichen Bauhauses« stand nach Weltkrieg und Revolution in der Tradition expressionistischer Utopien. Hinter den Reformen standen sozialpädagogische Konzepte, die sich nicht nur auf die Künstlerausbildung beschränkten. Vielmehr ging es auch um erzieherische Beiträge für eine neue Gesellschaft. Neue wissenschaftliche Ansätze sollten der Entfremdung des modernen Menschen von seiner Umwelt entgegenwirken.

Im Frühjahr 1919 wurde Walter Gropius nach Weimar berufen, um dort das »staatliche Bauhaus« zu gründen. Eine Schule mit Werkstätten für gestaltendes Handwerk, Architektur und bildende Künste sollte entstehen. Ein Institut der Kunstpädagogik, der modernen Architektur, der Wohnraumgestaltung und der Industrieform sollte es sein. Im Prinzip wollte man eine Rückbesinnung auf die mittelalterliche Bauhütten-Gemeinschaft erreichen. Architekten, Bildhauer, Maler etc. müssen zum Handwerk zurück, forderte W. Gropius. Sein berühmter Ausspruch war: »Das Endziel aller bildnerischen Tätigkeit ist der Bau!« (Bayer 1974, S. 13)

Obwohl das Bauhaus seit seiner Gründung kaum dem kritischen Druck reaktionärer und konservativer Kreise widerstehen konnte, versuchte es in allen Phasen an der Utopie einer besseren Gesellschaft festzuhalten. Nachdem das Bauhaus als Hochschule für Gestaltung 1925 nach Dessau übersiedelte, wurde es 1932 auf Betreiben der NSDAP wegen seiner avantgardistischen Orientierung geschlossen.

Im 20. Jahrhundert sind u.a. in Israel wieder Ideen der sogenannten utopischen Sozialisten aufgekommen. Es entstand eine neue Form gemeinschaftlicher und landwirtschaftlicher Siedlung – der Kibbuz. Die Ziele der Kibbuzim waren ähnlich der frühsozialistischen Utopien. Häußermann/Siebel (2000) beschreiben das folgendermaßen:

»Die Überwindung des Stadt-Land-Gegensatzes und der Arbeitsteilung, auch der zwischen den Geschlechtern; das Kollektiv als Eigentümer der Produktionsmittel und als Garant der Versorgung jedes einzelnen; das große Gewicht, das auf Erziehung gelegt wird, auch hinsichtlich des Stellenwertes von Ehe und Familie, stehen die Kibbuzim in der Tradition frühsozialistischer Ideen. [...]

Der Kibbuz war der anfänglichen Lebenssituation der jüdischen Siedler in Palästina angemessen. Um aus dem Nichts, weitgehend auf sich selbst gestellt, zunächst einmal eine Landwirtschaft als Lebensgrundlage aufzubauen, waren kollektive Produktions- und Reproduktionsformen sinnvoll. Mit der Etablierung des jüdischen Nationalstaats und damit zunehmender Sicherheit des Alltags, mit wachsendem Wohlstand, der Ausdehnung der Marktökonomie zu Lasten der Selbstversorgung, der kapitalistisch organisierten Industrialisierung des Landes seit den 60er Jahren des 20.

Jh. und seiner Integration in die Weltwirtschaft verloren die Kibbuzim an Dynamik«
(Häußermann/Siebel 2000, S. 98ff.).

Alle Mitglieder arbeiten für das Kollektiv und besitzen alles gemeinsam. Ehepaare leben zusammen in einer eigenen Wohnung. Alle Kinder leben gemeinsam im sogenannten »Kinderhaus«. Sie werden von Fachkräften beaufsichtigt und unterrichtet. Am Abend besuchen die Kinder für einige Stunden ihre Eltern. Sämtliche Mahlzeiten werden im gemeinschaftlichen Speisesaal eingenommen. Unverheiratete Erwachsene kommen ebenfalls für den Unterhalt der Kinder auf, dadurch entsteht ein Familiensinn, der außerhalb der Kibbuzim kaum zu finden ist. Die Mitglieder arbeiten weder für die eigene Altersvorsorge, noch für die der anderen. Arbeit, Erziehung, soziales Engagement etc. wird im Kollektiv geleistet, jedem nach seinen Fähigkeiten und Bedürfnissen. Der Kibbuzgedanke entstammt dem Idealismus jüdischer Siedler, die eine humanere Gesellschaft aufbauen wollten, allerdings ließ der zunehmende Wohlstand diesen Idealismus bald erblassen.

Schauen wir uns ein Experiment einer verantwortungsvollen und umweltverträglichen Stadtplanung an. Obwohl das Fahrradfahren und das Gehen typische urbane Fortbewegungsmittel sind, hat sich infolge massenhafter Verbreitung von öffentlichen und privaten Verkehrsmitteln das Bewegungsverhalten des Menschen enorm verändert. Was bedeutet das für uns und unseren Lebensraum? Wir wissen, dass Wohnumgebungen hinsichtlich der menschlichen Bedürfnisse günstiger oder ungünstiger sein können. Wohnqualität bedeutet aber mehr als die bloße Befriedigung täglicher Bedürfnisse.

Kanadische Wissenschaftler der University of British Columbia haben unter der Führung von Prof. Lawrence Frank eine Studie veröffentlicht, in der die Weitläufigkeit einer Wohngegend und das Übergewicht deren Bewohner in einen kausalen Zusammenhang gebracht werden. Wenn die Bewohner ständig vom Automobil abhängig sind, sinkt deren physische Aktivität, und damit steigt die Wahrscheinlichkeit von Fettleibigkeit. Die Folgen: erhöhter Energieverbrauch (Spritverbrauch), Erkrankungen, zusätzliche Kosten für die Gesunderhaltung, Belastung der Gesundheitssysteme (vgl. Die Welt vom 27.10.2006).

Einkaufsmärkte wurden an die Peripherie der Stadt zurückgedrängt, das Netz von Post- und Bankfilialen ist grobmaschiger geworden, der Weg zum Kindergarten und zur Schule ist mitunter sehr weit, Sport- und Freizeitanlagen fehlen oft gänzlich, Kinos in den Wohngebieten mussten schließen, Dienstleistungsangebote finden sich häufig nicht in der Nähe – die Folge: ständig zunehmende Nutzung von Verkehrsmitteln.

Eine ausgereifte Stadt- und Wohngebietsplanung mit ökologischen und ganzheitlichen Konzepten kann dem entgegenwirken, indem Entfernungen zwischen Wohnung und Einrichtung in den Fokus gestellt werden. Ein Beispiel: zentral angeordnete Anlagen des Gemeinbedarfs und zentrifugale Anordnung der Wohnhäuser (Ringsektoren), sodass alle Abstände zwischen Wohnung und Zentrum ähnlich sind.

Ein Wegenetz mit entsprechendem Aufforderungscharakter und Entfernungen, die zum Gehen anmuten, aber auch Verbotszonen für den Fahrverkehr sollten dazu gehören. Bewegung als Mensch-Umwelt-Interaktion. Wege sollten nicht zu kurz, aber auch nicht zu lang anlegt, eben so gestaltet werden, dass das Gehen Spaß macht und herausfordert. Das Zurücklegen einer Wegstrecke soll nicht als Bewältigung aufgefasst werden, sondern als Angebot – ein Angebot zur Bewegung.

Können wir eigentlich noch zwischen »wahren« und »falschen« Wohnbedürfnissen unterscheiden oder haben wir die Übersicht bereits verloren? Subjektiv empfundene Bedürfnisse nach irgendwelchen Dingen können Ersatzbefriedigungen darstellen. So z. B. »der Bauherr sucht Befreiung aus verfahrenen Lebenslagen durch Hausbau« (Mitscherlich 1965, S. 45). Der Begriff »Ersatzbefriedigung« gehört zum psychoanalytischen Vokabular und bedeutet soviel wie: eine Handlung mit Lustgewinn an einem Ersatzobjekt ausführen, besonders dann, wenn das eigentliche Ziel unerreichbar ist. Ersatzbefriedigungen stehen unter ständigem Wiederholungszwang, sie finden nie genug Befriedigung, was bedeutet, dass der Kreislauf nicht unterbrochen werden kann. Dem setzt auch die innere Natur kein Ende. Das Haus als Prestigeobjekt, etwa zur Darstellung des Ranges oder als nonverbale Kommunikation, taugt auch nichts, es ist nur ein Pseudobedürfnis. Wir müssen vielmehr eine Lust entwickeln, eigene Konzepte in Frage zu stellen, die Fähigkeit entwickeln, über das Denken zu reflektieren oder besser ausgedrückt, metakognitive Kompetenzen erlangen. Die Bedürfnisforschung, nicht nur die gebaute Umwelt betreffend, wird in naher Zukunft viel mehr in den Mittelpunkt unseres Denkens rücken müssen.

E. Fromm (1957) forderte schon vor einigen Jahrzehnten eine Menschenwissenschaft:

> »Eine humanistische Wissenschaft vom Menschen muss das Erbe großer Menschenkenner der Vergangenheit wie Aristoteles und Spinoza fortsetzen, bereichert durch neue Erkenntnisse aus Biologie, Physiologie und Soziologie und durch unsere eigenen Erfahrungen als Menschen, die im Zeitalter des Übergangs leben und besorgt sind um die Zukunft des Menschen« (ebd., S. 136).

Eine »Menschenwissenschaft« mit ganz spezieller Zielsetzung ist gefordert: die Erforschung von geeigneten Methoden für die Wissenschaft; Untersuchungen zum Menschenbild und zur menschlichen Natur; Forschungen zu Fragen der Werte; Forschungen zur Destruktivität; Untersuchungen zur Kreativität; Untersuchungen zur Autorität; Erforschung der psychologischen Voraussetzungen für eine demokratische Organisation; Untersuchungen zur Frage der Erziehung und Erforschung der Geschichte als Geschichte der Evolution des Menschen.

Literatur

Aissen-Crewett, M. (1988): Kinderzeichnungen verstehen – von der Kritzelphase bis zum Grundschulalter. München: Don-Bosco-Verlag, 1. Auflage.

Allesch, G.J. von (1941): Die Wahrnehmung des Raumes als psychologischer Vorgang. Leipzig: Akademische Verlagsgesellschaft.

Andritzky, M. (1979): Lernbereich Wohnen: didaktisches Sachbuch zur Wohnumwelt vom Kinderzimmer bis zur Stadt. Reinbek/Hamburg: Rowohlt-Taschenbuch-Verlag.

Arnheim, R. (1980): Die Dynamik der architektonischen Formen. Aus dem Amerikanischen übersetzt von Hans Hermann. Köln: DuMont.

Bahrdt, H.P. (1972): Humaner Städtebau (Überlegungen zur Wohnungspolitik und Stadtplanung). München: Nymphenburger Verlagshandlung, 5. Auflage.

Bayer, H. (1974): Geometrische Grundformen von Paul Klee. In: 50 Jahre Bauhaus. Stuttgart: Institut für Auslandsbeziehungen.

Benker, G.; Schmidt-Glassner, H. (1984): Bürgerliches Wohnen: Städtische Wohnkultur in Mitteleuropa von der Gotik bis zum Jugendstil. München: Callwey.

Berndt, H. (1968): Architektur als Ideologie. Institut für Auslandsbeziehungen. Frankfurt am Main: Suhrkamp.

Boesch, E.E. (1980): Kultur und Handlung (Einführung in die Kulturpsychologie). Bern, Stuttgart, Wien: Huber.

Bollnow, O.F. (2000): Mensch und Raum. Stuttgart, Berlin, Köln: Kohlhammer, 9. Auflage.

Breitschmid, M. (2001): Der Bauende Geist: Friedrich Nietzsche und die Architektur. Luzern: Quart Verlag.

Brenner, H. (1999): Autogenes Training Oberstufe. Wege in die Meditation. Stuttgart: Trias.

Bronfenbrenner, U. (1981): Die Ökologie der menschlichen Entwicklung. Natürliche und geplante Experimente. Stuttgart: Klett- Cotta, 1. Auflage.

Canter, D. (1973): Architekturpsychologie – Theorie, Laboruntersuchungen, Feldarbeit. Gütersloh: Bertelsmann Fachverlag.

Dessai, E. (1982): Wohnbedürfnisse und Wohnmöglichkeiten (Tagung der Kath. Akademie Stuttgart, Hohenheimer Protokolle). Stuttgart.

Dorsch, F. (1998): Psychologisches Wörterbuch. Bern: Verlag Hans Huber, 13. Auflage.

Dowideit, M.: »Studie: Übergewicht sorgt für fetten Spritverbrauch« In: Die Welt vom 27.10.2006.

Egan, G. (2001): Helfen durch Gespräch. Weinheim: Beltz-Verlag, 4. Auflage.

Eibl-Eibesfeldt, I. (2004): Die Biologie des menschlichen Verhaltens. Grundriss der Humanethologie. Vierkirchen-Pasenbach: Buch Vertrieb Blank GmbH, 5. Auflage.

Feuerstein, G. (1975): Manuskripte für Architektur, Theorie, Raum, Kunst. Zeitschrift: Transparent Wien.

Flade, A. (1987): Wohnen psychologisch betrachtet. Psychologie Sachbuch. Bern: Verlag Hans Huber, 1. Auflage.

Follett, K.: Die Säulen der Erde. Originalausgabe: The Pillars of the Earth 1989. Deutschsprachige Ausgabe: Verlagsgruppe Lübbe GmbH & Co. KG, Bergisch Gladbach 1990 und 2003.

Freud, S. (2004): Das Unbehagen in der Kultur und andere kulturtheoretischen Schriften. Frankfurt am Main: Fischer Taschenbuch Verlag, 9. Auflage.

Frieling, H. (1994): Bewusster mit Farben leben. Ein Weg zur Selbstfindung des Menschen. Göttingen, Zürich: Muster-Schmidt.

Fritsch, H. (1997): Bau- und Wohnpsychologie (IRB Literaturauslese, Nr. 991). Stuttgart: Fraunhofer – IRB-Verlag, 4. Auflage.

Fromm, E. (2005): Die Pathologie der Normalität; 3. Vorlesung: Humanistische Wissenschaft vom Menschen 1957; 1. Auflage. Ulm: Ullstein.

Funke, D. (2006): Die dritte Haut. Psychoanalyse des Wohnens. Gießen: Psychosozial-Verlag.

Geisler, E. (1978): Psychologie für Architekten. Eine Einführung in die architekturpsychologische Denk- und Arbeitsweise. Stuttgart: DVA.

Geremek, B. (1991): Geschichte der Armut – Elend und Barmherzigkeit in Europa. München: Dt. Taschenbuchverlag.

Gibson, J. J. (1982): Wahrnehmung und Umwelt: der ökologische Ansatz in der visuellen Wahrnehmung. München, Wien, Baltimore: Urban und Schwarzenberg, 1. Auflage.

Goethe, J. W. (1999): Faust – Erster Teil. Heft 29, Hamburger Lesehefte Verlag.

Grossmann, G. (1998): Das langsame Sterben (eine medizinsoziologische Ökologiestudie über den Zusammenhang zwischen Wohnumfeldbelastung und Krankheit. Frankfurt am Main; Berlin; Bern; New York; Paris; Wien: Lang.

Häring, Hugo (1934): Wege zur Form. In: Lauterbach, H.; Joedicke, J. (Hg.) (1965): Schriften, Entwürfe, Bauten. Stuttgart: Krämer.

Häußermann, H.; Siebel, W. (2000): Soziologie des Wohnens: eine Einführung in Wandel und Ausdifferenzierung des Wohnens. Weinheim; München: Juventa-Verlag, 2. Auflage.

Hall, E. T. (1976): Die Sprache des Raumes (Übersetzt: Hilde Dixon). Düsseldorf: Pädagogischer Verlag Schwann, 1. Auflage.

Hamm, B. (1973): Betrifft Nachbarschaft. Verständigung über Inhalt und Gebrauch eines vieldeutigen Begriffs. Düsseldorf: Bertelsmann- Verlag.

Hanika, I.; Seifert, E. (2006): Die Wette auf das Unbewusste oder was sie schon immer über Psychoanalyse wissen wollten. Frankfurt am Main: Suhrkamp, 1. Auflage.

Hartloff, H. J. (1993): Psychologie des Wohnungs- und Siedlungsbaus. Psychologie im Dienste von Architektur und Stadtplanung. Göttingen: Verlag für Angewandte Psychologie.

Heckhausen, H. (1989): Motivation und Handeln. Berlin; Heidelberg: Springer. Lehrbuch, 2. Auflage.

Hirsch, M. (2006): Das Haus. Symbol für Leben und Tod, Freiheit und Abhängigkeit. Gießen: Psychosozial-Verlag.

Hoch, H. P.; Bitterberg, K. G. (1968): Bauhaus. Stuttgart: Württembergischer Kunstverein, gekürzte Ausgabe.

Inoue, K. (1982): Die Wahrnehmung des Raumes in Abhängigkeit der Tageslichtmenge. Hochschulschrift, TU Hannover, Dissertation A.

Irmscher, Beate (1992): Arbeitsgemeinschaft Wohnberatung (Hg.): Licht und Beleuchtung. Bonn: AGW, 1. Auflage.

Jacobi, J. (1967): Die Psychologie von C. G. Jung. Eine Einführung in das Gesamtwerk. Zürich; Stuttgart: Rascher Verlag, 5. Auflage.

Jacobi, J. (2006): Die Psychologie von C. G. Jung. Eine Einführung in das Gesamtwerk. Frankfurt am Main: Fischer Taschenbuch Verlag, 21. Auflage.

Jormakka, K. (2003): Geschichte der Architekturtheorie; Erstausgabe. Übersetzt von Roswitha Fraller [...]. Wien: Edition Selene.

Jung, C. G. (2003): Archetypen. München: Deutscher Taschenbuch Verlag, 10. Auflage.

Kaminski, G. (1976): Umweltpsychologie – Perspektiven, Probleme, Praxis. Stuttgart: Klett, 1. Auflage.

Kaminski, G. (1988): Hoffnung und Skepsis in den Beziehungen zwischen Psychologen und Umweltgestaltern. Berichte aus dem psychologischen Institut der Universität Tübingen, Nr. 26.

Kandinsky, W. (1955): Essay über Kunst und Künstler. Hrsg. u. komm. von Max Bill. Stuttgart: Hatje.

Kast, V. (1999): Die Dynamik der Symbole. Grundlagen der Jungschen Psychotherapie. Zürich, Düsseldorf: Walter.

Keim, D. (1979): Milieu in der Stadt. Konzept zur Analyse älterer Wohnquartiere. Stuttgart, Berlin, Köln, Mainz: Kohlhammer.

Klockhaus, R. (1975): Einstellung zur Wohnumgebung. Göttingen, Toronto, Zürich: Hogrefe.

Klotz, H. (1995): Geschichte der Architektur: von der Urhütte zum Wolkenkratzer. München, New York: Prestel, 2. Auflage.

Koch, W. (2000): Baustilkunde – das Standardwerk zur europäischen Baukunst von der Antike bis zu Gegenwart. Gütersloh: Bertelsmann, 22. Auflage.

Kreitler, H.; Kreitler, S. (1980): Die Psychologie der Kunst. Stuttgart, Berlin, Köln, Mainz: Kohlhammer.

Kruft, H. W. (2004): Geschichte der Architekturtheorie: von der Antike bis zur Gegenwart. München: Beck, 5. Auflage.

Kruse, L.; Graumann, C. F. & Lantermann, E.-D. (1996): Ökologische Psychologie (Ein Handbuch in Schlüsselbegriffen). Weinheim: Beltz, Psychologie Verlagsunion.

Lang, A. (1990): Das Ökosystem Wohnen – Familie und Wohnung. In: Lüscher, K. (1990): Die postmoderne Familie. Konstanz: Universitätsverlag.

Leising, D. (2002): »Die Macht der Räume«. In: Psychologie Heute, Heft 1, 34–37.

Leontev, A. N. (1977): Tätigkeit, Bewusstsein, Persönlichkeit. Stuttgart: Klett, 1. Auflage.

Lersch, P. (1962): Aufbau der Person. München: Johann Ambrosius Barth, 8. überarbeitete Auflage.

Lewin, K. (1982): Kurt-Lewin-Werkausgabe hrsg. von Carl-Friedrich Grauhmann. Bern: Huber; Stuttgart: Klett-Cotta.

Lück, H. E. (2001): Kurt Lewin. Eine Einführung in sein Werk. Weinheim; Basel: Beltz Verlag.

Lynch, K. (2001): Das Bild der Stadt. Übersetzt von Henni Korssakoff-Schröder und Richard Michael. Basel, Bosten, Berlin: Birkhäuser, 2. Auflage.

Marcuse, H. (1967): Triebstruktur und Gesellschaft. Frankfurt am Main: Suhrkamp Verlag.

Marcuse, H. (2005): Der eindimensionale Mensch. Studien zur Ideologie der fortgeschrittenen Industriegesellschaft. München: Deutscher Taschenbuch Verlag, 5. Auflage.

Marinelli, L. (1998): Meine alten und dreckigen Götter: aus Sigmund Freuds Sammlung; Sigmund-Freud-Museum, Wien, 18.11.1998. Frankfurt am Main: Stroemfeld.

Marx, K.; Engels, F.: Ausgewählte Schriften in zwei Bänden, Band 1; Zur Wohnungsfrage 1872. Berlin: Dietz Verlag 1959.

Meiss, P. (1994): Vom Raum zum Ort: Dimensionen der Architektur. Übersetzt von Katja Anding. Basel; Berlin; Boston: Birkhäuser.

Merleau-Ponty, M. (2003): Das Primat der Wahrnehmung. Frankfurt am Main: Suhrkamp, 1. Auflage.

Mertens, W. (1996): Der Psychoanalytiker als Archäologe. Eine Einführung in die Methode der Konstruktion. Stuttgart; Berlin; Köln: Kohlhammer.

Metzger, W. (1999): Gestaltpsychologie: Ausgewählte Werke. Frankfurt am Main: Kramer.

Mitscherlich, A. (1965): Die Unwirtlichkeit unserer Städte Anstiftung zum Unfrieden. Frankfurt am Main: Suhrkamp.

Mitscherlich, A. (1971): Thesen zur Stadt der Zukunft. Frankfurt am Main: Suhrkamp, 6. Auflage.

Mitscherlich, A. (1980): Ein Leben für die Psychoanalyse: Anmerkungen zu meiner Zeit. Frankfurt am Main: Suhrkamp, 1. Auflage.

Niemann, B. (2002): Haptik, Raum, Semantik: Untersuchungen zu architektonischen und städtebaulichen Wirkungen [...]. TU Berlin, Dissertation.

Nietzsche, F. (2000): Götzendämmerung oder wie man mit dem Hammer philosophiert. Frankfurt am Main; Leipzig: Insel-Verlag.

Paetz, E. (1999): Archetypen – transferierte archetypische Grundformen in der zeitgenössischen Architektur und in der bildenden Kunst. Darmstadt: Fachgebiet Entwerfen TU Darmstadt.

Palm, K. (2003): Die drei Grundfunktionen der Farbe. In: Kind-Barkauskas, F. (2003): Beton und Farbe. München: Deutsche Verlagsanstalt.

Palm, K. (2004): Seminar: Farbe in der Architektur. Referent: Prof. Klaus Palm im April 2004; Magdeburg: Architektenkammer Sachsen-Anhalt.

Pauli, R. (1927): Einführung in die experimentelle Psychologie. Leipzig: Quelle & Meyer.

Paulus, G. (1982): Menschwerden, Menschsein. Kevelaer: Butzen & Bercker; Graz, Wien, Köln: Verlag Styria.

Piaget, J. (1993): Gesammelte Werke – Studienausgabe. Bd. 6: Die Entwicklung des räumlichen Denkens beim Kinde. Verfasser Bärbel Inhelder. Stuttgart: Klett-Cotta, 2. Auflage.

Piperek, M. (1979): Wohntipps, Ratschläge eines Psychologen für gesundes Wohnen. Wien: Braumüller.

Piperek, M. (1984): Natürliche Psychohygiene des Wohnens (Forschungsbericht). Wien: Club Niederösterreich.

Prossliner, J. (2000): Lexikon der Nietzsche-Zitate. München: Kastell Verlag GmbH.

Reich, W. (2005): Die Massenpsychologie des Faschismus. Wiesbaden: Matrix Verlag GmbH.

Richter, P. (2004): Architekturpsychologie. Eine Einführung. Lengerich: Pabst Science Publishers.

Rogers, C.R. (1994): Die klientenzentrierte Gesprächstherapie. Aus dem Amerikanischen von E. Nosbüsch. Frankfurt am Main: Fischer-Taschenbuch-Verlag.

Sack, M. (2000): Das deutsche Wohnzimmer. München: Bucher.

Sack, M. (2003): Verlockungen der Architektur: kritische Beobachtungen und Bemerkungen [...]. Luzern: Quart-Verlag.

Salewski, C. (1993): Räumliche Distanzen in Interaktionen, (Internationale Hochschulschriften). Münster, New York: Waxmann.

Sartre, J.-P. (2000): Das Sein und das Nichts. Hamburg: Rowohlt Taschenbuchverlag GmbH.

Schäfer, B. (2003):Architektursoziologie: Grundlagen, Epoche, Themen. Opladen: Leske und Budrich.

Schimmel, H. (2000): Gestalt: Erscheinungsformen in Architektur und Kunst. Frankfurt am Main: Anabas, 1. Auflage.

Schmid, P. (1973): Das beratende Gespräch: Methode und Praxis der Gesprächsführung. Wien, Freiburg im Breisgau, Basel: Herder.

Schneider, N. (1999): Lebensstile, Wohnbedürfnisse und räumliche Mobilität. Opladen: Leske und Budrich.

Schuster, M. (2000): Kunstpsychologie (Kreativität, Bildkommunikation, Schönheit). Baltmannsweiler: Schneider-Verlag Hohengehren.

Schwarz, A.; Schweppe, R. (2000): Praxisbuch NLP. München: Südwest.

Siegel, R. K. (1998): Expeditionen in eine andere Wirklichkeit. Übersetzt von Günther Panske. Reinbeck: Rowohlt.

Simmel, G. (2006): Die Großstädte und das geistige Leben. Frankfurt am Main: Suhrkamp, 1. Auflage.

Spitz, R. (1996): Vom Säugling zum Kleinkind: Naturgeschichte der Mutter – Kind – Beziehungen im ersten Lebensalter. Stuttgart: Klett-Cotta.

Stepper, S. (1992): Der Einfluss der Körperhaltung auf die Emotion »Stolz«. Experimentelle Untersuchungen zur »Körper- Feedback- Hypothese. Universität Mannheim, Diss.

Tafuri, M. (1977): Kapitalismus und Architektur: von Corbusiers »Utopia« zur Trabantenstadt. Hamburg, Berlin: VSA.

Vitruv (2004): de architectura libri decem. Zehn Bücher über Architektur; neugesetzte und überarbeitete Ausgabe; Wiesbaden: Matrix Verlag.

Watzlawick, P. (2000): Menschliche Kommunikation: Formen, Störungen, Paradoxien. Bern, Göttingen, Toronto, Seattle: Huber.

Weber, J. (2002): Das Urteil des Auges (Eine Weiterentwicklung der Gestaltpsychologie). Wien, New York: Springer.

Weber, O. (1995): Die Funktion der Form: Architektur und Design im Wandel. Hamburg: Kovac.

Wellhöfer, P.R (1981): Grundstudium allgemeine Psychologie. Stuttgart: Enke.

Wielens, H. (1994): Bauen, Wohnen, Denken. Münster: Coppenrath.

Zeller, E. (1922): Die Philosophie der Griechen in ihrer geschichtlichen Entwicklung. Teil 2, Abt. 1. Darmstadt: Wissenschaftliche Buchgesellschaft.

Zimbardo, P.G. (1999): Psychologie; Titel der amerikanischen Originalausgabe: Psychology and Life, 7. Auflage. Berlin; Heidelberg; New York; Barcelona etc.: Springer-Verlag.

Beiträge aus den Medien

Meyer, Willy: Wohnräume und Wohnträume, Teil 1/5; aus der Fernsehreihe »Die wilden 70er Jahre« vom SWR 2003, gesendet auf Phoenix am 08.11.2003.

Schäfer, André: »Unruheständler«; diese Dokumentation wurde am 29.05.2004 auf Phoenix gesendet.

Westdeutscher Rundfunk WDR 5: Die Säulen der Erde – Hausen wie im Mittelalter, 19.03.2001.

2007 · 374 Seiten · Broschur
ISBN 978-3-89806-594-8

2007 · 233 Seiten · gebunden
ISBN 978-3-89806-577-1

Auf ganz unterschiedliche Weise bringen die Autoren das feingeschliffene Beziehungswissen der Psychoanalyse für die Erforschung ästhetischer Erfahrungen zur Anwendung. Modellcharakter hat dabei der psychoanalytische Prozess, der selbst beanspruchen kann, eine »künstlerische Dialogsituation« zu sein.

Das Buch behandelt fünf Fallgeschichten aus Luepnitz' psychoanalytischer Arbeit, in denen sich Patienten aus allen sozialen Schichten mit Problemen wie Panikattacken, psychosomatischen Symptomen, Eheproblemen und sexuellen Leichtsinnigkeiten auseinander setzen. Intim, originell und witzig beleuchtet das Buch ungewöhnlich genau, wie es hilft, über diese Probleme zu reden.

P V
Psychosozial-Verlag

Goethestr. 29 · 35390 Gießen · Tel. 06 41/ 9716903 · Fax 77742
bestellung@psychosozial-verlag.de
www.psychosozial-verlag.de

2006 · 262 Seiten · Broschur
ISBN 978-3-89806-552-8

2006 · 217 Seiten · Broschur
ISBN 978-3-89806-512-2

Die Metapher von der dritten Haut weist auf ein körpernahes Verständnis des Wohnens hin. Die erste Haut erweitert sich in textilen Umhüllungen und in Wänden, Decken und Böden in den Raum der Kultur. Der Wandel dieser Elementarformen von Dach, Wand, Tür und Fenster von der Steinzeit bis zur Postmoderne spiegelt auch die Entwicklungsgeschichte des menschlichen Bewusstseins. So lassen sich Häuser und Baustile als Ausdruck unserer psychischen Grundbedürfnisse verstehen; die Art des Wohnens beeinflusst unser seelisches Wohlbefinden, das wir durch Öffnen und Schließen, Weggehen und Wiederkommen, Sammeln und Entrümpeln regulieren. Das Buch wendet sich nicht nur an Fachleute wie Psychoanalytiker, Architekten, Kulturwissenschaftler, sondern an Menschen, die den Grundvorgang des Wohnens bewusster vollziehen wollen.

»Wenn das Haus fertig ist, kommt der Tod.« (türk. Sprichwort)

Das Haus verbinden wir mit Geborgenheit und Sicherheit. Es ist Teil unserer Sehnsuchtsliebe nach der idealisierten Kindheit im Elternhaus, und gleichzeitig symbolisiert es eigene Zukunftswünsche nach Selbständigkeit im eigenen Haus. Das eigene Haus bedeutet aber auch ein Festgelegt-Sein, ein Stück Unfreiheit: Individualität wird zur Konformität, Freiheit zur Festlegung, Sicherheit zur Abhängigkeit. Möchte man sich im Haus selbst eine mütterliche Hülle schaffen, entdeckt man über kurz oder lang mit unheimlichem Gefühl, dass es auch den Charakter des Grabes annehmen kann. So symbolisiert das Haus einen basalen ambivalenten Autonomie-Abhängigkeitskonflikts, dem Mathias Hirsch nachgeht: witzig und hintergründig – kulturwissenschaftlich und psychoanalytisch.

P[⊞]V
Psychosozial-Verlag

Goethestr. 29 · 35390 Gießen · Tel. 06 41/ 9716903 · Fax 77742
bestellung@psychosozial-verlag.de
www.psychosozial-verlag.de

2006 · 333 Seiten · Broschur
ISBN 978-3-89806-484-2

2006 · 263 Seiten · Broschur
ISBN 978-3-89806-496-5

»Das Oktoberfest – Masse, Rausch und Ritual« ist die erste psychologische Studie zum Oktoberfest. Witzig und leicht lesbar geschrieben und doch fachlich fundiert wirft Veiz einen außergewöhnlichen, teils ironischen, psychologisch-philosophischen Blick auf das größte Volksfest der Welt. Die sozialpsychologische Dynamik der rauschhaften Rituale im Bierzelt wird in Beziehung gesetzt zu antiken dionysischen Festen und modernen Massenevents. Auch Oktoberfestkennern und Wiesnfans werden neue Betrachtungen zu den Themen Masse, Event, Sucht, Rausch und Ritual geboten.

Sozialwissenschaftler untersuchen das Phänomen Fußball aus soziologischer, historischer, sportwissenschaftlicher, psychologischer, religionswissenschaftlicher und sozialpädagogischer Perspektive und greifen Fußball als Sport wie auch als Folie übergreifender Sinn- und Bedeutungskonstruktion auf. Dabei werden u.a. Vereinsentwicklung, Gruppendynamik, Teamentwicklung, Fankultur und sozialpädagogische Fanarbeit thematisiert.

P🧩V
Psychosozial-Verlag

Goethestr. 29 · 35390 Gießen · Tel. 06 41/9716903 · Fax 77742
bestellung@psychosozial-verlag.de
www.psychosozial-verlag.de